LE TEMPS
PERSPECTIVES PSYCHOPHYSIOLOGIQUES

 *PSYCHOLOGIE ET SCIENCES HUMAINES*

F. Macar

le temps perspectives psychophysiologiques

PIERRE MARDAGA, EDITEUR
2, GALERIE DES PRINCES, BRUXELLES

© Pierre Mardaga, éditeur
37, rue de la Province, 4020 Liège
2, Galerie des Princes, 1000 Bruxelles
D.1980-0024-18

A la mémoire de mon père.

Avant-propos

Mon propos, dans les pages qui suivent, n'est pas d'explorer les complexités de l'imaginaire, de traquer les conduites cognitives et affectives dans leur application au domaine du temps. Ainsi ne ferai-je qu'effleurer les problèmes relatifs à l'horizon temporel — comment l'homme traite des notions de passé, de présent, d'avenir — ou à l'intervention des facteurs de personnalité dans l'expérience de la durée: philosophes, psychologues, psychanalystes se sont maintes fois épanchés sur ce thème, poètes et romanciers nous en ont offert de pénétrantes illustrations. Je m'attacherai plutôt à dépister les processus temporels dans leurs manifestations les plus simples peut-être, les plus universelles en tout cas: c'est d'abord le vaste domaine des rythmes biologiques, et, avec ou sans solution de continuité — l'avenir le révèlera — celui de l'évaluation des durées relativement brèves chez l'adulte, chez l'enfant, chez l'animal. A travers des exemples issus d'horizons variés, j'espère montrer à l'œuvre des « mécanismes temporels » dont bien des faits indiquent le caractère endogène; un bilan des recherches physiologiques centrées sur cette question permettra d'approcher de plus près la nature des processus impliqués, et la confrontation de quelques hypothèses donnera au thème de la psychophysiologie du temps la seule conclusion qu'il autorise à ce jour: une conclusion en forme d'interrogation, en attente de nouveaux prolongements pour un débat qui est loin d'être clos.

J'aimerais remercier ici quelques personnes à qui ce livre doit beaucoup. Le professeur Richelle d'abord, qui m'a incitée à l'écrire, comme il m'a ouvert les portes de la recherche scientifique, sans jamais ménager ses conseils et ses critiques éclairantes; l'appui qu'à tout moment il offre à ceux qu'il a un jour formés est inestimable. Guide et critique également, Jean Requin ne m'a pas plus mesuré ses remarques incisives que ses encouragements, les uns et les autres précieux. Nicole Vitton m'a fait bénéficier de son amicale collaboration en se chargeant d'un lourd travail de recherche bibliographique qui constitue la base même de cet ouvrage. Luce Moerman, Françoise Gauthier et Josette Piton en ont assuré la dactylographie, tâche ingrate qu'elles ont accomplie avec la plus grande gentillesse. Merci, enfin, à Miguel Castellnou pour ses talentueuses illustrations.

Introduction

Le dieu Chronos, fils de la Terre et du Ciel, s'assure un pouvoir éternel et incontesté en croquant ses propres enfants. Son geste radical révèle d'un coup toute la menace, la fatalité dont l'homme charge sa conception du temps. La raison de cette angoisse universelle est apparemment simple: le temps s'écoule inexorablement, il nous échappe, il nous tue. Peut-être faut-il ajouter à cette impression d'inéluctabilité les conditions mêmes d'appréhension du «temps vécu». Nombre de philosophes et de psychologues lui voient en effet une origine douloureuse: l'expérience de la durée serait issue de l'insatisfaction. Elle naît de l'attente, cette étape préparatoire qui sépare le besoin de son apaisement; l'attente que Janet (1928) décrit comme une «régulation active de l'action», plaçant dès l'abord le problème sur un plan accessible à l'observation et à l'expérimentation scientifique. Et cette expérience frustrante du délai, c'est dès le berceau que l'on s'y trouve confronté — délai entre la sensation de faim et la phase consommatoire, entre le cri et le contact sécurisant qu'il appelle.

Un délai se caractérise avant tout par sa plus ou moins grande brièveté. Et c'est bien ici que se posent les premières questions, indépendamment de l'aura affectif dont s'entourent les notions temporelles. Par quels mécanismes apprécions-nous la relative longueur du délai qui nous sépare de l'événement attendu? Ces processus d'évaluation sont-ils susceptibles d'apprentissage? S'améliorent-ils avec l'âge? Existent-ils chez l'animal? Autant de matières sur lesquelles les chercheurs de diverses disciplines ont tenté de rassembler des éléments de réponses, et qui s'orchestrent autour d'un thème central, celui de l'« horloge interne ». L'organisme disposerait-il d'un système qui lui permette de mesurer le cours du temps à la façon d'une horloge conventionnelle?

Bien qu'il soit peu de certitudes dans ce domaine encore mystérieux, on dispose de quelques points d'appui assez fermes pour entamer la prospection; le développement actuel des recherches multidisciplinaires permet, en premier lieu, d'écarter les malentendus qu'a longtemps suscités la notion d'horloge interne. D'abord, on conviendra que ce concept, s'il veut encore survivre, doit à tout le moins subir quelque révision. L'existence d'un centre unique qui permette à l'organisme de s'ajuster à une gamme de durées extraordinairement diversifiées — de la fraction de seconde aux mois et aux années — est assurément peu vraisemblable. Si horloges internes il y a, c'est bien au pluriel qu'il faut les concevoir — et c'est ainsi que nous l'entendrons tout au long de cet ouvrage, même si la correction demeure implicite, étant donné l'universalité d'un terme qui a l'avantage de la simplicité. S'il paraît de plus en plus douteux qu'il ait celui de l'adéquation aux faits, on ne lui a pas encore trouvé de substitut qui remporte un nombre suffisant de suffrages. Il persiste donc, tant bien que mal.

Mais le concept d'horloge interne peut être source d'erreurs pour une autre raison encore. Une horloge est par essence invariable. L'horloge interne est, elle, éminemment instable. Nul besoin d'être doué au petit jeu de l'introspection pour s'apercevoir que, d'un point de vue strictement subjectif, le temps passe plus vite en face d'un film captivant qu'au cours d'une cérémonie ennuyeuse. Les minutes, parfois, paraissent des siècles, mais les heures nous font aussi bien la mauvaise plaisanterie de défiler à toute vitesse quand nous ployons sous le poids d'un programme trop chargé. A cela vient s'ajouter l'expérience rétrospective du temps. « Que le temps passe vite ... » dit la chanson, surtout lorsqu'on se penche sur les années révolues. Des moments qui, sur le coup, nous avaient paru très longs peuvent perdre toute « épaisseur » temporelle lorsque nous les réévoquons. Mentalement, on revit en trente secondes un voyage de deux mois. C'est clair, la durée subjective n'a rien d'uniforme. Des générations de penseurs se sont cassé le nez sur ce problème. Il a dû susciter pas mal d'insomnies — qui sont d'ailleurs une merveilleuse occasion d'apprécier la longueur du temps, pour qui veut faire flèche de tout bois.

La variabilité du « temps vécu »

Au premier rang des facteurs d'instabilité qui affectent l'expérience temporelle, on mettra sans conteste les variables motivationnelles et attentionnelles. L'ennui paraît bien en effet le principal coupable lorsque le temps s'éternise, lorsque l'attente nous semble interminable. L'ennui, que l'on pourrait décrire comme un manque de motivation pour la situation présente, comme un défaut d'attention aux événements en cours, dans la mesure où ils ne paraissent pas mériter l'intérêt. On a tenté de vérifier dans le cadre d'expériences de laboratoire l'impact de ces facteurs sur l'évaluation de la durée d'une tâche. Ainsi, les sujets à qui l'on dit, à plusieurs reprises, qu'ils progressent bien jugent en général le temps plus court que ceux à qui l'on demande un travail de même durée sans leur prodiguer d'encouragements (Meade, 1960); cette tendance est plus marquée encore si l'on déclare aux premiers que l'expérience à laquelle ils participent représente en quelque sorte un test d'intelligence (Felix, 1965). On sait aussi qu'un intervalle de 20 secondes est jugé plus long si l'attention se porte sur la durée à évaluer plutôt que sur la tâche à accomplir (McKay, 1977).

Bien d'autres variables peuvent en outre affecter le jugement temporel (Doob, 1971, en a fait, entre autres choses, un examen détaillé). L'anxiété, par exemple, qu'elle soit induite par les conditions extérieures ou puisse être considérée comme un trait de personnalité dominant chez certains sujets, a fait l'objet de multiples études, dont il est d'ailleurs difficile de réconcilier les résultats : lorsqu'elle a un effet — ce qui n'a rien de systématique — ce peut être dans le sens d'une sous-estimation aussi bien que d'une surestimation du temps (Burns et Gifford, 1961; Sarrason et Stoops, 1978). Sur le point de prononcer un discours en public, des individus différents ressentent chacun à sa manière les effets du trac (Cohen et Mezey, 1961); certains estiment que le temps passe très vite et les rapproche à toute allure du moment redouté, d'autres ont l'impression inverse — peut-être parce qu'ils souhaiteraient en avoir fini le plus rapidement possible. L'attitude plus ou moins extravertie ou introvertie du sujet dans la vie a également, à maintes reprises, été mise en relation avec le degré de précision atteint dans l'évaluation de la durée, ou avec l'une ou l'autre tendance systématique dans le sens de l'erreur commise (Du Preez, 1967; Hogan, 1978). Mais il faut bien dire que les données glanées sur ce terrain posent des problèmes d'interprétation particulièrement délicats : durées analysées et méthodes choisies diffèrent d'une étude à l'autre, quand ce n'est pas la façon même de mesurer le degré d'anxiété ou les traits de personnalité que l'on place sous les rubriques «introversion» et «extraversion». Le sexe du sujet a parfois paru source de divergences (Greenberg et Kurz, 1968; Carlson et Feinberg, 1970); le rôle des facteurs socioculturels se laisse deviner par ce biais. Ceux-ci sont, pourtant, plus couramment étudiés en relation avec l'horizon temporel du sujet — sa manière d'appréhender le présent, le passé, l'avenir — que dans le cadre des expériences de laboratoire centrées sur l'évaluation des durées dont l'ordre de grandeur se chiffre en secondes ou en minutes. Enfin, on a tenté d'établir un rapport entre quotient intellectuel et précision du jugement temporel: certains auteurs avancent des résultats positifs (par exemple, Spreen, 1963), d'autres n'obtiennent à cet égard aucune relation significative (Bell et Watts, 1966; Siegman, 1966)[1].

Tous ces facteurs ont montré leur influence à d'autres niveaux du problème du temps: celui du maniement des notions chronométriques conventionnelles (la seconde, l'heure, les divers cycles du calendrier), celui de l'attitude personnelle vis-à-vis des contraintes temporelles imposées par la société (problèmes des horaires, valorisation relative du temps, qu'il faut exploiter sans rien perdre des secondes qui passent, que l'on considère comme un ennemi à battre de vitesse ou, au contraire, que l'on «prend», dont on se fait un allié — oscillations perpétuelles entre le *time is money* et l'envie de «prendre le temps de vivre» ...), celui de l'horizon temporel enfin, qui donne au temps toute sa dimension, du passé au futur en passant par l'époque présente.

L'horizon temporel

La constitution de l'horizon temporel suppose avant tout une mémoire des choses: pas de passé sans mémoire, mais pas non plus d'avenir, puisque les projets ne s'élaborent que par référence aux événements déjà accomplis. Le passé de chacun est composé d'un vaste éventail de souvenirs datés les uns par rapport aux autres; à travers eux s'affirme un sentiment de permanence, d'homogénéité dans l'individualité: l'enfant qui a fait cette chute de vélo, l'adolescent que ce livre enchantait, l'adulte qui vient d'applaudir ce spectacle, c'est une seule et même personne — moi. La perspective temporelle de chacun, le poids relatif qu'il accorde aux souvenirs, aux projets et aux événements actuels de sa vie est question d'éducation reçue, d'influences socioculturelles, d'expériences personnelles heureuses ou dramatiques, bref, de tout ce qui compose la personnalité d'un individu. Psychologues et psychiatres, sociologues et anthropologues se sont penchés avec intérêt sur l'ensemble d'attitudes et de conduites qui témoignent de l'orientation individuelle vers l'une des dimensions de l'horizon temporel de préférence aux autres (voir, par exemple, Cottle et Klineberg, 1974). Dans ce domaine, les données sont habituellement récoltées par l'intermédiaire de questionnaires ou de tests projectifs; on peut aussi utiliser une symbolisation spatiale, en demandant au sujet de marquer d'un trait sur une ligne droite le moment d'occurrence de divers événements passés ou à venir, par référence au moment actuel (Nuttin, 1979). On a relevé un certain nombre de tendances «classiques», qui offrent peu de résistance à l'interprétation. On comprendra, par exemple, que la façon dont un individu envisage l'avenir, et l'extension même qu'il lui donne, dépendent notamment de sa santé physique et de son âge, comme de son état affectif. Elles dépendent aussi de son statut social, qui lui ouvre des perspectives sombres ou prometteuses. On a remarqué que l'horizon temporel des enfants issus de la classe moyenne couvrait habituellement un champ plus vaste que celui des enfants provenant d'un milieu socio-économique moins aisé (Leshan, 1952)[2]. Interrogés sur ce qu'ils feraient s'ils gagnaient tout à coup une somme importante, les premiers déclarent de préférence qu'ils la mettraient de côté pour l'avenir, les seconds qu'ils la dépenseraient sans attendre (Schneider et Lysgaard, 1953). Vivre dans le présent, en refusant tout à la fois de penser à l'avenir et de se retourner sur le passé, ce peut être un moyen d'échapper à des perspectives et à des souvenirs pesants, de se préserver de situations anxiogènes. Il est tentant d'interpréter dans ce sens l'horizon temporel relativement réduit dont les délinquants font souvent état (Barndt et Johnson, 1955; Landau, 1976). Des mécanismes de ce type semblent également jouer chez certains névrosés et chez certains malades mentaux; mais il existe aussi d'autres «solutions» — la fuite dans l'avenir pour conjurer un présent et un passé douloureux, l'immersion dans le passé lorsqu'il demeure seule source de satisfactions — et il est prudent d'envisager chaque cas à la lumière de l'histoire individuelle plutôt que d'adopter un système d'explication passe-partout. En tout état de cause, l'élaboration de l'horizon temporel est en étroite interaction avec la personnalité même de chacun (pour plus de précisions, voir, entre autres, Doob, 1971; Winnubst, 1974). Cette évidence a donné à certains l'occasion de bâtir ou de soutenir l'une ou l'autre typologie (Mann et al., 1971). D'autres ont adopté des moyens originaux de montrer l'influence de la perspective temporelle sur le comportement, tel Aaronson (1971) qui suggère, sous hypnose, tantôt la disparition, tantôt l'expansion du passé, du présent ou du futur, puis observe et teste son sujet de diverses façons au sortir de la transe hypnotique.

Les facteurs socioculturels ont indubitablement un impact important sur l'horizon temporel d'un individu. Le temps n'est pas partout considéré d'une manière similaire. On peut penser qu'il est tout spécialement valorisé dans nos sociétés très industrialisées, où il a pris sa place dans le système de production («*time is money*» : comme l'argent, le temps se compte et s'économise). Sur le plan linguistique, certaines études ont indiqué que les termes servant à exprimer les nuances d'ordre temporel étaient plus ou moins nombreux selon les langues; comme le suggère Doob (1971), il est probable que ce fait ait des conséquences notables sur les conceptions mêmes que chaque peuple se fait du temps, et sur les distinctions qu'il est capable d'introduire à cet égard. Les systèmes de mesure du temps ne sont pas non plus homogènes à travers le monde. Certes, il existe un temps universel, l'heure du méridien de Greenwich faisant autorité depuis la Conférence internationale tenue à Washington D.C. en 1884. De nos jours, le temps est mesuré par des horloges atomiques d'une incroyable précision : l'erreur d'un instrument de ce type atteint à peine quelques milliardièmes de seconde par jour. La plus précise de ces horloges est conservée dans un laboratoire blindé à Brunswick (Allemagne Fédérale); c'est à Paris que se trouve par ailleurs le «Bureau international de l'heure», maître du temps pour toutes les nations. Mais si montres et horloges ont pris une place prépondérante — sinon envahissante — dans notre vie quotidienne, sous d'autres latitudes, la principale unité chronométrique, la plus utile sans doute, demeure le temps de cuisson d'un bol de riz. Le calendrier n'est pas construit partout sur le même modèle; chez les Indiens Crees, les jours où la lune est cachée ne sont pas pris en compte; pour les Tumerehàs, l'année se divise en dix mois, et s'arrête, en quelque sorte, pendant les deux derniers (d'après Cohen, 1967). Les Guahibos, natifs des savanes de la Colombie orientale, n'ont pas à proprement parler de concept d'année; il y a, essentiellement, la saison sèche et la saison des pluies. Leur système chronométrique s'appuie sur les cycles naturels (variation du degré de précipitations atmosphériques, maturation des fruits sauvages ...) bien plus que sur des synchroniseurs sociaux (Morey, 1971). Ainsi, le calendrier est adpaté, avant tout, au style de vie, aux besoins de chaque peuple; le relativisme culturel s'affirme dans le domaine du temps comme ailleurs. Si l'année débute arbitrairement, pour nous, le 1er janvier à 0 heure, elle commence, pour certains Indiens de la côte nord-ouest des Etats-Unis, par la première pêche au saumon, occasion de cérémonie; chez les Jivaros, c'est la floraison d'une espèce particulière de palmiers qui constitue l'événement initial (d'après Maxwell, 1971). L'horizon temporel prédominant chez les individus de l'un ou l'autre peuple dépend tout à la fois de ces divergences au niveau des repères chronométriques, du mode de vie, du niveau d'aspiration, des conditions politiques, des facteurs économiques et socioculturels en général (voir, par exemple, Kluckhohn et Strodtbeck, 1961, pour les différences entre diverses communautés culturelles du sud-ouest des Etats-Unis; Meade, 1971, pour les différences entre Hindous et Américains, etc.).

Peut-on dire que l'horizon temporel est une réalité pour l'animal? Bien entendu, cette notion prise dans toute sa complexité suppose le plein développement des fonctions cognitives, et notamment de l'aptitude à la représentation symbolique, dont l'existence n'est irréfutable que chez l'homme. Un horizon temporel vaste se structure, par ailleurs, avec l'aide des repères chronométriques conventionnels (l'heure des montres et des horloges, la date, les grandes fêtes annuelles ...) dont l'homme s'est doté, et qui ne sont d'aucun secours pour d'autres que lui. Mais il serait assurément faux de considérer que l'animal est enfermé dans un présent ponctuel; il a ses souvenirs, qui surprennent parfois par leur ancienneté et leur solidité — les histoires de chiens retrouvant après des mois, sinon des années, une personne ou des lieux chers sont là pour en témoigner; il est capable aussi d'anticiper un événement — les expériences de conditionnement à la durée, que nous développerons au chapitre 4, corroborent à suffisance les observations que la vie quotidienne donne l'occasion de rassembler. On reconnaît donc à tout le moins, chez l'animal, l'existence d'un horizon temporel que l'on peut qualifier d'implicite, dans la mesure où on le suppose inconscient (Fraisse, 1967a).

Mais il est d'autres aspects du problème du temps où il est plus aisé d'apercevoir l'étendue de ce que l'homme et l'animal ont en commun, de poser la question de l'homogénéité des mécanismes de base, d'établir des comparaisons plus simples et fructueuses. L'appréciation des durées « relativement brèves », se chiffrant en secondes ou en minutes plutôt qu'en mois ou en années, est de ceux-là. C'est dans cette région particulière, et non moins fascinante, du vaste domaine du temps que ce livre va tenter d'apporter quelque éclairage, de formuler certaines questions. Il importe, tout d'abord, de situer les conduites d'évaluation de la durée dans leur contexte biologique global, si même nous ne préjugeons pas pour l'instant de la nature des liens qui pourraient exister entre temps psychologique et temps biologique. Cette incursion dans l'univers de la chronobiologie sera l'objet de notre premier chapitre.

Notes

[1] Avec une gamme d'intervalles comprise entre 3 et 54 secondes, Grant (1967) note une similarité plus forte entre les jugements temporels des jumeaux univitellins que des jumeaux bivitellins de même sexe; l'auteur souligne le poids que ces résultats apportent à l'hypothèse de l'existence de mécanismes temporels internes.

[2] Mais il est possible que ces différences proviennent au premier chef d'un plus grand développement des aptitudes verbales chez les enfants de classe moyenne, qui racontent en général des histoires plus longues (Kendall et Sibley, 1970).

Chapitre 1
Chronobiologie

Ce n'est un secret pour personne que les voyages transméridiens en avion nécessitent une période de réadaptation s'étendant parfois sur plusieurs jours. Les vols d'ouest en est (New York - Paris, par exemple), dans lesquels le décalage conduit à «perdre» quelques heures — quand il est midi à New York, l'après-midi s'achève à Paris — sont particulièrement pénibles. Il est vrai que le temps de récupération varie d'une personne à l'autre.

D'autres types de changement d'horaire posent problème à l'organisme. Le système des «3 × 8» ou «travail posté», dans lequel trois équipes se succèdent au même poste en changeant de 8 en 8 heures, est de ceux-là. En principe, une équipe donnée change d'horaire après quelques jours, ou encore toutes les semaines. La rotation rapide, moins fréquente, est pourtant la mieux tolérée, car les altérations du sommeil sont moins importantes après deux journées de travail nocturne et de repos diurne qu'après un cycle de 7 jours. Mais le «travail posté» est, de toute façon, mal supporté par certains. Il peut engendrer des insomnies, des ennuis digestifs, une fatigue persistante, tous troubles qui risquent de devenir chroniques s'il n'y a pas retour au régime habituel du travail diurne. Tant et si bien que les abandons sont fréquents, et qu'une sélection s'instaure: ne persévèrent en général que les individus capables de s'adapter assez rapidement à chaque changement d'horaire (Reinberg et al., 1976).

Pourquoi ces difficultés d'adaptation? Si l'organisme ne peut se plier immédiatement à n'importe quel horaire, il faut donc admettre qu'il possède ses constantes de temps propres, qu'il suit son propre rythme. L'existence du rythme veille-sommeil saute au yeux, mais il est loin d'être seul en cause : en fait, il existe d'innombrables périodicités organiques, au niveau desquelles un bouleversement d'horaire introduit des perturbations. Quelques exemples, maintenant classiques. L'activité générale, la température, la pression artérielle fluctuent au cours des 24 heures. Dans les conditions normales, le débit urinaire est maximum dans la journée et minimum entre minuit et 4 heures du matin. La composition de l'urine change aussi selon l'heure : le taux d'excrétion des phosphates et des ions H^+ est maximum la nuit; celui du potassium, du magnésium, du sodium, du calcium et du chlore est plus élevé pendant la journée. Le dosage urinaire et plasmatique des cétostéroïdes indique que la sécrétion des hormones surrénales est également cyclique : dans le plasma, elle culmine entre 4 et 6 heures du matin, c'est-à-dire avant l'éveil, et est minimale vers minuit. Un changement du rythme d'activité de l'individu peut entraîner des modifications à ce niveau, mais après plusieurs jours seulement.

Outre ces modifications au cours des 24 heures — que l'on nomme «circadiennes», du latin *circa* = environ, *dies* = jour — des cycles annuels marquent également les processus physiologiques. A la belle saison, le métabolisme basal est plus élevé; les taux d'hémoglobine ou des protéines plasmatiques, le pH du sang, la vitesse de croissance des cheveux et des poils augmentent. Le maximum quotidien d'excrétion de l'eau et du potassium dans l'urine survient à des heures différentes selon l'époque de l'année. Il semble que l'excrétion des 17 corticostéroïdes varie à la fois selon des cyles d'environ un an, un mois, 20 et 7 jours, en plus de leur périodicité circadienne (Halberg et Hamburger, 1964). Comme ces conclusions ont été déduites de l'étude d'un seul individu, il ne faut pas trop hâtivement en supposer la généralité; précisons cependant que le sujet en question a patiemment collecté ses urines de 24 heures pendant 16 années consécutives ...

La chronosensibilité

Autre exemple de phénomène cyclique, le taux de mortalité est maximal en février. On a longtemps attribué ce fait aux variations climatiques ou à d'autres facteurs de l'environnement, mais il n'est plus douteux, à l'heure actuelle, que l'organisme lui-même soit en cause : sa susceptibilité aux facteurs potentiellement nocifs se modifie en cours d'année. On a pu le démontrer en exposant des animaux aux facteurs pathogènes à différentes époques, tout en maintenant constantes les variables qui fluctuent normalement avec les saisons — la température, le régime de luminosité, l'humidité. Le pourcentage d'animaux malades continue, dans ces conditions, à varier selon un rythme annuel. Chez l'homme, on décèle des modifications annuelles du pourcentage de naissances pathologiques, particulièrement en ce qui concerne les maladies congénitales, comme la luxation congénitale de la hanche, ou les troubles liés aux anomalies chromosomiques. Par ailleurs, le taux de morbidité et de mortalité dues aux atteintes cardio-vasculaires et respiratoires culmine pendant l'hiver (Reinberg, 1979). A cette saison, la susceptibilité de l'organisme à la pollution atmosphérique est également maximale — problème cuisant pour les citadins qui respirent à longueur de journée les gaz d'échappement des voitures, la suie, la fumée de cigarettes. On se rend compte, de plus en plus, que les vacances d'hiver sont les plus bénéfiques, l'organisme ayant incontestablement besoin de repos à cette époque de l'année, où sa résistance diminue.

La susceptibilité aux agents physiques ou chimiques nocifs est également modulée par un rythme de 24 heures. Halberg et ses collaborateurs ont bien étudié cette « chronosensibilité » circadienne chez la souris et chez l'homme. Il existe un « temps de moindre résistance » pendant lequel l'organisme est particulièrement sensible aux agressions, et une autre phase où la résistance est au contraire optimale. Ainsi, la même dose d'ouabaïne, injectée par voie intra-péritonéale à des souris de même souche, de même âge, et soumises à des conditions de vie comparables, tuera 75 % des animaux si elle est pratiquée à 8 heures du soir, contre 15 % seulement à 8 heures du matin (Halberg et Stephens, 1959). Un son d'une intensité déterminée provoquera chez la souris, plus fréquemment à 20 heures qu'à 8 heures, une « crise audiogène » pouvant entraîner la mort (Halberg et al., 1955). On a déterminé un cycle de sensibilité spécifique pour des agents d'agression très divers : anesthésiques, rayons X, éthanol, acétylcholine ... Si la souris a servi de prototype à ce genre d'études, bien d'autres espèces ont été testées depuis : il existe des cycles de susceptibilité aux insecticides chez la mouche, aux amphétamines, au pentobarbital et à la nicotine chez le rat, aux stimulations thermiques chez la drosophile ("mouche du vinaigre") et même chez certains végétaux. De telles observations ont évidemment des conséquences non négligeables en thérapeutique humaine. Chez des adultes sains soumis à la même répartition des phase de veille et de sommeil, la durée d'action d'un antihistaminique peut doubler si la dose test est administrée par voie orale à 7 heures du matin plutôt qu'à 19 heures (Reinberg, 1965). De même, la durée nécessaire pour éliminer dans l'urine 1 gramme de salicylate de soude varie suivant l'heure où le médicament est ingéré (Reinberg et al., 1967). On étudie actuellement les applications pratiques possibles de ces observations. Il est dès à présent évident que, pour apprécier les effets d'une drogue, il faut tenir compte non seulement de sa composition chimique et de sa concentration, mais aussi des variations circadiennes de la sensibilité du sujet. Ces variations peuvent dépendre de plusieurs facteurs, en particulier de relations temporelles éventuelles entre différents rythmes circadiens organiques. Il arrive, en effet, que ceux-ci aient des liens temporels stables, constituant ce que Halberg (1960) a baptisé la *structure temporelle* de l'organisme. C'est le cas, chez la souris, du rythme des éosinophiles, de la température, de l'activité motrice, de la corticostérone et de plusieurs fonctions hépatiques (taux de glycogène, des acides ribonucléiques et désoxyribonucléiques, ...). Ces relations temporelles peuvent traduire soit un lien causal, — ainsi en est-il de la dépendance entre le rythme circadien des éosinophiles et celui de la corticostérone — soit une simple concomitance résultant d'un ou plusieurs facteurs.

La perturbation ou la disparition des rythmes physiologiques peut aider au diagnostic de certaines maladies. Ainsi, on constate une forte diurèse nocturne dans la cirrhose hépatique ou dans la cardiopathie décompensée. Dans la maladie d'Adison (insuffisance corticosurrénalienne), les variations circadiennes du taux d'éosinophiles dans le sang, du potassium et des corticostéroïdes dans l'urine disparaissent. Par ailleurs, le rythme circadien des surrénales est en phase avec certaines manifestations pathologiques: les crises d'asthme, par exemple, surviennent de préférence au milieu de la nuit, et correspondent à la période de fonctionnement minimal des surrénales. Il est probable que ce facteur, sans être seul à agir, augmente la probabilité d'apparition de la crise; l'injection de corticostéroïdes peut d'ailleurs arrêter ou atténuer celle-ci.

Présent et passé de la chronobiologie

Toutes ces données, issues d'approches diverses, sont coordonnées au sein d'une science actuellement en plein essor, la chronobiologie, «étude quantitative des biorythmes, c'est-à-dire des variations biologiques prévisibles en tant que composantes d'une structure temporelle universelle » (Halberg, 1979, p. 69). La chronobiologie a maintenant conquis son autonomie. Le développement de l'informatique lui a fourni les outils appropriés à l'étude complète et objective d'un rythme donné. Précisons en deux mots le point de départ de cette analyse: on recherche tout d'abord la fonction sinusoïdale qui se rapproche le plus du rythme à étudier, pour définir ensuite quatre paramètres principaux: la *période* (temps après lequel une phase dé-

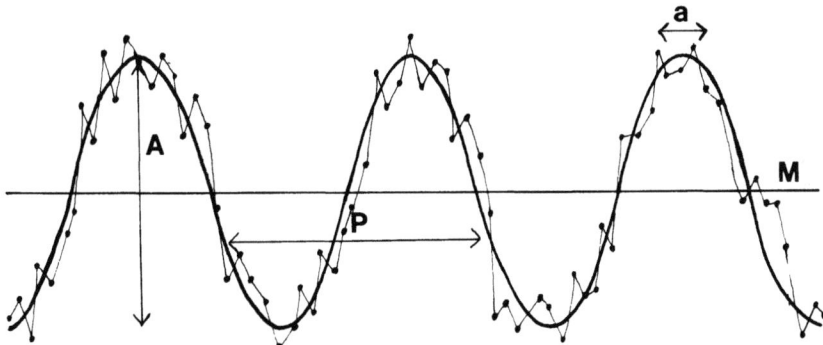

Figure 1. Etude du biorythme: les principaux paramètres. Trait fin: valeurs du rythme étudié. Trait gras: fonction sinusoïdale la plus proche du rythme. A = amplitude; P = période; a = acrophase; M = mésor.

terminée du rythme réapparaît), l'*amplitude* (écart entre ses valeurs extrêmes), l'*acrophase* (position temporelle du pic de la fonction sinusoïdale qui sert à l'approximation du rythme) et le *mésor* (niveau ajusté du rythme).

Le principal débat, dans l'étude des biorythmes, a longtemps concerné la nature exogène ou endogène de ceux-ci: en d'autres mots, sont-ils dérivés de causes externes à l'organisme, ou au contraire innés et héréditairement transmis? Car nous vivons dans un univers rythmique. La terre tourne autour du soleil: ainsi les saisons passent et reviennent, marquées par les différences de température et de longueur du jour. Elle tourne aussi sur elle-même, déterminant l'alternance du jour et de la nuit. La durée d'une « année sidérale » est de 365 jours, 6 heures, 9 minutes et 10 secondes; le « jour solaire » dure en moyenne 24 heures, 3 minutes et 57 secondes. A ces deux types de périodicités fondamentales viennent s'ajouter le rythme lunaire ou sélénien (environ 27 jours), et le cycle[1] des marées (un peu plus de 12 heures), produit par les mouvements conjugués de la lune et de la terre autour du soleil. On peut donc se demander quelles répercussions ces rythmes externes, dérivés des mouvements des planètes, ont sur la matière vivante. Si la fréquence de certains biorythmes s'écarte sensiblement de celle des grands rythmes de l'univers — on trouve des cycles de plusieurs heures, de plusieurs jours, de plusieurs années — d'autres, par contre, rappellent sans conteste les périodicités cosmiques: outre le rythme circadien, il existe des rythmes organiques concordant avec le cycle des saisons, de la lune ou des marées.

On s'accorde actuellement à reconnaître le caractère endogène de nombreuses périodicités biologiques, quoique la thèse adverse conserve encore quelques adeptes — nous verrons plus loin les arguments en présence. Il a fallu des siècles de controverses passionnées pour que le débat approche de sa conclusion. Il fut un temps où l'opinion scientifique la plus couramment défendue était que l'omniprésence apparente du rythme d'activité de 24 heures n'était due qu'au besoin périodique de sommeil, naturellement lié à la nuit; nombre d'articles ont été publiés, qui démontraient, sur la base d'expériences mal contrôlées ou d'un raisonnement statistique erroné, que le rythme s'effaçait dès qu'on supprimait cette variable et qu'on distribuait la nourriture à l'animal de façon régulière. Il fallut attendre que se multiplient les études concernant les cycles de 24 heures, d'abord chez les végétaux, ensuite en physiologie et en médecine, pour que la communauté scientifique accepte peu à peu l'idée de l'universalité du phénomène, puis de son endogénéité, et que l'on arrive enfin à reconnaître au facteur temps le statut de dimension biologique. Bien entendu, ici comme partout, il y eut des précurseurs. Les premières observations systématiques concernant le sommeil des feuilles datent du XVIe siècle (voir les écrits de Val. Cordus ou de Garcias de Horto, par exemple). Un siècle plus tard, Sanctorius constate, en se prenant lui-même comme sujet d'expérience, que le poids corporel et la turbidité des urines fluctuent selon un rythme mensuel. Dans le courant du XVIIIe siècle, l'astronome De Mairan s'aperçoit que les mouvements des feuilles du mimosa persistent même si l'arbre est placé dans une cave en obscurité constante; Duhamel du Monceau collecte des données semblables. Le physiologiste Augustin de Candolle fait les premiers pas vers la découverte du rôle des synchroniseurs extérieurs: les rythmes des végétaux se modifient si l'on change la distribution temporelle des cycles lumière-obscurité auxquels ils sont soumis. Dans le domaine de la physiologie animale, Seguin et Lavoisier, dès 1790, mettent l'accent sur le cycle diurne du poids corporel: tout organisme sain et s'alimentant normalement retombe sensiblement au même poids toutes les 24 heures, après une augmentation transitoire consécutive à l'absorption de nourriture. En 1843, Chossat relève la température du pigeon pendant près d'une année et démontre qu'il existe une « oscillation diurne de la chaleur animale », même en l'absence de toute alimentation. Dans la sphère médicale, Beau parle du rythme de 24 heures qui affecte l'occurrence des crises d'épilepsie. Le XIXe siècle voit également la publication du livre des Darwin centré sur « le pouvoir du mouvement chez les plantes »; Linné élabore sa fameuse « horloge florale » fondée sur la remarquable exactitude avec laquelle certaines fleurs s'ouvrent chaque jour, à un moment distinct selon l'espèce, et Meyer décrit, de son côté, le rythme de croissance quotidien des végétaux.

Propriétés du rythme « en libre cours »

Considérés au départ comme de simples curiosités naturelles, les phénomènes rythmiques ont peu à peu fait l'objet de descriptions méticuleuses, puis d'expériences de mieux en mieux contrôlées, et se sont enfin organisés en un corps de connaissances appelant des explications scientifiques. On est ainsi arrivé à définir, de plus en plus clairement, les caractéristiques et les propriétés des biorythmes. Parmi eux, le rythme circadien est, sans conteste, le plus étudié. Or, on sait maintenant qu'il possède deux propriétés remarquables. Premièrement, il peut se maintenir un certain temps — de quelques jours à plusieurs mois selon le rythme envisagé — si l'on place l'organisme dans un « milieu constant », en maintenant inchangés les facteurs externes qui, dans les conditions de vie naturelle, présentent des variations importantes: principalement la lumière, puis la température, le taux d'humidité, la salinité de l'eau pour les organismes marins, etc. Par exemple, on placera l'organisme dans un local perpétuellement obscur ou constamment éclairé, et à température constante. Le rythme est alors dit « en libre cours »; sa période peut varier entre 22 et 28 heures, donc s'écarte légèrement des 24 heures observées dans la nature. Elle est, en général, remarquablement stable chez un même individu pour une fonction donnée, ne dépassant pas 15 à 20 minutes d'écart d'un jour à l'autre. Elle varie, par contre, entre espèces, et entre individus d'une même espèce. Deuxièmement, lorsqu'il est en libre cours, le rythme circadien est indépendant des variations de température, entre 10 et 30° C tout au moins, c'est-à-dire à condition que les processus métaboliques ne subissent pas d'atteinte grave. On mesure la réaction à la température par le coefficient Q_{10} qui traduit la période du rythme à la température $(t-10°)/t°$. La plupart des processus métaboliques s'accélèrent sensiblement lorsque la température croît : la valeur de Q_{10} est couramment de 2 à 3, ce qui signifie que le processus étudié se déroule deux ou trois fois plus vite lorsque la température augmente de 10°. Par contre, Q_{10} est voisin de 1 pour le rythme circadien[2] en libre cours.

L'influence des synchroniseurs externes

S'il est généralement admis, à l'heure actuelle, que les facteurs extérieurs ne sont pas sources des rythmes biologiques, leur rôle n'est cependant pas négligeable. Ils peuvent influencer la période, l'amplitude, la phase ou le niveau moyen des rythmes. Dans l'environnement naturel, le rythme circadien s'ajuste précisément au cycle de 24 heures déterminé par l'alternance du jour et de la nuit. Les facteurs externes lui imposent donc leur propre fréquence : on dit qu'ils jouent le rôle de «synchroniseurs» ou de «*Zeitgebers*» (littéralement «donneurs de temps», selon le terme proposé par Aschoff en 1954 et largement adopté depuis par la communauté scientifique) et que le biorythme est «entraîné» par eux. Le rythme circadien peut être entraîné par des cycles artificiels, manipulés en laboratoire, si la période de ceux-ci est comprise entre 18 et 30 heures, donc ne diffère pas trop de la période circadienne spontanée ; hors de ces limites, celle-ci subsiste dans la plupart des cas.

L'alternance des phases de lumière et d'obscurité est le plus efficace des synchroniseurs ; ce facteur peut agir de différentes façons, éventuellement combinées. La variable primordiale peut être l'intensité lumineuse, le nombre d'heures de lumière par cycle (la photopériode), l'augmentation de lumière à l'aube ou sa diminution au crépuscule, un seuil déterminé d'intensité lumineuse étant peut-être crucial dans ce cas. L'importance de ces facteurs varie selon les organismes étudiés. Notons que, dans de multiples cas, un changement relatif de l'intensité de la lumière peut être tout aussi décisif pour entraîner le biorythme que le passage de l'obscurité à la lumière absolue, transfert abrupt qui n'existe d'ailleurs pratiquement jamais dans la nature, où la véritable «nuit noire» n'est pas d'observation courante. Le rapport même des quantités de lumière délivrée dans les phases de jour et de nuit peut avoir de l'importance. Ce rapport, qui varie au cours des saisons, intervient notamment comme synchroniseur des rythmes circannuels, dont nous parlerons plus loin.

La température peut être considérée comme le second des synchroniseurs, par ordre de puissance; puis viennent les stimulus auditifs, le taux de salinité du milieu pour les organismes marins, la disponibilité des ressources alimentaires, et divers autres facteurs, incluant même les interactions entre individus, que l'on désigne sous le nom de synchroniseurs sociaux. Le rôle synchroniseur des facteurs sociaux est sans doute particulièrement marqué chez l'homme. On a rapporté notamment une tendance à la synchronisation des cycles menstruels chez des femmes vivant en communauté. Cependant, l'influence exacte de cette variable est parfois difficile à déterminer. On constate, par exemple, des modifications du rythme d'éclosion de certains insectes lorsque le taux de population croît; mais c'est probablement la diminution de la concentration en oxyde de carbone qu'il faut considérer comme cause première de ce phénomène, plutôt que les variables sociales en elles-mêmes ...

En définitive, bon nombre de facteurs, qui conjuguent souvent leurs effets, doivent être pris en compte dans chaque cas particulier. Il arrive même que des variations intra-spécifiques apparaissent; toute tentative de généralisation doit donc faire l'objet d'un examen circonspect. La lumière a une influence prépondérante sur l'activité migratoire du plancton; la température de l'eau, le degré de salinité et quelques autres facteurs ne jouent là qu'un rôle de second plan (Cushing, 1951). Chaque espèce de plancton est adaptée à une intensité lumineuse bien définie; on trouve ainsi les organismes en suspension à différents niveaux de profondeur. Ils remontent vers la surface à la tombée du jour, se disséminent durant la nuit et migrent vers le fond lorsque la lumière s'intensifie à nouveau. Ils sont suivis dans leurs déplacements par plusieurs espèces de poissons, qui les prennent pour proies; chez ces derniers, le synchroniseur principal du rythme d'activité est donc la disponibilité de la nourriture. Il en est de même chez de nombreux carnassiers, dont le cycle veille-sommeil s'ajuste à celui de leurs proies. On peut d'ailleurs, d'une manière générale, agir sur le rythme d'activité d'un animal en le nourrissant tous les jours à la même heure. Le rat, qui s'alimente normalement la nuit, présentera une activité diurne aussi bien que nocturne si la nourriture vient à se raréfier. Mais il est pourtant rare que l'effet de ce facteur le dispute en efficacité à celui de l'alternance lumière-osbcurité. Dans les expériences d'inversion de cycles basées sur l'utilisation de ce dernier synchroniseur, il est indifférent, avant d'exposer l'animal au cycle expérimental, de le maintenir pendant 24 heures en lumière ou en obscurité constante. Le choix de ces conditions préliminaires n'influe pas sur la distribution subséquente du pic d'activité: un animal nocturne s'activera surtout au début de la période d'obscurité, quel qu'en soit le moment d'occurrence; un animal diurne s'activera au contraire dès l'installation de la phase de lumière. Le moment du passage de la lumière à l'obscurité, dans le premier cas, et de l'obscurité à la lumière, dans le second, suffit donc à déterminer la distribution des phases de veille et d'activité. L'effet du synchroniseur secondaire que constitue la nourriture reste plus limité: même après une période de privation alimentaire, le fait de situer pendant la journée la première prise de nourriture ne provoque pas pour autant l'installation d'un rythme d'activité résolument diurne.

Dans la nature, les synchroniseurs ne sont pas isolés, comme ils peuvent l'être en laboratoire où l'on tente de cerner les effets de chacun. Il faut donc tenir compte de leurs interactions. Par exemple, la répartition des activités de vol de la drosophile pendant la journée est indépendante des variations de température tant qu'il ne fait pas trop froid, mais non dans le cas contraire. Il est fréquent que des animaux qui présentent deux ou trois pics d'activité en 24 heures dans la nature n'en montrent plus qu'un en laboratoire, où l'on manipule un ou deux *Zeitgebers* seulement. Ce problème ne doit pas être sous-estimé dans l'interprétation. Il faut savoir aussi que l'élimination du synchroniseur le plus puissant peut renforcer l'influence d'un synchroniseur normalement secondaire. Si la lumière est maintenue constante, la température a un effet prépondérant sur le rythme d'activité d'une grande variété d'organismes: protozoaires, blattes, salamandres ... L'ensemble des stimulus sonores produits par un élevage de souris peut synchroniser le rythme d'activité de souris aveugles, donc soustraites à l'influence de l'alternance lumière-obscurité, placées dans des cages voisines.

Restent enfin de nombreux cas où la nature des synchroniseurs est encore bien mal connue. Chez l'*Uca*, un crabe marin dont la carapace s'éclaircit la nuit, la fréquence du rythme des changements de couleur semble contrôlée par des processus métaboliques plutôt que par des synchroniseurs externes. L'influence de la lumière est très réduite: on voit le rythme persister près d'un mois en obscurité constante. Celle de la température ne se manifeste que si les processus métaboliques eux-mêmes sont perturbés, c'est-à-dire au voisinage de $0°$ C. Chez les parasites de la malaria, on ignore encore la nature exacte des facteurs qui règlent l'alternance des phases de reproduction et de migration, même si l'on connaît bien le déroulement de celles-ci: les parasites se reproduisent par division cellulaire au niveau des globules rouges de l'hôte, généralement entre 6 et 8 heures du matin, tous les deux à quatre jours selon l'espèce; puis ils quittent les globules et passent dans le plasma sanguin. Ils réintégreront les hématies pour de nouvelles divisions cellulaires. Leur cycle est un multiple du rythme circadien d'activité de l'hôte; si celui-ci s'inverse, le cycle des parasites s'adapte en quelques jours. Des phénomènes semblables ont été décrits chez les vers parasites, tels que les microfilariae à l'origine de l'éléphantiasis (Hawkins, 1962).

Chez l'homme, le rôle crucial des synchroniseurs externes pour l'adaptation de l'organisme au temps local a été magistralement démontré par les expériences d'isolement volontaire — qu'on se souvienne de Michel Siffre, Tony Senny ou Josy Laures, passant chacun plusieurs mois au fond d'une grotte. Soustraits à la lumière et aux bruits extérieurs, ils étaient en outre garantis contre les variations importantes de température et d'humidité; la lumière artificielle dont ils faisaient usage était de faible intensité. Si l'on regroupe les résultats des examens auxquels chacun d'eux s'est soumis, on voit que les rythmes circadiens de la veille et du sommeil, du pouls, de la température rectale, de la diurèse, de l'excrétion urinaire du potassium et des corps stéroïdes persistent en libre cours, mais se désynchronisent peu à peu par rapport au temps local, puisque leur période a tendance à s'allonger légèrement — elle passe au maximum à 24,8 heures pour certains des facteurs analysés (Fraisse et al., 1968; Halberg et Reinberg, 1967).

Classification des biorythmes

Quoique le plus étudié, le rythme circadien ne représente qu'un cas particulier parmi les multiples périodicités physiologiques possibles. On peut classer celles-ci selon leur fréquence. Il existe des rythmes de haute fréquence, dont la période est inférieure à 1/2 heure: les ondes électroencéphalographiques, les cycles cardiaque et respiratoire sont sans doute les plus évidents. Dans les fréquences moyennes, on trouve les rythmes circadiens, dont la période est comprise entre 20 et 28 heures, les ultradiens, entre 1/2 et 20 heures, et les infradiens, entre 28 et 60 heures. Enfin, les rythmes de basse fréquence regroupent tous ceux dont la période est supérieure à 2 jours 1/2, notamment les rythmes circamensuels et circannuels.

Parmi les rythmes de fréquence inférieure à la fréquence circadienne, il en est qui partagent les propriétés fondamentales du rythme de 24 heures: persistance en milieu constant, indépendance relative vis-à-vis de la température. On peut soupçonner qu'ils reposent sur des mécanismes similaires. Les pages qui suivent vont proposer quelques exemples de rythmes de périodes diverses dont la nature endogène est hautement probable, sinon indubitable, et sur lesquels l'effet de l'un ou l'autre synchroniseur externe a été mis en évidence.

Rythmes circadiens

Nous avons déjà cité de nombreux cas de rythmes circadiens : on les trouve chez tous les *eukaryotes*[3]. Dès les unicellulaires, certaines algues en particulier, les phénomènes de photosynthèse, de bioluminescence, de phototactisme et de division cellulaire fluctuent au cours des 24 heures. Chez les organismes pluricellulaires, la même périodicité gouverne les mouvements des feuilles, l'ouverture des fleurs, la respiration et la photosynthèse des végétaux (Bünning, 1962), et règle la succession des phases d'activité et de repos de multiples espèces animales, l'émergence des nymphes de certains insectes, les changements de couleur du crabe, le déroulement d'innombrables processus métaboliques.

On a réalisé en laboratoire une quantité impressionnante d'expériences d'entraînement du rythme circadien par les synchroniseurs externes, expériences qui ont conduit à souligner, avant tout, l'effet de la lumière. On peut, notamment, inverser le rythme veille-sommeil d'un animal en lui imposant un cycle lumière-obscurité inverse du cycle naturel, après l'avoir maintenu 24 heures en obscurité constante. On peut aussi lui faire adopter un rythme d'activité différent de 24 heures, en établissant des cycles artificiels variés; la condition *sine qua non* de réussite est, rappelons-le, que le cycle imposé conserve une période relativement proche de la période circadienne.

Le rythme d'éclosion des pupes chez la « mouche du vinaigre » *Drosophila pseudo-obscura* a pris valeur d'exemple dans l'étude des rythmes circadiens, de leurs propriétés et de l'influence des synchroniseurs externes. Cette périodicité a ceci de particulier qu'elle est décelable uniquement au niveau de la population, puisque l'éclosion, qui survient au voisinage de l'aube, entre 6 et 9 heures du matin, ne se produit qu'une fois à l'échelle individuelle. Une population élevée dans l'obscurité depuis le stade de l'œuf éclot de façon arythmique, mais une seule exposition à la lumière suffit à faire apparaître la périodicité : il n'en faut pas davantage qu'un éclair lumineux, à n'importe quel moment du stade larvaire ou nymphal. De même, un élevage en lumière constante sera « synchronisé » par un transfert en obscurité continue (Pittendrigh, 1954).

Les horloges « continuellement consultées » liées au rythme circadien

Dans certains cas remarquables, tout se passe comme si l'organisme disposait d'une « horloge » capable de lui fournir des indications de temps presque à tout moment de la journée ou de la nuit : une horloge « continuellement consultée », comme l'a définie Pittendrigh (1958). Ainsi en est-il du « sens du temps » des abeilles, ou des capacités d'orientation de certains oiseaux, insectes ou crustacés. Chacun de nous a eu l'occasion de vérifier l'observation d'Auguste Forel, guettant les abeilles attirées par le petit déjeuner qu'il avait l'habitude de prendre dans son jardin : elles revenaient chaque matin à la même heure, indépendamment du fait que la nourriture convoitée avait été ou non disposée sur la table. Il vint à l'idée du célèbre naturaliste que les abeilles possédaient « une mémoire temporelle » (*Zeitgedächtnis*). Dans la nature, elles visitent les champs de fleurs au moment de la journée où le nectar est sécrété, moment variable selon l'espèce florale considérée. Cette quête à heure fixe, indépendante des variations de température, montre, en l'absence de synchroniseurs externes, un rythme en libre cours dont la période est voisine de 24 heures; ce rythme dépend du système circadien. Les expériences de transfert par-dessus l'Atlantique en ont révélé la nature endogène : des abeilles entraînées, dans un laboratoire parisien, à chercher leur nourriture à une heure déterminée chaque jour « se trompent » de 5 heures lorsqu'elles sont transférées à New York dans un laboratoire semblable, c'est-à-dire qu'elles partent en chasse 24 heures après leur dernière expédition sans tenir compte du décalage horaire (Renner, 1955). Si l'expérience a lieu en plein air, le rythme est peu à peu entraîné par les synchroniseurs externes : transférées de Long Island en Californie, donc subissant 3 heures de décalage horaire, les abeilles semblent insensibles à celui-ci le premier jour, mais retardent progressivement leur quête alimentaire les jours suivants, de telle sorte qu'elles finissent par s'adapter au temps local (Renner, 1959). Ajoutons que ce « sens du temps » n'est pas un rythme alimentaire à proprement parler, puisque les abeilles ne se nourrissent pas sur place : elles ne font que recueillir le butin pour le ramener à la ruche où il est stocké.

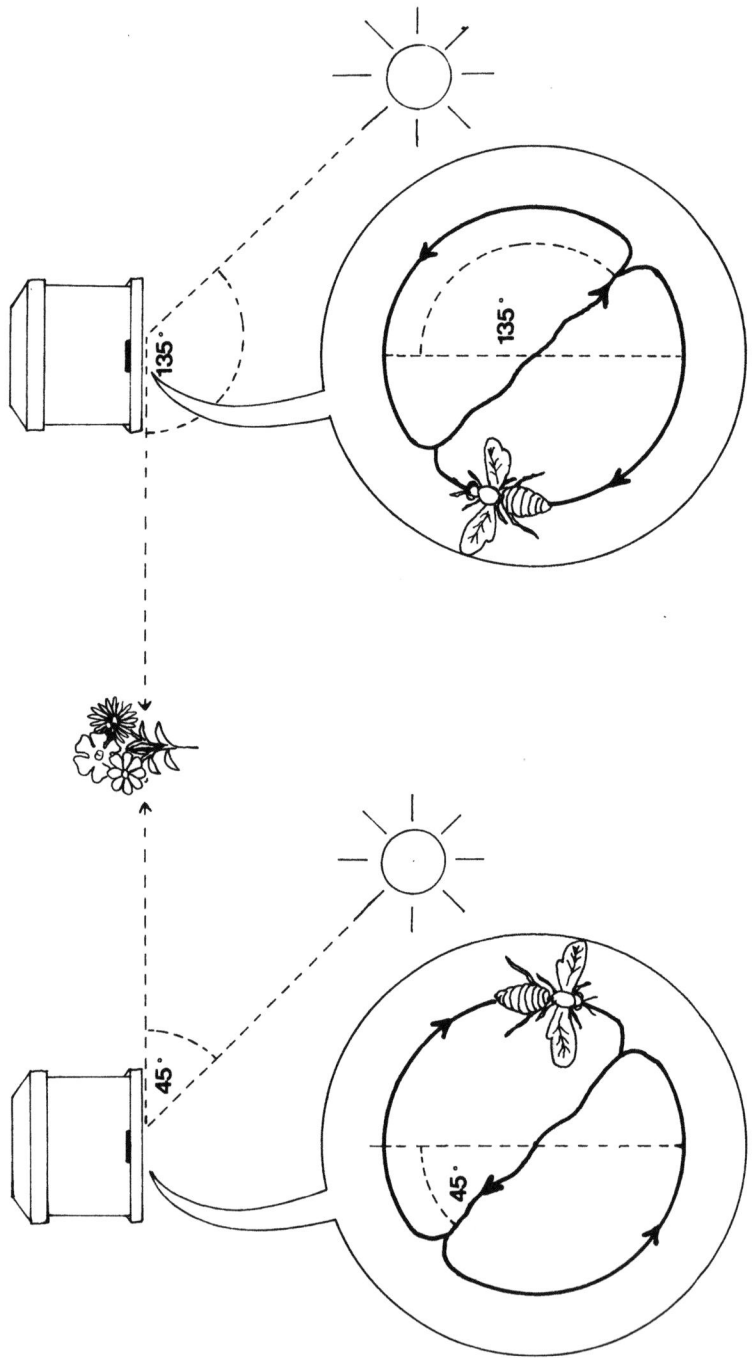

Figure 2. La «danse» des abeilles.

Pour renseigner leurs congénères sur la position de la source de nourriture, les abeilles « dansent » : elles ajoutent en effet à leur sens du temps la capacité de s'orienter par rapport au soleil. Les divers paramètres de cette danse indiquent l'angle formé par le soleil et la source de nourriture par rapport à la ruche, ainsi que la distance à parcourir. L'information transmise doit donc tenir compte du mouvement apparent du soleil au cours de la journée : le recours au système circadien a été démontré ici encore. L'angle de la danse se modifie à mesure que le jour s'écoule, pour compenser le changement graduel de la position du soleil dans le ciel. Si l'on déplace la ruche pendant la nuit, les abeilles découvrant au réveil un environnement inconnu n'en retrouvent pas moins aisément le butin localisé la veille, même si sa position par rapport au soleil est complètement différente (von Frisch, 1967). Chez les oiseaux, qui fournissent un autre exemple fameux des capacités d'orientation en fonction de la position du soleil dans le ciel, Hoffmann (1953, 1960) a démontré que le mécanisme en cause présente des propriétés similaires à celles des fonctions circadiennes, en particulier l'entraînement possible par les synchroniseurs externes, et le passage du rythme en libre cours, selon une période proche de 24 heures, lorsque l'animal est placé en milieu constant. Ainsi, des étourneaux habitués à aller chercher leur nourriture dans une certaine direction, puis soumis pendant 12 à 18 jours à un cycle naturel, partent en chasse dans une direction faussée au sortir de leur stage en milieu artificiel, à cause de l'entraînement du mécanisme d'orientation par le *Zeitgeber* imposé. Des mécanismes comparables se retrouvent chez bon nombre d'espèces animales, des crustacés aux mammifères.

Rythmes lunaires et de marée

Le Palolo est un ver marin qui vit dans les récifs coraliens du Pacifique. Il présente un cycle de reproduction synchronisé au premier chef par des facteurs lunaires, auxquels se combinent les effets de la marée, de la saison et du cycle diurne. Ainsi, la population entière se reproduit en octobre-novembre, lors du dernier quartier de la lune, aux premières lueurs de l'aube. La partie postérieure du ver se détache et monte des profondeurs; les produits génitaux qu'elle contient, œufs ou spermatozoïdes, se répandent à la surface de l'océan, pour la plus grande joie des pêcheurs : le Palolo constitue un mets très apprécié, et une bonne occasion de fête. Ceux qui ont eu la chance d'assister à ce spectacle sont unanimes à reconnaître qu'il vaut le déplacement: la profusion de Palolos colore la mer en brun-vert, les indigènes poussent à l'eau des centaines d'embarcations de tous styles, et les poissons eux-mêmes participent au festin. Ce type de rythme de reproduction est de nature endogène. Beaucoup d'organismes marins ont ainsi une activité sexuelle synchrone à l'échelle de toute une population. Dans la plupart des périodicités mensuelles ou bimensuelles, la lune joue un rôle de synchroniseur, mais ne crée pas elle-même le rythme; celui-ci persiste si l'organisme est placé dans un milieu constant et soustrait à son influence.

Les marées, qui ont lieu deux fois par jour, peuvent à leur tout entraîner des rythmes d'environ 12,4 heures chez les organismes marins, dans des sphères d'activités variées: mouvements des coquillages et des anémones de mer, migration des vers marins ou des algues unicellulaires, locomotion et variations chromatiques chez les crustacés, mouvements natatoires chez le poisson. On a pu maintenir pendant 4 à 7 jours, dans un laboratoire constamment éclairé, un rythme d'environ 12 heures réglant l'activité migratoire d'un ver marin habitant les côtes bretonnes, qui, dans son milieu naturel, reste enfoui dans le sable la nuit, et quand la marée monte, et apparaît à marée basse à la surface du sol (Gamble et Keele, 1903).

Le rôle de la marée en tant que *Zeitgeber* peut découler de plusieurs facteurs: variations de la température ou de la composition chimique du milieu ambiant, pression hydrostatique, stimulations mécaniques découlant du mouvement des vagues. Les deux derniers facteurs sont les plus efficaces pour entraîner le rythme d'activité de certains crustacés (Klapow, 1972; Naylor et Atkinson, 1972). La lune, de son côté, agirait en dépassant un certain seuil d'illumination, grâce à la quantité supplémentaire d'heures de lumière qu'elle apporte lorsqu'elle est pleine. Il paraît en effet difficile de supposer l'influence de la lumière lunaire en elle-même, puisque son intensité est 500.000 fois plus basse que celle de la lumière solaire.

L'existence des rythmes lunaires paraît limitée au groupe des organismes marins. Rares sont les exceptions à cette règle, malgré la richesse des légendes qui courent à ce sujet, et dont certaines sont, de nos jours, encore vivaces. L'influence de la lune sur le cycle menstruel féminin est, faut-il le rappeler, depuis longtemps exclue. On a comparé des milliers de données sans découvrir aucune relation entre la période des règles et une quelconque phase lunaire.

Rythmes circannuels

La dormance des végétaux à feuilles caduques compte parmi les phénomènes de périodicité annuelle les plus étudiés. La dormance débute en été ou au début de l'automne. A cette époque, qui précède la chute des feuilles, l'activité cellulaire de la plante est très limitée. Le débourrement des bourgeons est rendu impossible par le fait que la plante est incapable d'élongation cellulaire. La dormance est induite par différents facteurs selon l'espèce : la diminution du temps de lumière diurne, la chaleur trop intense, la sécheresse sont parmi les plus courants. Certaines plantes, comme le lilas, entrent même en dormance quelles que soient les conditions du milieu. La phase de dormance peut durer plus ou moins longtemps, selon les conditions extérieures. Dans nos climats, c'est le froid qui permet d'y mettre fin; si on maintient la plante en dormance à une température trop élevée, elle ne « se réveille » pas. Après une exposition au froid, la croissance peut reprendre au printemps, déclenchée alors par la hausse de température, l'augmentation de la période quotidienne de lumière (dont le rôle critique révèle l'existence d'un mécanisme de mesure de la longueur du jour — le photopériodisme — vraisemblablement lié au système circadien), les variations du taux d'humidité, ou encore certains facteurs moins naturels employés dans le cadre des techniques de forçage. On peut, par exemple, réveiller le lilas dès l'automne en utilisant l'éther à des doses adéquates.

D'innombrables animaux ont un cycle sexuel de périodicité annuelle; la reproduction survient le plus souvent au printemps. L'induction de la phase d'activité sexuelle dépend de l'effet conjugué d'un ensemble de facteurs, à la fois internes et externes. Chacun sait qu'au printemps la température s'adoucit, la lumière augmente, le milieu devient, d'une façon générale, plus clément. En même temps, l'organisme subit un ensemble de changements neuro-hormonaux, qui aboutissent notamment au développement des glandes sexuelles. L'injection d'hormones, outre qu'elle stimule la production d'œufs et de spermatozoïdes, peut provoquer l'apparition de comportements sexuels caractéristiques (chant, parade nuptiale, coït, ...) presque à tout moment de l'année. La nature endogène du rythme de croissance des testicules a été démontrée chez l'étourneau maintenu toute l'année en milieu constant (Schwab, 1971). Du reste, on peut déterminer les limites de l'influence des synchroniseurs externes en étudiant le comportement des animaux qui vivent dans certaines régions tropicales où le climat ne change pratiquement pas au cours de l'année. Aux Nouvelles Hébrides, la longueur du jour diffère de moins de deux heures selon la saison, et la température moyenne de 2° C au maximum; la plupart des vertébrés de cette région présentent néanmoins un cycle de reproduction circannuel. La chauve-souris, par exemple, y est sexuellement active en février-mars. Sur l'île de l'Ascension, on connaît le cas d'une hirondelle de mer dont la période des amours apparaît tous les neuf mois, donc de plus en plus tôt chaque année, indépendamment des saisons. Il est cependant difficile, même sur la base de ces exemples remarquables, de conclure à la seule intervention de mécanismes internes, car il faudrait encore expliquer comment les rythmes individuels ne finissent pas par se déphaser. La parade nuptiale peut, bien entendu, assurer une certaine synchronisation au sein de la population, mais des *Zeitgebers* climatiques subtils, quels qu'ils soient, doivent probablement intervenir.

Parmi les facteurs externes habituellement capables d'influencer le cycle sexuel, il faut, une fois encore, accorder une mention toute spéciale à la lumière. Son rôle, crucial chez la plupart des vertébrés, a été spécialement bien étudié chez les oiseaux. L'augmentation artificielle de la durée quotidienne de lumière normalement disponible en hiver avance de plusieurs mois la date d'apparition de la saison des amours chez le canari, le pinson, le canard, le corbeau, comme chez divers mammifères. Pourtant, on a aussi noté l'existence de périodes réfractaires pendant lesquelles la lumière a peu ou pas d'effet. Elle n'est, de toute façon, qu'un des facteurs externes en cause; il n'est pas rare, par exemple, de voir se décaler le moment d'apparition de la période de reproduction selon la rigueur relative du climat avant celle-ci.

Les rythmes d'activité circannuels sont présents chez presque tous les animaux. L'hibernation et la migration saisonnière sont sans doute les plus spectaculaires de leurs formes d'expression, quoique ne concernant qu'un nombre relativement restreint d'espèces animales. Les modifications physiologiques accompagnant l'hibernation ont fait l'objet d'investigations multiples, en particulier chez les petits rongeurs comme le loir, le hamster, l'écureuil, la marmotte. On constate en particulier une chute de la température corporelle et d'importants changements hormonaux. Les glandes sécrétrices diminuent de volume et se mettent au repos, le métabolisme basal est réduit, le rythme cardiaque ralentit, la pression artérielle baisse. Le métabolisme peut cependant augmenter à nouveau sous l'effet du froid, si la température extérieure tombe de façon trop importante, ce qui indique le maintien des mécanismes de régulation vis-à-vis de l'environnement. Ici encore, le déterminisme est complexe, faisant intervenir des facteurs internes et externes à l'organisme; mais on s'accorde maintenant à reconnaître au rythme circannuel d'hibernation une nature endogène. L'hibernation persiste chez l'écureuil *Spermophilus* placé dans un environnement invariable (Pengelley et Asmundson, 1969). Sa période, ainsi que celle des cycles de température et de poids corporels qui y sont liés, n'est pas altérée par une température extérieure de 3 ou 12° C, mais bien par un cycle de 12 heures de lumière - 12 heures d'obscurité. Le rôle des glandes endocrines paraît important dans le contrôle de l'hibernation, mais il est probablement secondaire à l'action de certaines structures nerveuses centrales, comme l'hypothalamus, impliqué dans les processus de régulation de la température. Celle-ci intervient pour déclencher l'hibernation comme pour y mettre fin. D'autres facteurs, comme la disponibilité de la nourriture, doivent aussi être pris en considération. L'animal mange beaucoup avant d'entrer en hibernation; il accumule des réserves alimentaires. S'il est obligé de jeûner, l'hibernation peut être retardée ou même ne pas se produire.

L'étude des migrations saisonnières des poissons a souligné l'influence de la température et de la salinité de l'eau (voir Reinberg et Ghata, 1964). Les harengs, qui vivent dans les mers froides et peu salées, effectuent des migrations verticales qui répondent aux phénomènes de transgression et de régression des eaux dans l'océan Atlantique: en été, les eaux intertropicales, chaudes et salées, se déplacent vers le nord-est, mais régressent en hiver au profit des eaux d'origine polaire qui présentent une température et un taux de salinité plus bas. Ce phénomène océanographique a pour conséquence d'amener les harengs à progresser vers la surface à des époques déterminées de l'année, différentes selon la région: on les pêche en juin aux îles Shetland, en août sur les côtes écossaises et en janvier sur celles de Bretagne ... mais aucune migration horizontale n'est responsable de cet état de fait, contrairement aux apparences. Lorsque les eaux proches de la surface ne leur conviennent plus, les harengs migrent vers les profondeurs. Des phénomènes semblables règlent les mouvements migratoires des morues, des sardines et des maquereaux. Le thon blanc, quant à lui, suit les eaux transgressives dont la température à 50 mètres de profondeur est d'au moins 14° C. On le trouve donc au voisinage des côtes portugaises en avril, basques en mai-juin, irlandaises en août; puis il revient en arrière, dans les eaux plus profondes de même température, pour passer la saison froide dans les régions tropicales. Le saumon et l'anguille passent une partie de leur vie en eau douce, l'autre partie en mer. Le saumon fraie de novembre à janvier dans les ruisseaux d'altitude, et les alevins, nés vers la fin de l'hiver, séjournent deux ou trois ans sur place pour descendre ensuite les rivières et atteindre la mer. Ils y accumulent des réserves, puis s'élancent à nouveau vers les frayères proches des sources des cours d'eau. Cette phase particulière de migration s'étend sur plusieurs mois; elle est plus ou moins longue selon l'âge, la taille, la puissance du poisson, que l'on voit bondir à travers fleuves et rivières en un long voyage épuisant. L'anguille effectue le parcours inverse : sa frayère se trouve dans la mer des Sargasses, lieu de rassemblement annuel de toutes les anguilles d'Europe. Les larves naissent au printemps, deviennent de jeunes anguilles appelées civelles, et quittent les eaux marines après deux bonnes années pour remonter les fleuves et les rivières, la nuit, en une interminable procession composée parfois de millions d'individus : il n'est pas rare de les découvrir ainsi réunies sur plusieurs kilomètres. Elles se disséminent alors dans les rivières et les étangs où elles demeurent dix à quinze ans. Puis, c'est à nouveau le grand départ d'automne vers la mer des Sargasses; les poissons mesurent à ce moment 30 cm au minimum, et parfois plus d'un mètre. Des modifications physiologiques interviennent sans conteste dans le déterminisme de ces migrations massives : sécrétions cortico-surrénaliennes, développement des gonades ... Le métabolisme de l'animal est modifié; on suppose que le poisson recherche un environnement adapté à ses nouveaux besoins organiques, notamment en ce qui concerne la salinité, la température, la lumière. Facteurs internes et externes sont donc, ici encore, étroitement intriqués. On trouve également chez de nombreuses espèces d'oiseaux des activités migratoires liées au cycle sexuel; pour d'autres, c'est la disponibilité de la nourriture qui semble constituer le facteur déterminant. Ainsi certains colibris d'Amérique latine migrent-ils en suivant la maturation des espèces florales dont ils apprécient particulièrement le nectar. Gwinner (1971) a montré la persistance de l'agitation migratoire chez plusieurs espèces d'oiseaux maintenues pendant plus de deux ans en laboratoire, avec un régime lumière-obscurité 12-12; la période en libre cours n'est plus exactement de 12 mois, ce qui indique sa nature endogène.

**Le déterminisme de la périodicité :
les arguments en présence**

C'est sur le rythme circadien qu'ont été réalisées les expériences les plus susceptibles d'apporter quelque solution au problème général du déterminisme des biopériodicités. Comme nous l'avons dit plus haut, les rythmes de fréquences différentes, moins bien connus à ce jour, pourraient appeler des interprétations similaires, dans la mesure où ils présentent les mêmes propriétés que la périodicité circadienne. On a suggéré, en particulier, que les biorythmes d'environ 12,4 heures liés au cycle des marées pouvaient dépendre d'un rythme circadien bimodal, ou de deux rythmes circadiens en antagonisme de phase.

Pour rendre compte du déterminisme des rythmes circadiens, deux hypothèses majeures se sont longtemps disputé la faveur des scientifiques. Ou bien ces rythmes sont sous la dépendance directe des facteurs de l'environnement, qui présentent eux-mêmes des variations cycliques; ou bien le déterminisme est purement endogène: il existe une «horloge» biologique, ou plus vraisemblablement une infinité d'horloges, qui font l'objet d'une transmission héréditaire. On peut ajouter à cela une troisième possibilité: les rythmes seraient acquis par chaque individu au sein de l'espèce, éventuellement au cours d'une «période critique» suivant de très près la naissance, selon le mécanisme que l'on a décrit sous le nom d'«imprinting», et abondamment étudié en éthologie depuis les travaux célèbres de Lorenz sur les oiseaux. La deuxième hypothèse est la plus largement admise de nos jours; elle repose sur toute une série d'arguments, dont le plus crucial est, à l'évidence, la persistance du rythme en milieu constant. Mais la conception du «milieu constant» est relative: il est impossible de contrôler tous les facteurs externes. Certains chercheurs en tirent argument pour émettre encore quelques doutes quant à la validité de la théorie favorite. Pour Brown et ses collaborateurs (voir par exemple Brown et al., 1970), les facteurs incontrôlés ne doivent pas être sans importance, et parmi ceux-ci la pression atmosphérique, les phénomènes d'ionisation, les champs magnétiques et électroniques, l'intensité des rayons cosmiques, c'est-à-dire tout un ensemble de «variables géophysiques subtiles». Une série d'expériences menées sur des planaires, des vers, des escargots, a indiqué leur sensibilité aux champs magnétiques et électrostatiques faibles. Même s'il existe des mécanismes d'«horloge» interne — au moins un mécanisme de réception et de traitement des signaux périodiques externes — la source des périodicités détectables dans l'organisme doit donc être, selon Brown, recherchée dans l'environnement. A l'encontre de cette hypothèse, on notera que divers rythmes ont pu être maintenus chez des organismes variés (plantes, drosophiles ou hamsters, par exemple) placés, au pôle sud, sur une plaque tournante dont la rotation périodique permettait de compenser le mouvement de rotation terrestre, et éliminait par conséquent l'effet possible de plusieurs des phénomènes géophysiques cités plus haut (Hamner et al., 1962). Bien qu'il soit impossible de réfuter clairement la thèse de Brown sans soustraire l'organisme étudié à toutes les influences terrestres — un projet d'utilisation des recherches spatiales qui serait d'un incontestable intérêt — on peut se demander pourquoi la période des rythmes « en libre cours » tend à différer sensiblement de 24 heures, donc de celle des variables géophysiques dont l'action sur l'organisme ne peut être suspendue. La marge de variation obtenue (généralement entre 22 et 28 heures) conduit plutôt à penser que se révèle alors la période spontanée d'un rythme véritablement endogène.

Plusieurs faits jouent en faveur de la transmission héréditaire du rythme circadien. Si l'on croise deux plantes dont le rythme de mouvements des feuilles présente une période de 23 heures pour l'une, de 26 heures pour l'autre, on obtient une périodicité d'environ 25 heures chez les produits de première génération (cf. Bünning, 1973). Lorsqu'on tente d'entraîner un rythme circadien en imposant à l'organisme un cycle lumière-obscurité très éloigné de ce qui advient dans la nature (par exemple, 6 heures dans chaque condition), l'échec est presque garanti. Enfin, les recherches de Pittendrigh (1954), montrant qu'un seul éclair lumineux suffit à déclencher le rythme d'éclosion dans une population de drosophiles élevée en obscurité constante, et jusque-là arythmique, apportent un argument décisif. On peut interpréter les choses de deux manières. Ou bien les oscillateurs individuels qui règlent l'éclosion sont mis en phase par le *Zeitgeber*, ce qui suppose la persistance d'un rythme occulte au niveau individuel; ou bien le changement des conditions de luminosité déclenche une périodicité jusque-là inexistante. Le caractère héréditaire et endogène du rythme circadien ressort de toute façon, car il n'existe aucun lien nécessaire entre le *Zeitgeber* utilisé et la période de 24 heures précisément adoptée.

Problèmes phylo- et ontogénétiques

Du point de vue phylogénétique, il se pourrait que les biorythmes soient, comme beaucoup d'autres phénomènes, le produit des processus de sélection naturelle. On trouve dans l'organisme une infinité de phénomènes cycliques; peut-être même la plupart des aspects de la dynamique cellulaire sont-ils de cette nature. Il est possible que le rythme circadien se soit constitué, à travers l'évolution, sur la base de ces multiples oscillations, par élimination progressive, dans la gamme des fréquences circadiennes, des fluctuations irrégulières ou mal adaptées au milieu, et synchronisation concomitante de celles qui présentaient les caractéristiques adéquates (Winfree, 1975). Force nous est de reconnaître cependant que bon nombre d'interrogations persistent, notamment en ce qui concerne l'origine des mécanismes de compensation par rapport à la température.

Ontogénétiquement, l'apparition de la périodicité est généralement très précoce. Le nouveau-né humain ne semble pas manifester de rythme particulier (sauf, peut-être, un rythme de près d'une heure) dans la répartition de ses phases de veille et de sommeil; une modulation circadienne peut être décelée, cependant, dès la deuxième ou troisième semaine, et est clairement apparente à la fin du troisième mois. En outre, d'autres variables physiologiques attestent la présence d'une périodicité circadienne dès les premiers jours : la résistance électrique cutanée, par exemple, ou même la température, dont les fluctuations d'abord minimes vont progressivement augmenter d'amplitude. Dans un même organe, des fonctions différentes peuvent apparaître l'une après l'autre : on voit ainsi se développer successivement, au niveau des reins, le rythme circadien de l'excrétion du sodium et du potassium, puis du phosphate et de la créatine, enfin de la créatinine et des chlorures. Il existe par ailleurs des couplages entre plusieurs fonctions circadiennes, qui s'instaurent de manière presque synchrone : ainsi sont associées l'excrétion d'urine, du sodium et du potassium, la température, la fréquence du pouls (Hellbrügge, 1967).

Il est possible que certains rythmes, comme celui des phases d'activité et de repos, ne puissent apparaître qu'après maturation du système neuro-endocrinien. Peut-être aussi, tout en existant potentiellement sous une forme occulte avant la naissance, ont-ils besoin d'être confrontés à certaines stimulations externes pour se manifester au grand jour. Notons que de telles stimulations pourraient atteindre l'embryon lui-même, directement ou par transmission maternelle. On a, par ailleurs, suggéré que le « traumatisme de la naissance » pouvait mettre en phase des rythmes organiques jusque-là asynchrones.

Les études menées au stade embryonnaire et juste après la naissance posent un problème majeur, particulièrement chez les mammifères : pour prouver le caractère héréditaire de la transmission du rythme, il faut éliminer de façon incontestable toute influence maternelle. Les résultats obtenus sont souvent controversés. Certains auteurs n'ont pas trouvé trace de rythmes circadiens dans les processus physiologiques de l'embryon de poulet, d'autres ont cru en repérer, ou assister à leur développement progressif à partir de périodicités d'abord ultradiennes (Petrén et Sollberger, 1967). Chez la souris, Folk (1957) a tenté de soustraire les jeunes, dès la naissance, à l'influence de la mère en substituant à celle-ci une femelle nourricière qui, après avoir été maintenue dans des conditions d'« entraînement » adéquates, présentait un rythme d'activité distinct de 24 heures : le comportement des souriceaux n'a pas manqué néanmoins de révéler l'existence d'une périodicité circadienne. Mais ceci n'exclut évidemment pas l'hypothèse d'une transmission maternelle pendant la période fœtale.

Quelques hypothèses suscitées par les effets de la température

L'indépendance du rythme circadien vis-à-vis des variations de température (entre 10 et 30° C environ) semble exclure qu'un processus métabolique simple soit responsable du mécanisme de l'« horloge biologique ». On pourrait supposer pourtant, comme le faisait Bünning en 1956, l'action antagoniste de deux mécanismes chimiques tous deux sensibles à la température, l'un fabriquant une substance qui s'accumulerait dans l'organisme à une vitesse déterminée, l'autre détruisant cette substance à la même vitesse ; les variations de température modifieraient dans une mesure égale la vitesse de chaque processus. En règle générale, on s'accorde à souligner que des mécanismes de compensation sont plus probables qu'une réelle insensibilité de l'horloge à la température, et que ces mécanismes doivent intervenir à de multiples niveaux, du stade biochimique au comportement.

Un autre fait remarquable concerne l'effet du froid sur les périodicités circadiennes. Une exposition de quelques heures à 0° C produit un arrêt du rythme, qui reprend à température normale avec, dans certains cas, un délai dépendant de la phase pendant laquelle le choc thermique est intervenu. Disons, au risque de simplifier à l'excès, que le délai sera relativement court si le choc tombe dans la phase A, le rythme repartant peu après le retour aux conditions normales au stade où il avait été stoppé ; mais si la chute de température survient en phase B, le rythme ne réapparaît pas avant que ne se soit écoulé un délai égal à la durée du choc thermique imposé. De telles observations — qui sont loin cependant de rendre compte de la façon dont tous les rythmes réagissent aux basses températures — ont donné naissance au modèle des « ondes de relaxation » : l'horloge biologique fonctionnerait comme un oscillateur dont la phase A est une phase de relaxation, et la phase B une phase de tension pendant laquelle le choc remet l'oscillateur à zéro (Bünning, 1958). Un système d'ondes de relaxation présente la particularité d'atteindre périodiquement et graduellement un état d'instabilité, qui se résoud par un retour brusque au point de départ, contrairement à ce qui se passe pour les oscillations sinusoïdales ou harmoniques qui ont servi de base à d'autres modèles. Ces derniers, qu'ils postulent l'action des mécanismes physiques ou chimiques, ou qu'ils dérivent de raisonnements parfois exclusivement mathématiques, se sont multipliés depuis un quart de siècle. Nous n'entrerons pas dans le détail de ces spéculations, qui ont le grand mérite de susciter des controverses stimulantes pour la recherche, quand bien même elles n'ont encore apporté jusqu'ici qu'un éclairage partiel sur la nature possible des mécanismes impliqués. Disons seulement que, avant de porter son choix sur tel ou tel modèle, il faut se souvenir que des mécanismes de nature différente peuvent éventuellement coexister, eu égard à l'infinie diversité des manifestations rythmiques qui touchent la matière vivante.

Les tentatives de localisation des «horloges biologiques»

A divers niveaux, et chez divers organismes, on a pu isoler des structures fonctionnelles essentielles au maintien de la rythmicité : leur élimination entraîne la disparition de celle-ci. Le problème est de savoir si on touche là le mécanisme de l'«horloge biologique», ou seulement ses «aiguilles». Par exemple, si l'ablation de la structure visée produit l'élimination de certains rythmes de l'organisme, alors que d'autres subsistent, ou si les rythmes ne sont que passagèrement abolis, on aura tout lieu de suspecter que le siège de l'horloge n'a pas, en fait, été atteint.

Sans espérer découvrir la source unique de toute rythmicité, il arrive que l'on décèle la présence d'un *«pacemaker»*, mécanisme coordinateur qui régit une fonction spécifique (par exemple, le rythme d'activité locomotrice). On cherche alors à identifier également la structure réceptrice associée qui permet l'entraînement du rythme par les synchroniseurs externes. L'existence de pacemakers ne contredit nullement l'hypothèse qu'une multiplicité d'«horloges» peuplent un organisme vivant : la rythmicité est vraisemblablement inhérente à l'organisation cellulaire, et l'on peut imaginer divers degrés d'interaction entre une légion d'«horloges cellulaires» plus ou moins autonomes, faisant l'objet de couplages mutuels ou contrôlées par un ou plusieurs pacemakers (Saunders, 1977).

Avant de passer en revue les quelques cas de pacemakers jusqu'ici détectés, il convient d'attirer l'attention sur trois points. D'abord, plusieurs pacemakers, contrôlant chacun une ou plusieurs fonctions, peuvent coexister dans un même organisme. Ensuite, le rôle de pacemaker peut être assumé par un organe particulier au sein de telle espèce animale, mais par un organe tout différent dans une autre espèce. La glande pinéale, pour ne prendre qu'un exemple évident, paraît avoir une fonction importante chez l'oiseau dans le contrôle de plusieurs périodicités circadiennes, mais certainement pas chez l'homme, où elle n'existe qu'à l'état vestigial. Enfin, la disparition du rythme, consécutif à l'ablation d'une structure, peut signaler la rupture d'un maillon décisif entre l'horloge et ses aiguilles, ou entre l'horloge et son récepteur spécialisé, plutôt que la destruction de l'horloge elle-même. L'interprétation de ce type d'expérience doit donc s'assortir d'une extrême prudence.

Entre 1954 et 1960, Janet Harker concentrait ses recherches sur le ganglion sous-œsophagien de la blatte *Periplaneta americana*. Situé dans la tête, ce ganglion est le siège de processus endocriniens qui semblent régir le rythme d'activité locomotrice de l'insecte. L'implantation de cette structure, prélevée chez un animal présentant un rythme d'activité normal, à un autre individu devenu arythmique après ablation de son propre ganglion, aboutit à l'apparition du rythme du donneur chez ce dernier. L'auteur suppose l'intervention de mécanismes hormonaux, et montre par ailleurs que la lumière, synchroniseur externe de la périodicité, est perçue par l'intermédiaire des ocelles : le rythme disparaît si ceux-ci sont obturés par une couche de peinture, mais non si le nerf optique ou les yeux composés de l'animal sont touchés (Harker, 1964). Ces expériences ont fait grand bruit à l'époque, car il n'était pas fréquent d'entendre parler d'« horloges » aussi clairement localisées. Mais les détracteurs firent bientôt entendre leurs voix, échouant à reproduire les données rapportées par Harker, et proposant d'autres hypothèses. Pour résumer en quelques mots ce débat, précisons que les critiques portaient essentiellement sur l'absence de certains contrôles indispensables, sans lesquels on ne pouvait exclure la participation éventuelle de mécanismes non hormonaux. En fait, on admet à l'heure actuelle que les mécanismes impliqués sont de nature nerveuse, plus probablement que hormonale; le cerveau joue un rôle plus décisif que le ganglion sous-œsophagien; et les photo-récepteurs indispensables sont les yeux composés, non les ocelles (Roberts, 1965, 1974; Nishiitsutsuji-

Uwo et Pittendrigh, 1968; Brady, 1974). Il est possible, en dernière analyse, que les lobes optiques de l'animal soient le siège véritable de l'horloge. Pourtant, les mécanismes endocriniens restent candidats, à côté des mécanismes nerveux, au contrôle du rythme locomoteur chez la blatte, comme ils le sont chez le crustacé (Brady, 1974) et peut-être aussi chez le criquet (Cymborowski et Brady, 1973).

Truman et Riddiford (1970) ont réalisé des expériences ingénieuses sur des pupes de vers à soie géants. Les cocons éclosent vers la fin de la période journalière de lumière, selon un rythme circadien. L'éclosion devient arythmique lorsqu'on extrait le cerveau des pupes, mais le rythme réapparaît après implantation du cerveau au niveau abdominal. Sur une vingtaine de pupes ainsi décérébrées, le cerveau est réimplanté soit dans la tête, soit dans l'abdomen, et les pupes sont placées dans les trous d'un panneau permettant de soumettre les deux extrémités de la pupe à des cycles lumière-obscurité 12-12 différant en phase. Il s'avère alors que le rythme d'éclosion est réglé par le régime d'éclairement délivré au cerveau, quelle que soit la localisation de celui-ci. Le cerveau semble contenir à la fois l'horloge et le photorécepteur nécessaire à l'entraînement du rythme par le *Zeitgeber*. Si l'on intervertit enfin les cerveaux prélevés chez les individus de deux espèces différentes, qui présentent un rythme d'éclosion distinct dans les conditions naturelles, on voit que le cerveau de l'espèce donneuse détermine le rythme d'éclosion, tandis que les comportements liés à l'émergence des pupes dépendent du corps de l'individu. Une hormone aspécifique est vraisemblablement impliquée dans le contrôle de la rythmicité, puisque celle-ci ne semble en rien déficiente chez les individus ainsi traités, alors que les nerfs sont sectionnés dans l'opération.

Chez l'oiseau, l'attention des chercheurs à l'affût du pacemaker circadien s'est portée avant tout sur la glande pinéale. S'il n'est pas établi que cette structure constitue une «horloge», elle semble en tout cas fournir un lien décisif entre celle-ci et les centres moteurs, puisque le rythme de la locomotion et celui de la température corporelle disparaissent chez le moineau maintenu en obscurité constante lorsqu'elle est mise hors circuit; on constate par ailleurs des altérations dans l'entraînement de certains autres rythmes lorsque l'oiseau est confronté à des cycles lumière-obscurité de diverses fréquences.

Chez le rongeur, on s'est penché sur le rôle des noyaux suprachiasmatiques de l'hypothalamus, dont la destruction provoque la disparition de diverses périodicités circadiennes (Moore et Eichler, 1972; Stetson et Watson-Whitmyre, 1976). On trouve dans ces

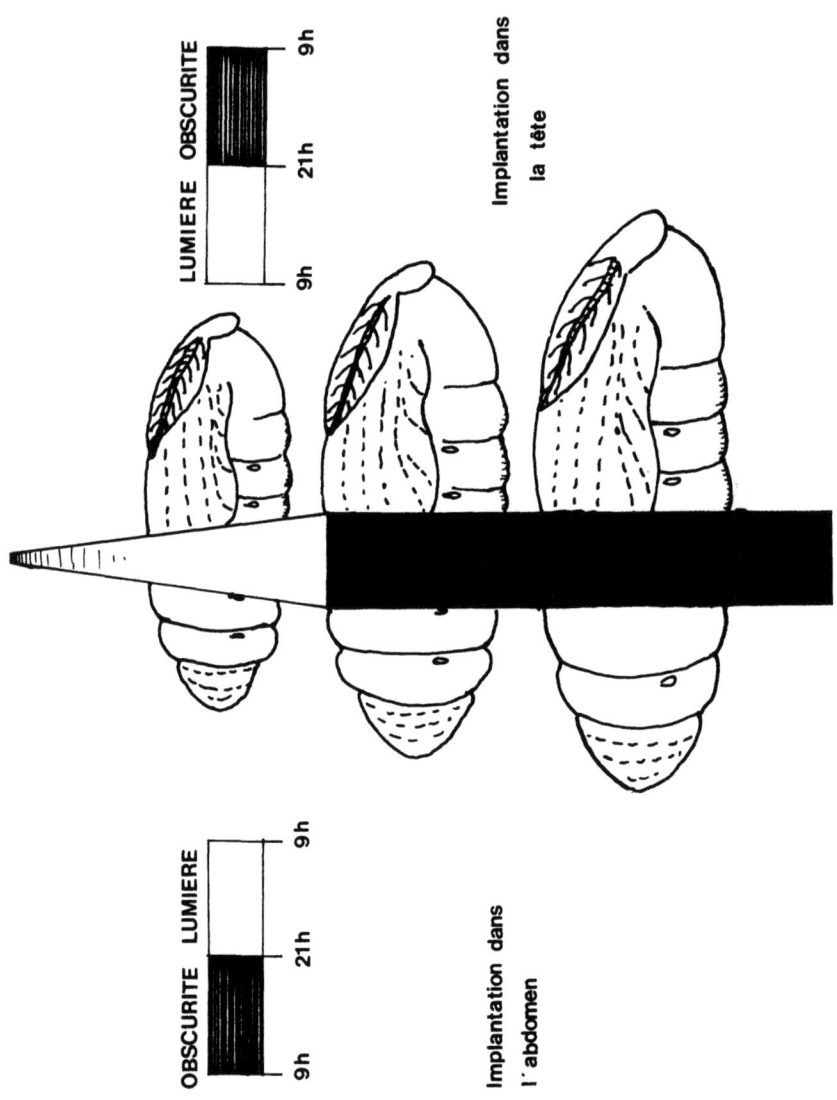

Figure 3. L'expérience de Truman et Riddiford (1970) sur les pupes de vers à soie géants (d'après Truman, J.W. 1971. *Circadian rythmicity*. Centre for Agricultural Publ. and Doc., Wageningen, Netherlands).

noyaux un rythme circadien de la consommation de glucose qui semble être véritablement endogène et subsister après élimination des synchroniseurs lumineux (Schwarts et Gainer, 1977). Cependant, le recours à des mesures chronométriques fines indique que les déficits rapportés sont plus nuancés qu'il n'y paraît au premier abord, et qu'il serait plus prudent, dans l'état actuel des connaissances, de reconnaître à ces structures des fonctions importantes pour l'expression des rythmes sans toutefois les considérer comme siège du mécanisme fondamental de l'horloge (Halberg, 1979).

Enfin, on a découvert chez l'aplysie deux organes qui, même isolés du reste de l'organisme, présentent encore un rythme circadien au niveau de leur activité électrique : il s'agit, d'une part, de l'œil, et d'autre part du ganglion pariéto-viscéral (Jacklet, 1969; Strumwasser, 1965). Différents tests ont prouvé que l'œil renferme un système circadien parfaitement autonome, composé de l'oscillateur, du photorécepteur et du mécanisme de contrôle de la phase. Dans le ganglion pariéto-viscéral, par ailleurs, l'activité électrique circadienne est produite par une cellule neurosécrétrice qui semble également autonome, quoique le rôle exact des neurones adjacents n'ait pas été totalement éclairci.

Comme nous l'avons dit plus haut, la découverte de ces divers pacemakers reste compatible avec l'hypothèse d'une rythmicité reposant avant tout sur des mécanismes cellulaires. Les arguments en faveur de cette possibilité sont de plusieurs ordres. D'abord, on a pu détecter des périodicités circadiennes parfaitement autonomes, selon toute vraisemblance, chez divers organismes unicellulaires: l'*Acetabularia*, l'*Euglena*, la *Gonyaulax polyedra* sont parmi les plus connus. Chez la *Gonyaulax,* une algue marine luminescente, on a dénombré quatre fonctions rythmiques qui semblent posséder des propriétés communes, ce qui suggère l'existence d'une « horloge maîtresse » (Hastings et Sweeney, 1957). Ensuite, certains chercheurs ont eu l'attention attirée sur le rôle du noyau cellulaire. On revient quelque peu sur l'idée qu'il est indispensable à la rythmicité, comme on avait pu le croire un instant; néanmoins, il en domine sans doute certains aspects. Chez l'algue marine *Acetabularia*, le rythme circadien de la photosynthèse subsiste quelque temps dans un fragment cellulaire privé de noyau; cependant, un fragment cellulaire pourvu d'un noyau imposera son rythme à un fragment énucléé, si l'on pratique une greffe entre deux fragments provenant d'organismes dont les rythmes sont déphasés. Il y aurait donc, dans la cellule, une infinité de pacemakers capables d'une activité autonome, mais néanmoins soumis à un mécanisme centralisateur apparemment nucléique (Schweiger et al., 1964).

C'est au niveau du noyau qu'apparaissent les chromosomes, base des mécanismes de l'hérédité. Or, il semble que certains aspects cruciaux du rythme soient codés dans la structure génétique de l'organisme, peut-être même au niveau d'un seul gène. L'administration d'agents mutagènes permet de modifier certaines caractéristiques fondamentales de la périodicité, telle que la fréquence. Ainsi Konopka et Benzer (1971) ont-ils réussi à altérer les rythmes d'éclosion et d'activité locomotrice des drosophiles, en conséquence de mutations ayant apparemment affecté le chromosome X. Bruce (1972) a établi qu'un gène unique contrôlait les mécanismes de base chez diverses espèces de végétaux. Même s'il était finalement prouvé que le noyau n'est pas, de manière générale, directement impliqué dans le mécanisme de l'horloge, on pourrait lui reconnaître une certaine importance à cet égard du fait qu'il fournit de l'ARN (acide ribo-nucléique) messager; celui-ci est susceptible d'intervenir dans la synthèse des composantes de l'horloge, comme il intervient dans la synthèse protéique. L'ARN, synthétisé dans le noyau cellulaire et transmis au cytoplasme, joue un rôle fondamental dans le métabolisme de la cellule[4]. Bon nombre de tentatives ont été faites pour bloquer le mécanisme de l'horloge en utilisant des antibiotiques qui inhibent sélectivement telle ou telle phase de la synthèse des protéines et de l'ARN (Feldman, 1967; Hastings et Keynan, 1965; Mergenhagen, 1976). Les résultats obtenus sont d'interprétation délicate; en bref, ils semblent indiquer que la synthèse protéique, sans constituer la clé du mécanisme circadien, est impliquée dans l'expression du rythme. Certains antibiotiques affectent seulement l'amplitude des rythmes, effacent l'une des périodicités de l'organisme étudié à l'exclusion des autres, ou ne l'effacent que temporairement: le rythme réapparaît dès que cesse leur effet. Le mécanisme de l'horloge n'est donc pas atteint, mais seulement certaines de ses manifestations. C'est le cas du chloramphénicol et de l'actinomycine-D. Par contre, le cycloheximide, inhibiteur de la synthèse protéique au niveau des ribosomes cytoplasmiques, altère la période de divers systèmes circadiens. D'autres agents chimiques ont un effet semblable, tels que l'éthanol, les ions lithium ou l'eau lourde, cette dernière agissant chez des organismes très divers, plantes, insectes, oiseaux, rongeurs. Toutes ces substances semblent affecter les processus de diffusion et de perméabilité membranaire, et contrôler par là l'équilibre ionique entre milieu intra- et extra-cellulaire; le passage des ions à travers la membrane cellulaire pourrait donc, en dernier ressort, être essentiel au mécanisme de l'horloge. Bon nombre de faits s'organisent, par ailleurs, pour indiquer l'importance des interactions entre les divers composants cellulaires, ce qui consolide l'hypothèse selon laquelle l'horloge biologique serait la cellule même (Saunders, 1977).

Outre le rôle des membranes cellulaires, on a aussi évoqué celui des mitochondries (Brinkmann, 1971). Contenues dans le cytoplasme cellulaire, ces corpuscules possèdent leur propre acide désoxy-ribonucléique (ADN) — comme les chloroplastes des plantes vertes — et sont capables de synthétiser des protéines. Les organismes dépourvus de mitochondries, comme les bactéries, ne présentent apparemment aucun rythme circadien.

C'est donc sur la cellule même que se porte, avant tout, l'attention des chercheurs. Il est vrai que l'on trouve dans la cellule des oscillations biochimiques de haute fréquence (de l'ordre de la seconde ou de la minute). Mais comment passer de cette gamme de fréquences à la période circadienne? Selon un modèle mathématique proposé par Pavlidis en 1969, le couplage de ces multiples oscillateurs cellulaires pourrait précisément produire un rythme de fréquence moyenne, tel que le rythme circadien. La valeur de la fréquence résultante dépendrait du nombre d'oscillateurs impliqués dans le couplage. Ce modèle théorique attend ses vérifications expérimentales. On pourrait invoquer en sa faveur le fait qu'une dissociation se révèle, dans certaines conditions, entre les composantes d'un système circadien: divers oiseaux et mammifères maintenus à lumière et température constantes adoptent ainsi un rythme d'activité qui dénote clairement la présence de deux composantes de fréquences différentes, se substituant à la périodicité circadienne observée dans la nature. Il semble que l'on assiste alors à la désynchronisation de deux sous-systèmes distincts, due à l'élimination des *Zeitgebers* adéquats. En outre, l'expérience réalisée par Jacklet et Geronimo (1971) sur l'*Aplysia* soutient la conclusion de Pavlidis concernant la relation entre fréquence du rythme résultant et nombre d'oscillateurs couplés, quoiqu'elle fasse état d'interactions entre cellules et non entre phénomènes cellulaires biochimiques. La rétine de l'œil de l'*Aplysia* contient, outre 3.700 cellules réceptrices, près de 1.000 cellules secondaires qui pulsent en synchronie avec l'activité du nerf optique. En libre cours, le rythme d'activité de l'œil présente une période d'environ 27 heures. Or, le mode majeur de cette période passe à 25, 21, puis 7 1/2 heures si l'on élimine respectivement 80 %, 90 % et 98 % des cellules secondaires.

Conclusion :
pourquoi des « horloges biologiques » ?

Reste, en conclusion, à comprendre pourquoi (ou, très précisément, pour quoi) les organismes, des plus simples aux plus évolués, possèdent des mécanismes de mesure du temps. A certains niveaux d'analyse, cette question trouve une réponse assez évidente. On peut aisément comprendre qu'il soit salutaire, pour tous les individus d'une espèce, de synchroniser leurs rythmes d'activité afin de coopérer dans la recherche de la nourriture et la résistance aux prédateurs, ou de garantir les rencontres entre partenaires sexuels. Les visites des abeilles aux diverses espèces florales, coïncidant avec le pic de sécrétion du nectar, offrent un double avantage : elles butinent efficacement, et la pollinisation des fleurs est optimale. Le rythme circadien d'éclosion des drosophiles leur assure la meilleure chance de survie, puisque le pic d'éclosion correspond au moment de la journée où l'humidité est à son comble, fait essentiel pour les jeunes mouches qui n'arrivent pas, comme les adultes, à étendre leurs ailes quand le taux d'humidité est trop bas, et risquent la dessication. La remarquable synchronisation du cycle sexuel chez le Palolo favorise la préservation de l'espèce, que pourrait mettre en danger ce processus de fécondation externe au cours duquel les produits génitaux sont singulièrement exposés aux dangers environnants. Souligner ainsi l'utilité fonctionnelle des rythmes revient sans doute, en fait, à appréhender les mécanismes de sélection par lesquels les comportements adéquats se sont peu à peu installés et maintenus, tandis que disparaissaient les réactions inadaptées : on conçoit, par exemple, qu'un individu « désynchronisé » par rapport à ses congénères soit rapidement éliminé. La stabilité des rythmes d'activité, en particulier, apparaît comme un atout de choix, voire comme une nécessité absolue, dans la lutte pour la vie et la survie de l'espèce.

On peut aussi comprendre que l'organisme, pour régler son activité, doive posséder un mécanisme endogène doté d'une certaine autonomie, plutôt que de tirer profit uniquement des changements périodiques des phénomènes cosmiques. Ce mécanisme endogène permet en effet le déploiement des processus de préparation et d'anticipation, qui ont un intérêt manifeste : l'animal doté d'une « horloge interne » se trouve prêt à l'occurrence de l'événement périodique, c'est-à-dire que nombre de ses fonctions physiologiques ont atteint un état ou un niveau propice, lui permettant de répondre adéquatement à l'événement attendu. Par ailleurs, l'horloge biologique assure la persistance du rythme même en l'absence temporaire des synchroniseurs externes, par exemple lorsque les conditions climatiques subissent dans la nature des perturbations importantes. Des abeilles qu'un orage empêche de quitter la ruche peuvent retrouver les lieux intéressants repérés un ou deux jours auparavant. Enfin, dans certains cas, l'utilité du mécanisme endogène peut à nouveau être appréciée en termes de survie: un lézard qu'un long séjour souterrain prive d'informations climatiques précises verra sa vie en danger s'il sort de son abri à un moment inadéquat, trop matinal, par exemple, pour lui permettre de se réchauffer rapidement grâce aux radiations solaires; l'engourdissement qu'induit chez lui une température corporelle basse risque de lui être fatal.

Cependant, de multiples manifestations rythmiques présentent un avantage fonctionnel moins évident, et ne réussissent pas, de ce fait, à éclairer la signification de l'horloge biologique. Peut-être ceci devrait-il nous induire à penser que ce mécanisme endogène possède une signification plus universelle. A cette exigence d'universalité répondrait assurément l'hypothèse qu'un lien ferme unit l'horloge biologique, dans ses manifestations rythmiques, aux mécanismes généraux de mesure du temps, regroupant des phénomènes aussi divers, en apparence, que les processus conscients d'estimation temporelle, les réveils spontanés à l'heure choisie, les compulsions à exécuter, au moment indiqué, les ordres préalablement reçus sous hypnose, et les conditionnements au temps chez l'animal. Ce sont ces différentes voies d'approche du problème du temps psychologique que nous allons à présent emprunter, pour tenter d'apporter des éléments de discussion à ce débat fondamental; quelle est la nature des processus de mesure du temps? Les mécanismes qui président à l'évaluation de la durée ont-ils quelque rapport avec ceux qui sous-tendent les rythmes biologiques, ou s'agit-il là de deux domaines strictement hétérogènes?

Notes

[1] Les termes « cycle », « rythme » et « périodicité » sont ici considérés comme synonymes, conformément à la proposition de Cloudsley-Thompson (1961).

[2] Toutefois, la température peut avoir un effet sur d'autres caractéristiques du rythme, l'amplitude en particulier. Il est fréquent d'observer, par exemple, une altération du taux d'activité en environnement froid, même si la période du cycle veille-sommeil demeure inchangée.

[3] Les *eukaryotes* sont les organismes dont les cellules possèdent un noyau délimité par une membrane. Ils s'opposent aux *prokaryotes*, organismes très primitifs chez lesquels le contenu cellulaire est répandu dans le cytoplasme : virus et algues inférieures, par exemple.

[4] L'hypothèse d'une intervention décisive des mécanismes de synthèse protéique et de transfert de l'ARN dans la rythmicité n'est pas récusée par le fait que celle-ci persiste en l'absence de noyau chez l'*Acetabularia*; de tels mécanismes, chez cette algue marine, peuvent se dérouler au sein des chloroplastes (corpuscules responsables de la photosynthèse), qui possèdent leur propre acide désoxy-ribonucléique (ADN), tout comme le noyau cellulaire.

Chapitre 2
Psychophysique du temps

Problèmes et méthodes

Les études relatives à la perception et à l'estimation des durées «relativement brèves»[1] composent l'ample domaine de la psychophysique du temps. Cette discipline scientifique a pris son essor dès la fin du XIXe siècle; la plupart des données relatives aux seuils perceptifs, notamment, ont été récoltées avant la seconde guerre mondiale, et généralement confirmées ou affinées par la suite. On trouve dans la *Psychologie du Temps* de Paul Fraisse (1967a - première édition en 1957) une synthèse pénétrante de ce demi-siècle de recueil de données, en même temps que la défense d'une thèse originale; nous aurons maintes occasions d'y faire référence au cours de ce chapitre. Avant de nous aventurer par les chemins, bien souvent semés d'embûches, de la psychophysique du temps, deux mots d'avertissement s'imposent. Tout d'abord, les effets rapportés reposent généralement sur des «moyennes de groupes», et s'assortissent de différences intra- et interindividuelles parfois considérables; nous en évoquerons plus loin les déterminants principaux. Ensuite, la littérature psychophysique étant particulièrement vaste, il est plus que jamais évident que les recherches citées ici sont extraites d'un large éventail de possibilités. En règle générale, les références choisies répondent à la volonté d'illustrer d'abord l'apport des pionniers, ensuite les récentes confirmations ou remises en question de chaque problème discuté.

La frontière entre perception et estimation de la durée est elle-même de nature temporelle. « Percevoir (...) implique essentiellement qu'il y a réaction à une situation *présente*[2] » écrit Fraisse (1967a, p. 73). Sur le plan logique, cette notion du présent n'a évidemment pas grand sens, puisque l'objet de la perception n'est jamais statique : il participe d'un monde en évolution constante, inscrit dans le temps. Mais le présent prend tout son sens au niveau psychologique. Il existe un intervalle particulier, relativement variable d'ailleurs (nous y reviendrons), à l'intérieur duquel les changements du monde physique sont perçus comme une unité, formant un tout contemporain de notre activité du moment et englobant celle-ci. C'est ce qu'on appelle, entre autres dénominations, le *présent psychologique* ou le *présent perçu* (Piéron, 1923; Fraisse, 1967a). Fraisse en a donné une image claire en décrivant la façon dont nous percevons le « tic-tac » d'une horloge : comme un tout indivisible, et non comme un « tic » suivi d'un « tac » dissocié; un tel morcellement rendrait par exemple impossible la perception du rythme, et l'organisation des sons du langage en unités significatives. Le champ des processus d'estimation temporelle s'étend, lui, au-delà des limites du présent psychologique. Les processus d'estimation portent sur les durées trop longues pour faire l'objet d'une perception immédiate; on suppose donc ici l'intervention de la mémoire.

La psychophysique du temps a tenté de résoudre un certain nombre de questions. Quelle est la limite inférieure (le seuil absolu) de la perception de la durée ? Quelle différence minimale (le seuil différentiel) l'organisme est-il capable de percevoir entre deux durées ? Quelle précision peut-il atteindre dans l'évaluation d'une durée déterminée ? Quel impact les dimensions physiques des stimulus utilisés et l'état psychologique du sujet ont-ils sur ces diverses mesures ? Autant de questions qui ont été abordées, en priorité, chez l'homme; cependant, les méthodes de conditionnement ont aussi permis de prendre comme objet d'étude le rat, le chat, le chien, le singe... bien peu d'espèces, en réalité, pour asseoir à ce jour une démarche comparative, et seuls quelques jalons sont posés dans cette voie (voir chapitre 4).

Chez l'homme, quatre méthodes fondamentales se disputent la faveur des chercheurs : elles ont nom *estimation, production, reproduction, comparaison*. La méthode d'estimation implique généralement une réponse verbale, fondée soit sur un jugement à deux termes (« long » ou « court »), soit sur la référence aux unités chronométriques (seconde ou minute). Dans la méthode de production, le sujet délimite par des réponses motrices (appui sur une presselle, coups frappés sur la table, ...) ou verbales (« top... top ») l'intervalle demandé. La méthode de reproduction l'engage à fournir, par le truchement de réponses motrices ou verbales encore, un intervalle identique à celui qui lui est tout d'abord proposé. Enfin, la méthode de comparaison suppose la présentation de deux intervalles (intervalle *standard* ou *de référence*, et intervalle *test*), la tâche étant d'indiquer s'ils sont égaux, ou si l'un est plus court ou plus long que l'autre.

Ces différentes méthodes ne fournissent pas toujours des données homogènes. On observe le plus souvent une bonne corrélation entre les résultats obtenus par estimation et production, mais il est difficile d'en dire autant dans les autres cas (Fraisse et al., 1962; McConchie et Rutschmann, 1971). On réussit malaisément, par ailleurs, à déterminer de quelle méthode dépend la meilleure évaluation de la durée, car la variabilité des résultats peut provenir de nombreuses sources: gamme et ordre de présentation des durées choisies, nature des signaux impliqués, facteurs subjectifs... Certaines investigations chronobiologiques laissent suspecter que l'appréciation du temps fluctue, comme bien d'autres processus, au cours de la journée (Thor, 1962; Pfaff, 1968); ce facteur est loin d'avoir été soumis à un contrôle systématique. D'autres variables enfin, dont l'importance ne fait pas de doute — comme le milieu socio-économique du sujet, son âge, son bagage scolaire — sont fréquemment contrôlées dans le cadre d'une recherche particulière, mais non d'une étude à l'autre; une comparaison transversale est, de ce fait, souvent ambiguë. Tout bien considéré, il semble que la méthode d'estimation soit mise au pilori plus fréquemment qu'une autre: on l'accuse de refléter une variabilité intra- et interindividuelle trop importante, non seulement chez les sujets normaux (Fraisse et al., 1962), mais surtout chez les déficients intellectuels et les malades mentaux (Kohlmann, 1950; Warm et al., 1963), ce qui indique peut-être simplement l'inadéquation à certains sujets d'une méthode impliquant l'intervention du langage, et souvent le recours aux unités chronométriques, lesquelles, faut-il le rappeler, sont définies par convention et n'ont qu'une liaison arbitraire avec les données qu'elles mesurent. Si l'évaluation des durées brèves repose au premier chef sur des mécanismes physiologiques, quels qu'ils soient, et *a fortiori* s'ils ont quelque lien avec les processus sensori-moteurs (selon l'une des hypothèses envisagées au chapitre 6), les méthodes de production et de reproduction peuvent paraître moins artificielles, cette dernière, en particulier, excluant fréquemment toute donnée verbale, hormis la consigne générale délivrée au sujet préalablement à la série expérimentale.

La psychophysique du temps et ses chevaux de bataille

1. Le seuil de durée perceptible

Certaines de nos perceptions ne comportent aucun indice de durée. Tel éclair lumineux, extrêmement bref, ne laisse qu'une impression d'instantanéité; et si deux éclairs surviennent en même temps, de sorte qu'aucun délai ne soit perceptible entre eux, ils induisent une impression de simultanéité parfaite. Dans ces deux cas — l'instantanéité, la simultanéité — nous sommes en deçà du seuil perceptible de durée. Que l'éclair s'évanouisse moins vite, et voici que naît la durée subjective; que deux éclairs ne soient pas exactement synchrones, et nous les appréhendons dans un ordre déterminé. En passant de l'instantané au durable, de la simultanéité à la succession, nous franchissons le seuil de la perception temporelle — le « seuil du temps », selon la séduisante expression de Fraisse (1967a).

Des études consacrées à la détermination de la frontière entre instantané et durable[3], il ressort que la durée minimale varie entre 10 et 150 millisecondes, selon les paramètres utilisés. Le seuil le plus bas s'obtient dans la modalité auditive. Durup et Fessard (1930) rapportent une valeur de 10 à 50 millisecondes avec un son de 500 Hz, et de 110 à 120 millisecondes avec un stimulus visuel[4]. Les recherches récentes, quoique tirant profit des progrès réalisés en ce qui concerne la précision et la fiabilité des instruments de mesure, n'infirment pas les investigations plus anciennes: dans le domaine visuel par exemple, on retient encore aujourd'hui la valeur de 115 millisecondes, le stimulus étant résolument jugé « durable » à partir de 190 millisecondes; l'entraînement permet cependant de ramener ces mesures respectives à 60 et 140 millisecondes (Servière et al., 1977).

Le problème du passage de la simultanéité à la succession subjectives comporte deux versants, selon qu'il s'agit de percevoir deux stimulations comme temporellement distinctes, ou de les ordonner, c'est-à-dire de décider laquelle est survenue la première. Le seuil observé est plus haut dans ce dernier cas. Par ailleurs, plusieurs facteurs entrent en ligne de compte, qui vont induire des perceptions qualitativement différentes: les caractéristiques physiques des stimulations, leur point d'impact sur l'organisme, la longueur du délai qui les sépare. Ainsi, dans le domaine visuel, le seuil de succession avoisine 100 à 200 millisecondes selon l'intensité des signaux employés. Mais, en deçà, beaucoup de choses peuvent se passer. Deux stimulus brefs qui se succèdent très rapidement au même point de la rétine sont perçus comme un seul et même stimulus, à cause du phénomène de persistance rétinienne. Il faut, entre les différents éléments d'une série, un délai minimum de 16 millisecondes pour obtenir une impression de papillotement (mouvement stroboscopique), qui n'est pas encore perception d'une discontinuité véritable (Mowbray et Gebhard, 1954). Deux sites rétiniens spatialement distincts excités par deux stimulus qui se succèdent à brève échéance engendrent un *mouvement apparent* : on perçoit le déplacement d'un seul stimulus, d'un point de départ vers un point d'arrivée, points qui correspondent aux endroits où le premier et le second des stimulus sont respectivement apparus. L'obtention du mouvement apparent est fonction du délai entre les stimulations, de leur intensité et de leur distance spatiale. En moyenne, un intervalle temporel de 60 millisecondes est considéré comme des plus favorables, mais 3 à 10 millisecondes peuvent suffire pour autant que les signaux atteignent la fovéa (centre de la rétine) en des points adjacents, et soient séparés par un angle visuel optimum (Westheimer et McKee, 1977). Le phénomène perceptif du mouvement apparent a trouvé dans l'invention du cinéma une belle application pratique; la fréquence de 24 images par seconde implique un intervalle inter-stimulus de 40 millisecondes environ.

Sur le plan auditif, le passage de la continuité à la discontinuité, avec des stimulus localisés au même point, comporte également une phase intermédiaire, où l'on perçoit une sorte de crépitement : le seuil de ce phénomène se situe aux alentours de 1 milliseconde (Miller et Taylor, 1948), celui de la discontinuité vers 10 millisecondes. On peut percevoir un mouvement apparent avec deux sons identiques, spatialement distincts et séparés par un intervalle de 60 millisecondes au maximum : la hauteur du son paraît se modifier de l'un à l'autre. Pour la sensibilité tactile, l'étape de transition entre continuité et discontinuité, lorsqu'une série de stimulus se succèdent à cadence rapide au même endroit de la peau, est une sensation de vibration dont le seuil avoisine 1 milliseconde, comme dans le cas de l'ouïe. Lorsqu'on stimule l'avant-bras en deux points trop proches pour être spatialement discriminés, on obtient seulement une sensation tactile au voisinage du point d'impact du premier stimulus, sans aucune perception de durée si l'intervalle inter-stimulus ne dépasse pas 10 millisecondes; dans le cas contraire prime la sensation de mouvement apparent.

Pour percevoir l'ordre de succession de deux stimulus, il faut que l'une ou l'autre de leurs caractéristiques physiques permette de les identifier : intensité, localisation, brillance, par exemple, doivent être discriminables. Il peut aussi s'agir de stimulus de nature différente. L'ordre de succession d'un son et d'une lumière est perçu pour un délai minimum de 60 millisecondes; l'ordre inverse nécessite 120 millisecondes. Cette différence pourrait être due principalement aux fluctuations de l'attention (Hirsh et Fraisse, 1964). L'effet de l'entraînement est également primordial dans ce domaine: il réduit le seuil de perception de l'ordre à 20 millisecondes environ, quels que soient apparemment les signaux utilisés: lumières plus ou moins distantes (jusqu'à un angle visuel de 20°), sons plus ou moins hauts et différemment localisés, bruits, stimulations tactiles des index, enfin combinaisons de ces divers stimulus (Hirsh et Sherrick, 1961). Cette valeur de 20 millisecondes pourrait donc correspondre à un mécanisme général dont certains postulent l'existence pour asseoir l'hypothèse du « quantum temporel » (voir chapitre 6). Cependant, la constance du seuil a été sévèrement contestée depuis; la localisation spatiale et l'intensité des stimulus, notamment, semblent bien engendrer des différences appréciables (Rutschmann, 1973).

Nous envisageons ici le problème du seuil absolu de la durée sous l'angle uniquement psychologique. Bien entendu, on ne peut méconnaître l'existence de constantes de temps physiques et physiologiques dans ce domaine. Un son et une lumière physiquement synchrones n'atteindront pas les récepteurs sensoriels au même moment puisque la vitesse de transmission des ondes vibratoires est différente dans les deux cas. De plus, sur le plan physiologique, il faut tenir compte de la latence avec laquelle l'excitation est déclenchée, latence caractéristique de chaque type de récepteurs, et s'allongeant lorsque décroît l'intensité du stimulus. L'inertie des récepteurs visuels est plus grande que celle des récepteurs auditifs ou tactiles: les processus d'excitation sont de nature photochimique dans le premier cas, mécanique dans les deux derniers. Quant aux récepteurs du goût et de l'odorat, leur inertie est spécialement marquée, et les limites temporelles d'une sensation particulière sont très difficiles à cerner.

Après excitation des cellules réceptrices, l'influx nerveux est transmis de la périphérie aux sites corticaux régissant les processus centraux de la perception; là encore, la durée du transfert dépend de la modalité sensorielle impliquée, mais aussi du point d'impact de la stimulation à la périphérie: on constate un décalage de 10 à 20 millisecondes entre la perception de deux stimulations tactiles synchrones appliquées au niveau de la main et du pied (Halliday et Mingay, 1964). Un stimulus visuel excitant la fovéa est perçu avec 10 millisecondes d'avance sur un stimulus décentré de 10° sur la rétine, et 20 millisecondes si l'angle est de 40° (Sweet, 1953). Au niveau central, décisif dans le domaine perceptif, il faut enfin souligner le rôle de l'attention, qui peut introduire une variation de plusieurs dizaines de millisecondes entre la perception de deux stimulus, quand bien même tous les autres facteurs sont contrôlés de telle sorte qu'une perception de simultanéité devrait être obtenue. Diriger son attention, préférentiellement, sur l'un des membres d'une paire de stimulus conduit à le percevoir en priorité. Il s'ensuit que la perception de la simultanéité est extrêmement difficile à obtenir si les stimulus en cause ne peuvent être englobés dans une même configuration perceptive, c'est-à-dire lorsqu'ils paraissent n'avoir aucun rapport. Les notes d'un accord de musique seront aisément jugées simultanées, mais ce n'est pas une mince affaire que de devoir localiser un son émis pendant l'audition d'une phrase, dont les mots forment évidemment un ensemble cohérent (Ladefoged et Broadbent, 1960).

2. *Le présent psychologique*

Le seuil de la durée perceptible forme la limite inférieure de cette période particulière pendant laquelle les stimulations qui nous environnent sont perçues en un ensemble temporellement indistinct, contemporain de notre comportement immédiat. Aucune connotation de « passé » ou de « futur », même proches, dans cette appréhension des choses : c'est le *présent perçu*, indiscernable sur le plan physique, mais objet possible d'analyse, malgré sa fluidité intrinsèque, sur le plan psychologique. L'extension temporelle de ce présent est difficile à déterminer, et liée au premier chef aux fluctuations de l'attention, à l'organisation que celle-ci introduit dans les stimulations qui sollicitent à tout moment nos organes sensoriels. Le présent perçu a « la durée de l'organisation que nous percevons en une unité » (Fraisse, 1967a, p. 90). Reprenons sans vergogne l'image éculée de l'appareil photographique dont on règle le « zoom » pour appréhender un champ plus ou moins vaste ; l'attention peut se porter indistinctement sur tous les éléments d'un paysage champêtre, ou se focaliser sur le spectacle d'une mante religieuse guettant une proie dans un buisson. On a fixé à quelques secondes (souvent 2, mais parfois jusqu'à 12) la limite supérieure du présent ; cette limite varie, comme nous l'avons dit, avec l'organisation des stimulations perçues, mais aussi avec leur nombre et l'intervalle qui les sépare (Fraisse, 1967a). Ces facteurs sont bien mis en évidence par l'étude des structures rythmiques (Fraisse, 1956). Avant de savoir compter, l'enfant est capable de reproduire une séquence de 5 ou 6 coups frappés sur la table, et ceci correspond, d'une part, à la capacité d'appréhension globale de l'adulte — nul besoin d'avoir dénombré les coups scandés par les cloches du village pour savoir qu'elles viennent de sonner 5 heures — d'autre part, aux limites atteintes dans les expériences menées chez l'animal, en particulier chez l'oiseau. Plus le nombre de stimulus à appréhender augmente, plus il faut réduire l'intervalle inter-stimulus pour voir se maintenir un taux de succès équivalent. Séparés de plus de 2 secondes, les stimulus reprennent leur indépendance et n'autorisent plus la perception d'un rythme. Le délai le plus favorable à cette perception avait déjà été défini par Wundt (1886) comme étant de 300 à 500 millisecondes; dans le thème mélodique des compositions musicales, la durée des notes varie le plus souvent entre 150 et 900 millisecondes.

La limite d'environ 6 éléments perçus d'emblée se confirme dans les autres modalités sensorielles, par exemple s'il s'agit d'indiquer combien de points lumineux sont apparus dans le champ visuel, en un instant trop court pour avoir pu les dénombrer, ou d'exécuter une séquence de mouvements indépendants après en avoir observé la démonstration. Mais cette limite est fortement repoussée par le truchement de l'organisation. On peut répéter sans problème une suite de 25 syllabes à condition qu'elles forment une phrase, et reproduire un nombre équivalent de frappes rythmiques si elles sont groupées 5 par 5. Toutefois, la longueur de la série ne doit pas dépasser 5 secondes environ; il faut donc régler en conséquence la cadence des unités constituantes. Nul besoin, d'ailleurs, que l'organisation soit inhérente à la séquence des stimulus présentés: à défaut, elle y sera introduite par le sujet lui-même. Celui-ci, prié de reproduire une séquence d'événements composés de deux types de signaux (un son haut et un son bas, par exemple) ne comportant *a priori* aucun ordre, se facilite la tâche en morcelant spontanément la séquence sur la base de certains principes fondamentaux, qui ne sont pas sans rappeler les règles de la *Gestalttheorie*[5]. De la séquence (xooxxxo), il extraira (x..xxx.) d'une part, (.oo...o) d'autre part, le premier sous-groupe étant pris comme «figure» et le second comme «fond» — ou vice versa, cette «rythmisation subjective» étant éminemment labile (Garner, 1974). Si l'on fait référence à la théorie de l'information, on peut voir dans cette démarche organisatrice une stratégie économique visant à optimaliser le traitement de l'information séquentielle (Michon, 1978).

3. La perception du rythme

La perception du rythme est généralement traitée comme un phénomène à part dans le cadre de la psychologie du temps. Et pourtant, ainsi que le souligne Michon (1965), les analogies sont profondes entre l'évaluation d'un intervalle isolé et celle d'une séquence rythmique; on ne voit pas bien les raisons de ce clivage. Certains, d'ailleurs, l'ont refusé, tel Fraisse (1956, 1967a), pour qui le rythme constitue la base de l'expérience temporelle. Selon lui, la perception du rythme repose sur deux types de processus. D'abord, la perception de l'*ordre* : dans les limites du présent psychologique, l'ordre est perçu, non reconstruit après coup; c'est pourquoi il est si difficile de reproduire un rythme en permutant l'ordre de ses éléments constitutifs, ou d'énoncer à l'envers un numéro de téléphone. Ensuite, la perception des *intervalles temporels* internes aux séquences rythmiques. Ces intervalles sont fonctionnellement distincts de ceux qui délimitent lesdites séquences; ceux-là seuls peuvent être modifiés sans conséquence appréciable, tandis que toute altération d'une durée à l'intérieur d'une structure rythmique entraîne une réorganisation de l'ensemble, dans la mesure où toutes les durées constituantes en paraissent subjectivement modifiées. Si prégnante dans notre vie quotidienne — la musique, par exemple, ne se concevrait pas sans elle — la perception du rythme n'est qu'un cas particulier du problème de l'organisation des événements successifs en unités perceptives.

La question de la perception du rythme est assurément capitale à plus d'un titre. D'abord, parce que les chercheurs qui l'étudient de près sont souvent amenés à postuler l'existence de bases de temps internes (cf. Schulze, 1978). Ensuite, parce qu'elle est d'apparition précoce tant au niveau ontogénétique que phylogénétique. Comme l'a récemment montré Demany (1979), un bébé de deux mois peut discriminer la séquence rythmique :
 bip bip   bip   bip bip   de la séquence :
 bip bip   bip   bip bip   l'écart entre les sons étant respectivement, en unités arbitraires, 1, 3, 6 et 1 dans le premier cas, 1, 6, 3 et 1 dans le second[6]. A 5 mois, le nourrisson distingue des séquences relativement complexes, que l'adulte même ne peut discriminer s'il n'y consacre une certaine attention. On a donc des raisons de penser que les mécanismes qui président à la perception du rythme sont innés, ou, en tout cas, très précocement acquis. Chez l'adulte, 2 ou 3 répétitions suffisent pour qu'un rythme soit retenu, dès que l'on est un peu accoutumé à ce type de tâche (Fraisse, 1956). Un entraîne-

ment intensif permet d'atteindre un niveau de précision remarquable, comme les musiciens le prouvent; Kristofferson (1976) a constaté qu'après deux mois d'exercices quotidiens, la variance des réponses émises dans une tâche de synchronisation par rapport à un rythme modèle tombait à moins de 2 %, pour des intervalles compris entre 0,4 et 1,2 seconde.

4. L'évaluation des durées et l'intervalle d'indifférence

L'un des problèmes les plus vastes qu'aborde la psychophysique du temps concerne le degré de précision avec lequel les durées sont évaluées[7]. Le niveau de performance n'est pas toujours facile à apprécier, car il dépend d'un grand nombre de facteurs: la durée envisagée d'abord, mais aussi le fait qu'elle soit «pleine» ou «vide», les caractéristiques physiques, la gamme et l'ordre de présentation des stimulus utilisés, la méthode choisie, l'entraînement du sujet, son attitude envers la tâche, les fluctuations de son attention... Les données disponibles dans la littérature doivent donc être interprétées en fonction des conditions particulières de chaque étude, et la synthèse en est malaisée, voire hasardeuse. Avec des intervalles vides (c'est-à-dire compris entre deux signaux, par opposition aux intervalles pleins qui sont occupés par une stimulation continue) évalués par la méthode de reproduction, Woodrow notait dès 1930 une précision optimale entre 0,2 et 2 secondes, correspondant à un écart type de 8 à 10 % par rapport à la durée de référence. Mais cet écart peut doubler pour des durées comprises entre 4 et 30 secondes. Les travaux accumulés au cours du demi-siècle qui a suivi ces données anciennes ne les ont généralement pas désavouées. Il y a belle lurette également qu'ont été dégagées certaines tendances typiques, comme celle, énoncée dans la *loi de Vierordt*, qui consiste à surestimer[8] ou sous-estimer une durée selon qu'elle se situe en deçà ou au-delà d'un intervalle «neutre» pour lequel on ne décèle aucune erreur systématique. Cette zone neutre, c'est l'*intervalle d'indifférence*: il correspond aux évaluations les plus précises (écart type d'environ 8 %) et serait compris entre 0,6 et 0,8 seconde. Impossible toutefois d'éviter le conditionnel pour parler de cet intervalle: décrit dès la fin du XIXe siècle (Höring, 1864), il est rapidement devenu la bête noire des psychophysiciens tant on lui a attribué des valeurs diverses... allant même jusqu'à 5 secondes. Le problème est qu'il dépend étroitement de la gamme des durées choisies dans chaque expérience. Dès que le sujet s'est quelque peu familiarisé avec les paramètres de la tâche, on note en effet, dans ses évaluations, le développement d'une *tendance centrale* : il tend à surestimer ou à sous-estimer un intervalle donné selon qu'il est inférieur ou supérieur à la moyenne de la distribution des délais présentés. Ainsi l'intervalle d'indifférence se déplace-t-il de 1,14 à 3,65 secondes si la distribution s'étend respectivement de 0,2 à 1,5, puis de 0,3 à 12 secondes (Fraisse, 1948a). D'autres facteurs, comme l'influence de la durée que le sujet prend comme base de ses évaluations, contribuent également à modifier les valeurs rapportées : un intervalle de 1 seconde sera jugé plus long si la série expérimentale débute par une valeur supérieure à la seconde, et inversement (Goldstone et al., 1957). C'est ce qu'on appelle l'*effet d'ancrage*. Il n'intervient toutefois qu'à condition de choisir une durée de référence assez proche du délai à estimer; sinon, c'est le contraire — un *effet de contraste* — qui se produit. Bref, le moins qu'on puisse dire est que le doute subsiste concernant l'existence d'une zone privilégiée entre 0,6 et 0,8 seconde, d'autant que la loi de Vierordt, le plus souvent confirmée (voir, encore récemment, Bobko et al., 1977), a parfois été prise en défaut également : certains sujets montrent une fâcheuse tendance à surestimer les durées les plus longues de la distribution, au lieu de les sous-estimer comme il se doit (Doehring, 1961).

On peut résumer les débats relatifs à l'intervalle d'indifférence en dégageant deux positions contradictoires. La première consiste à récuser purement et simplement son existence, à le considérer comme un artefact, ou, au mieux, comme une tendance statistique liée aux conditions particulières d'une expérience : ses limites temporelles ne dépendraient que de celles-ci. La seconde, tirant argument du fait qu'un grand nombre de travaux s'accordent malgré tout sur une valeur de 0,6 à 0,8 seconde, lui confère au contraire une certaine stabilité, qui autoriserait à le mettre en rapport avec un processus physiologique déterminé; c'est l'hypothèse des bases de temps internes qui se profile par ce biais.

Une autre tendance systématique, décrite par Fechner dès 1860, est connue sous le nom d'*erreur de position temporelle*. Elle concerne la distorsion qui affecte la durée subjective lorsqu'il s'agit de comparer deux stimulus successifs : le premier est généralement sous-estimé (erreur négative) par rapport au second. L'effet inverse (erreur positive) apparaît aussi dans certaines conditions. Ce phénomène, qui a suscité de nombreuses théories explicatives sans toutefois trouver, en plus d'un siècle, une interprétation pleinement satisfaisante, n'a rien perdu de son intérêt pour les chercheurs (voir, par exemple, Hellström, 1978).

5. Le seuil différentiel

La controverse concernant la valeur de *la plus petite différence perceptible* entre deux durées *(just noticable difference)*, et de son éventuelle constance à travers l'échelle des stimulus physiques, n'est pas apaisée non plus à l'heure actuelle. D'après Woodrow (1930), dans la modalité auditive, le seuil différentiel[9] est d'environ 10 % pour les durées comprises entre 0,2 et 2 secondes (8 % au minimum pour 0,6 à 0,8 seconde), mais passe à 16 % au moins entre 4 et 30 secondes. Des valeurs plus faibles ont souvent été rapportées depuis; tout dépend, une fois encore, de la modalité sensorielle en cause et de la méthode utilisée, pour ne citer que les deux sources de variations les plus évidentes. Une technique centrée sur la perception des cadences rythmiques favorisera, par exemple, l'obtention d'un seuil particulièrement bas: pas plus de 3 %, dans la modalité auditive, lorsque la tâche consiste à ajuster une séquence d'intervalles d'abord irréguliers de façon à atteindre la plus grande régularité possible (Fraisse, 1967b); cette étude, qui teste des délais compris entre 150 et 2.400 millisecondes, indique comme beaucoup d'autres l'existence d'un seuil minimum (1,4 %) pour une durée de 600 millisecondes: toujours le problématique intervalle d'indifférence. Par ailleurs, il semble que, dans la modalité auditive tout au moins, la sensibilité différentielle ne soit pas affectée par la signification particulière que le stimulus peut avoir pour le sujet, ce qui suggère l'unicité du mécanisme de base, dans une certaine mesure indépendant des processus cognitifs; ainsi, que la discrimination porte sur un son pur ou sur la voyelle « a », le seuil reste du même ordre (Bovet et Rossi, 1979), alors que les seuils d'intensité et de fréquence accusent en pareil cas des différences notables.

Le problème, au départ, s'est posé sous la forme: pour ou contre la loi de Weber-Fechner dans le domaine du temps ? La loi de Weber peut s'exprimer ici par la formule: $SD(T) = kT$, où T est la durée, $SD(T)$ le seuil différentiel de durée, et k une constante; le rapport constant $\frac{SD(T)}{T}$ constitue la *fraction de Weber*. Fechner, l'un des fondateurs de la psychophysique, en a tiré la *loi logarithmique* reliant la sensation aux dimensions physiques du stimulus: *la sensation varie comme le logarithme de l'excitation*. Ces formulations sont-elles validées par les résultats expérimentaux ? Il est assurément difficile de retrouver une fraction différentielle constante ou de vérifier la loi logarithmique à travers toute la gamme des durées possibles. Fraisse (1967a) voit à cela une bonne raison: c'est qu'on a fait peu de cas, dans ce type de démarche, de la solution de continuité entre durées perçues et durées estimées; si le seuil se modifie entre 2 et 4 secondes comme le notait déjà Woodrow (1930), c'est peut-être précisément parce que des mécanismes différents président à l'évaluation des durées concernées. Pour les intervalles inférieurs à 2 secondes, la loi de Weber pourrait prévaloir (Getty, 1975, obtient une fraction de Weber de l'ordre de .05), quoique certains la prennent en défaut même dans cette gamme de durées, et soulignent au contraire l'indépendance du seuil différentiel par rapport à l'intervalle testé (Rousseau et Kristofferson, 1973).

Fechner (1877) s'était octroyé la satisfaction d'ajouter à la présentation de sa théorie un petit couplet provocateur, statuant que celle-ci demeurerait parce que ses détracteurs ne se mettraient jamais d'accord sur la façon d'en venir à bout. Il avait raison: le gant était difficile à relever. De réfutations en confirmations et en «oui, mais...», la loi de Fechner est toujours d'actualité. Quand même, l'incertitude des résultats relatifs au problème de la loi logarithmique a laissé trop d'insatisfaits pour que d'autres formulations ne soient avancées. Stevens (1957, 1961), par exemple, propose d'adopter une loi de puissance traduite dans l'équation: $\Psi = a\ \Phi^b$, où Ψ est la valeur perçue, Φ la valeur physique, a une constante et b un exposant qui, dans le cas de la durée, est d'environ 1,1. Cette formule reflète donc une surestimation ténue des intervalles longs; en fait, l'exposant est si proche de l'unité que, aux erreurs de calcul près, on peut admettre que la durée subjective est directement proportionnelle à la durée physique (Fraisse, 1967a). Ceci pourrait être vrai même avec des intervalles de plusieurs dizaines d'heures. Pour les durées comprises entre 50 et 500 millisecondes cependant, l'exposant convenable serait plus proche de 0,6 (Michon, 1975). Cette observation évoque à nouveau l'idée que l'évaluation des durées semble couvrir un champ de phénomènes qualitativement différents selon le niveau auquel on se place dans le continuum des durées physiques. Citons au passage l'expérience de Stevens (1957), prouvant qu'une même durée n'a pas nécessairement la même valeur si le contexte dans laquelle elle se situe est modifié: priés de répartir en 7 catégories distinctes des stimulus compris entre 0,25 et 4 secondes, les sujets sont tentés de mettre les stimulus de 3,5 et 4 secondes dans une même classe alors qu'ils différencient résolument ceux de 0,5 et 1 seconde.

Le temps et son contenu

1. *Durées pleines et vides*

Les mesures rapportées ci-dessus ne sont qu'indicatives: dans le domaine temporel plus encore qu'ailleurs, il est bien périlleux d'avancer chiffres et pourcentages sans préciser à chaque fois les conditions expérimentales dans lesquelles ils ont été obtenus. Car la durée est perçue en fonction des événements qui la composent ou la délimitent. Les résultats concernant l'évaluation relative des durées pleines et vides sont assez ambigus, et il est difficile de prouver de façon définitive que les premières sont plus fréquemment surestimées que les secondes, comme le veulent certains; les données en faveur de cette hypothèse émanent surtout de travaux anciens, mais elles sont parfois infirmées par les études plus récentes. Pourtant, bien des tendances dégagées dès les premiers balbutiements de la psychophysique du temps ont résisté, malgré quelques dissonances, à l'épreuve des contrôles répétitifs, et sont encore aujourd'hui considérées comme classiques. On sait par exemple que la perception d'une durée vide inclut celle de ses limites; la nature des stimulus choisis n'est donc pas sans importance. Un intervalle délimité par des signaux visuels sera jugé plus long, toutes choses égales par ailleurs, qu'un intervalle compris entre deux stimulus auditifs ou tactiles. La durée des signaux eux-mêmes, bien entendu, intervient également: plus ils sont longs, plus l'intervalle paraîtra long à son tour. Dans la modalité auditive, on reconnaît le rôle de l'intensité et de la hauteur de la stimulation: l'intervalle semble plus bref s'il est délimité par des sons plus intenses ou moins hauts. Tous ces effets se vérifient surtout pour les intervalles courts, dans la mesure où la durée des processus sensoriels impliqués est relativement assimilable aux durées à évaluer (voir Fraisse, 1967a, 1978, et Doob, 1971, pour plus ample information).

S'agissant des délais pleins, les avis divergent sur le point de savoir si les stimulus donnent lieu à des évaluations de même ordre quelle que soit leur nature, ou si les signaux visuels, en particulier, sont sous-estimés par rapport aux sons — les modalités visuelle et auditive ayant fait l'objet des comparaisons les plus fréquentes. Il semble que l'on obtienne généralement des mesures plus précises avec les stimulations auditives. D'après Cohen (1967), un sujet dont la tâche est d'égaliser la durée d'un son avec celle d'un signal visuel, ou vice versa, sous-estime toujours le signal visuel. Ce type de résultat a aussi été recueilli par d'autres méthodes (Lhamon et Goldstone, 1974), quoique la tendance inverse apparaisse dans des cas limités (Tanner et al., 1965). Par ailleurs, nombre d'auteurs s'accordent à reconnaître que la durée subjective d'un son bref croît avec sa hauteur et son intensité (voir par exemple Berglund et al., 1969); l'effet de ce dernier facteur se vérifie également avec des stimulus visuels (Goldstone et al., 1978), électriques et vibro-tactiles (Ekman et al., 1969). Cependant, on enregistre là encore des résultats discordants. L'étude de Oléron (1952), basée sur la méthode de reproduction, montre un effet d'intensité pour les sons n'excédant pas 0,7 seconde, mais non au-delà; de plus, cet effet, qui apparaît lorsque les sons passent de 40 à 60 décibels, s'efface à l'approche de 90 décibels. Il faut insister une nouvelle fois ici sur la nécessité, pour interpréter correctement les jugements temporels, de prendre en compte tous les paramètres de la situation : modalité sensorielle sans doute, mais aussi méthodes, ordre de présentation, caractéristiques physiques des stimulus, dispositions du sujet — tous paramètres qui peuvent présenter des interactions distinctes : ainsi, l'ordre de présentation pourrait être plus prégnant avec des stimulations visuelles qu'auditives (Goldstone et al., 1959); la méthode d'estimation verbale révèlerait une surestimation des stimulus tactiles dans la majorité des intervalles testés (Hawkes et al., 1960), et ainsi de suite.

2. L'interaction espace-temps

Le phénomène est connu depuis longtemps déjà : dans certaines limites, l'espace compris entre deux stimulations tactiles appliquées à deux endroits voisins de la peau paraît d'autant plus grand que s'allonge l'intervalle entre les stimulations. Cet effet *tau*, mis à jour par Helson (1930), a été confirmé à maintes reprises (Lechelt et Borchert, 1977); il existe aussi dans les modalités visuelle (Geldreich, 1934) et auditive (Cohen et al., 1954). Du point de vue tactile, l'expérience de base consiste à stimuler successivement trois sites équidistants de l'avant-bras en respectant un plus long délai entre la deuxième et la troisième stimulation qu'entre la première et la deuxième : l'espace entre les points 1 et 2 sera jugé plus petit qu'entre les points 2 et 3. L'effet inverse est l'effet *kappa* (Cohen et al., 1953) : la durée subjective augmente avec la distance spatiale. Ainsi, le sujet prié d'égaliser les intervalles temporels entre l'éclairement de trois lampes qui lui font face et émettent des éclairs brefs l'une après l'autre, en réglant le moment d'apparition de l'éclair médian, établit un délai trop court entre les deux lampes les plus écartées, et ce d'autant plus que croît le rapport entre les distances impliquées. La direction de la stimulation retentit sur l'effet *kappa* : il augmente si les lampes s'allument successivement de haut en bas, diminue dans le cas inverse, et est intermédiaire dans le sens horizontal. Il est probable que cette interaction résulte de notre expérience courante, puisqu'on s'attend habituellement à ce qu'un objet subisse une perte de vitesse progressive s'il est projeté vers le haut, mais accélère sa chute dans la direction opposée (Cohen et al., 1955).

3. L'interaction temps-espace-vitesse : $t = e/v$?

Les effets *tau* et *kappa* se retrouvent dans le cas des mouvements continus. Cohen et Cooper (1963) l'ont vérifié en demandant aux passagers d'une voiture d'évaluer la durée, la vitesse ou la distance de leur parcours, après leur avoir bandé les yeux pour les priver de repères visuels. Tant que la vitesse reste uniforme, les jugements subjectifs satisfont approximativement à l'équation $t = e/v$ (où t est le temps, e l'espace et v la vitesse), qui rend compte des relations entre ces trois facteurs sur le plan physique. Mais lorsque accélérations et décélérations interviennent, la durée tend à être surestimée par rapport au jugement qu'engendrerait le calcul du rapport entre distance et vitesse s'il était effectué sans interférence avec d'autres facteurs. Lorsque le sujet doit comparer les deux moitiés du parcours, on peut schématiser ainsi les effets obtenus : à durée égale, le trajet couvrant une plus grande distance à plus grande vitesse est surestimé par rapport à l'autre; à distance égale, le trajet de durée plus longue et vitesse moindre est jugé spatialement plus étendu; à vitesse égale, le trajet plus court du point de vue distance et temps induit une surestimation relative de la vitesse.

Mais si l'on peut dire, d'une façon générale, que les facteurs temps, espace et vitesse sont interdépendants lorsqu'il s'agit d'apprécier un changement continu, il est toutefois impossible de prédire avec certitude à quelle conclusion vont conduire ces interactions dans chaque cas particulier. Les divers indices perceptifs inhérents à la situation se disputent la prédominance pour déterminer le jugement final; le poids de chacun varie selon le contexte, autant qu'individuellement. Certains sujets fondent de préférence leur jugement sur la vitesse, d'autres privilégient la durée et d'autres encore la distance; on est loin de comprendre exactement les mécanismes qui sous-tendent ces choix perceptifs. La plupart des auteurs qui ont tenté d'y voir plus clair se sont inspirés de la méthode mise au point par Piaget pour ses recherches ontogénétiques. On présentera ainsi au sujet des objets traversant horizontalement des fenêtres de dimen-

	Données physiques	Jugement subjectif
1.	$t_1 = t_2$	$t_1 > t_2$
	$d_1 > d_2$	
	$v_1 > v_2$	
2.	$d_1 = d_2$	$d_1 > d_2$
	$t_1 > t_2$	
	$v_1 < v_2$	
3.	$v_1 = v_2$	$v_1 > v_2$
	$t_1 < t_2$	
	$d_1 < d_2$	

Figure 4. Effets de mouvement subjectif:
1. effet *kappa;*
2. effet *tau;*
3. effet *kappa-tau.*
t = temps;   d = distance;   v = vitesse.

sions ajustables, découpées dans un écran. Par exemple, le mobile standard traverse la fenêtre de gauche; dès qu'il a effectué son parcours, le mobile-test démarre dans celle de droite. Le temps mis par le second doit être jugé égal, plus court ou plus long, comparé au temps du premier. Nous verrons plus loin la difficulté qu'éprouve l'enfant à démêler l'écheveau des relations temps-espace-vitesse (cf. chapitre 3). Pour l'adulte, le problème ne semble pas non plus si facile à résoudre. Et, si le sujet est parfois mis à la torture devant la complexité des situations qui lui sont proposées, il faut reconnaître que l'expérimentateur lui-même se trouve bien souvent mis en demeure d'élucider de parfaits petits casse-tête. Admettons, par exemple, que la durée du trajet d'un mobile traversant une distance brève à vitesse réduite soit surestimée par rapport à celle d'un mobile atteignant à grande vitesse un point plus éloigné: ce résultat est assez typique. Mais il ne faudrait pas croire qu'espace et vitesse s'équilibrent nécessairement dans cette interaction; l'erreur de jugement temporel peut croître davantage, par exemple, si l'on modifie l'espace parcouru que si l'on fait varier la vitesse du mobile (Bonnet, 1965).

La vitesse affecte aussi l'évaluation de la durée dans le cas des changements touchant la qualité ou l'intensité d'une stimulation. Par exemple, un son dont l'intensité croît paraîtra plus long si la modification est rapide que si elle est lente. Pour conclure, notons que l'effet du mouvement sur le jugement temporel ne constitue peut-être qu'un cas particulier de l'effet général du changement lui-même : dans la sphère visuelle, lumière clignotante et stimulus en mouvement continu sont tous deux surestimés par rapport à un signal fixe (Lhamon et Goldstone, 1975). Peut-on dire alors que, plus l'on perçoit de changements, plus la durée subjective s'allonge? Nous reviendrons bientôt sur cette éventualité.

4. L'effet de la fréquence

Un intervalle divisé, c'est-à-dire composé de stimulations interrompues, est généralement surestimé par rapport à un intervalle vide, et ce d'autant plus que le nombre des éléments constituants augmente et que diminue la durée globale à évaluer. Mais ici se pose le problème de la fréquence des stimulations, autrement dit, leur nombre par unité de temps (Fraisse, 1961, 1965). Si la fréquence augmente, la durée paraît plus longue, jusqu'à un maximum situé aux alentours de 2 par seconde; puis l'effet s'inverse pour les fréquences très élevées. Ce phénomène, bien qu'entâché de différences individuelles non négligeables, a été vérifié pour la fréquence des changements perçus (ceux qu'implique, par exemple, la projection d'une série de stimulus visuels sur un écran, ou l'émission de sons cadencés) comme pour les rythmes de frappe (appui sur une clé morse plusieurs fois par seconde). On en connaît la correspondance dans le domaine spatial : une ligne hachurée paraît plus longue qu'une ligne simple, cette tendance étant moins nette lorsque le nombre de hachures dépasse un point optimum; c'est l'*illusion d'Oppel-Kundt*. L'effet de fréquence ne se manifeste toutefois que si celle-ci est perçue comme telle, et non camouflée par la durée même des événements constitutifs de la séquence; une fréquence trop basse reste sans effet sur l'évaluation de la durée totale, celle-ci dépendant alors de l'intégration des divers paramètres impliqués : le nombre des éléments de la séquence, la durée de chacun d'eux, la durée des intervalles qui les séparent.

5. L'effet du nombre

L'effet de la fréquence peut être considéré comme un cas particulier d'un problème tout à fait central dans la psychologie du temps: jusqu'à quel point le nombre d'événements composant l'intervalle à évaluer influence-t-il la durée subjective? Qu'il y ait influence ne fait de doute pour personne; mais quantité d'auteurs vont plus loin, convaincus que ce facteur est le déterminant principal, voire unique, du jugement temporel. Pour les uns et les autres, la relation postulée est positive: plus l'intervalle contient de stimulus, plus il paraît long.

Recherches anciennes et nouvelles apportent de l'eau au moulin. Un intervalle vide paraît plus bref que le même intervalle occupé par de la musique (Jaensch et Kretz, 1932). S'il contient à la fois une lumière et un son constants, le délai est jugé plus long que si la lumière seule subsiste (Rai, 1972). L'augmentation du nombre de clics auditifs engendre un allongement du temps subjectif, quoique cette tendance ne soit pas homogène à travers les divers intervalles testés: dans l'étude de Jones et MacLean (1966), elle est maximale pour le délai minimum, fixé à 8 secondes, puis s'amenuise jusqu'à 250 secondes. L'accroissement du nombre d'éléments contenus dans une diapositive dont la durée de projection doit être évaluée a un effet similaire (Schiffman et Bobko, 1977). Le nombre de stimulus successifs perçus au cours d'un intervalle, et explicitement rapporté par le sujet, est en relation positive avec le jugement temporel; d'autre part, le sujet trouve le délai moins long s'il s'acquitte au cours de celui-ci d'une tâche homogène — comme marquer un rythme de la main, écrire ou calculer — que s'il combine ces diverses occupations (Frankenhaeuser, 1959).

Des fausses notes troublent cependant l'harmonie; pour Du Preez (1967), par exemple, le jugement temporel est similaire quelles que soient les stimulations choisies: musique, simples sons, lumière ou projection de diapositives; le nombre d'éléments composant l'intervalle semble pourtant bien différent dans chaque cas. D'autres résultats négatifs obligent à moduler l'hypothèse de base: le nombre des stimulations n'intervient pas en tant que tel; il faut considérer avant tout la façon dont le sujet les prend en compte. Nous verrons au chapitre 7 les différentes formulations qui ont été proposées dans cette optique.

6. L'effet de l'activité

En règle générale, le sujet tend à surestimer les délais exempts de toute activité relativement aux délais «occupés» — ce qui pourrait constituer un argument contre l'hypothèse de la relation entre nombre de changements et durée subjective, maintenue sous une forme trop rigide. Qu'il s'agisse d'écrire une lettre, des séries de chiffres ou des caractères alphabétiques, de calculer, ou de composer des anagrammes, on enregistre toujours une diminution de la durée subjective (Axel, 1924; De Wolfe et Duncan, 1959). En outre, les méthodes de production et de reproduction paraissent souvent engendrer des jugements temporels plus courts que la méthode d'estimation, qui n'implique pas d'activité motrice, si ce n'est au niveau des organes phonatoires (Hornstein et Rotter, 1969).

Le problème est cependant plus épineux qu'il n'y paraît au premier abord. On s'en aperçoit dès que l'on tente de comparer les situations expérimentales en termes d'effort ou d'énergie dépensée. Ainsi, un délai de 40 secondes, pour un sujet debout, assis ou couché, paraît d'autant plus long que le tonus musculaire diminue (Phillips, 1977). Voilà qui est parfait. Mais le sujet surestime l'intervalle au cours duquel il doit soulever des poids, par rapport au repos (Boulter et Appley, 1967). S'il est chargé d'exercer une pression sur un dynamomètre, il juge le délai plus long dans le cas d'une pression faible que d'une pression forte (Weybrew, 1963), mais s'il s'agit de pousser sur une clé, c'est la pression forte qui, cette fois, engendre une surestimation relative (Miller et al., 1967). Difficile également de confronter activités perceptives et motrices[10]: si Gulliksen admettait en 1927 que l'écoute d'un métronome induit un jugement temporel plus long que le fait de copier sous dictée ou de calculer par écrit, Michon (1965) a bien montré depuis toute la complexité du problème. Sa méthode consiste à élaborer des situations de difficulté croissante. La plus simple requiert une réponse sur une clé, qui marque la fin d'un intervalle subjectif de 2 secondes débutant par un signal toujours identique; la plus complexe implique une ou plusieurs réponses sur diverses clés, selon les caractéristiques du signal de départ; six stimulus et réponses différentes, au maximum, peuvent intervenir. Dans ces conditions, plus le nombre de clés en jeu est élevé, plus l'intervalle paraît court; le nombre de stimulus est généralement sans effet; toutefois, les durées les plus longues sont produites après présentation d'un signal unique.

Enfin s'alignent dans le débat les études récusant l'existence d'un effet quelconque: pas trace d'une différence significative entre les délais reproduits en pressant une clé à simple ou double reprise (Doehring, 1961), ou en fonction du rythme de marche plus ou moins rapide adopté par le sujet pendant le délai à estimer (Newman, 1972).

Tenter d'organiser toutes ces données en fonction des méthodes ou des gammes de durées choisies n'en réduit pas l'incohérence. Il semble bien que le jugement temporel résulte de l'interaction d'un ensemble de facteurs, parmi lesquels l'activité du sujet n'intervient que très partiellement. C'est à élucider la nature de ceux-ci que s'est attaché Loehlin (1959). Il discerne quatre variables fondamentales, au terme d'une recherche minutieuse où sont confrontées diverses manières de combler un délai. Les sujets doivent notamment chercher la solution de différents puzzles, effectuer des opérations arithmétiques, écrire répétitivement le même caractère sur une feuille de papier, écouter une lecture à haute voix, penser à des choses agréables, chercher les anagrammes d'un mot déterminé. Le premier facteur affectant la durée subjective est sans conteste l'intérêt du sujet pour la tâche, qui provoque une sous-estimation relative du temps, à l'encontre de l'ennui. Vient ensuite la diversité du contenu de l'intervalle; si elle est peu marquée, cela permet au sujet d'accorder une attention soutenue à l'écoulement du temps en lui-même, ce qui le conduit à surestimer ce dernier. En troisième lieu, les sujets les plus habiles dans les tâches proposées ont tendance à surestimer la durée des activités répétitives. Enfin, des facteurs de personnalité (notamment une tendance plus ou moins «passive» ou «active») doivent également être retenus. Cette recherche porte avant tout sur une durée de 2 minutes, mais implique occasionnellement l'évaluation d'intervalles de 1 seconde, 4 secondes et 20 minutes, et l'on y trouve des indications concernant l'hétérogénéité probable de l'échelle temporelle subjective. En effet, il est rare qu'un sujet sous-estime pareillement tous les intervalles testés: de 2 minutes à 1 seconde, la tendance peut très bien s'inverser. Loehlin note que, à travers la littérature, on trouve fréquemment des corrélations positives entre l'évaluation de durées variées (voir, par exemple, Eson et Kafka, 1952; Adler, 1954); mais il s'agit là de durées «relativement longues» en ce sens qu'elles excèdent toujours les limites du présent perçu. Ces données n'infirment donc pas l'hypothèse selon laquelle il existerait au moins un hiatus dans la gamme des durées perçues, hiatus situé aux alentours de 2 secondes.

Les variables individuelles

1. Variabilité et attention

La variabilité intra- et interindividuelle est omniprésente dans l'étude des jugements temporels. Bien des expérimentateurs rêvent de s'en débarrasser, car elle complique singulièrement l'interprétation. Mais ne faut-il voir dans cette variabilité qu'une irréductible pierre d'achoppement, ou mérite-t-elle plutôt le statut de loi fondamentale de l'évaluation de la durée? La question est d'importance; elle impose notamment aux modèles imaginés pour rendre compte des mécanismes de mesure du temps d'inclure des prédictions adéquates sur la marge de variation du système, s'ils prétendent à quelque exhaustivité dans leur adéquation aux faits.

Au premier rang des causes de variabilité se placent indubitablement les processus attentionnels. Selon que la consigne, ou telle caractéristique des stimulus utilisés, attire l'attention du sujet sur le délai lui-même ou sur ses limites, sur l'un des intervalles d'une paire, sur la fréquence d'une série de signaux ou sur la durée propre de chacun de ceux-ci, les résultats obtenus seront très différents. De même interviennent les facteurs qui composent l'histoire personnelle du sujet: tel mode d'éducation, telle appartenance socioculturelle, telle expérience professionnelle, ou plus simplement telle disposition du moment, favoriseront par exemple la focalisation attentionnelle sur les stimulus visuels plutôt que tactiles, les durées pleines plutôt que vides, les intervalles de 2 plutôt que de 5 secondes, les régulations temporelles motrices plutôt que les estimations verbales. L'habitude qu'est susceptible de posséder le sujet de certains aspects spécifiques de l'expérience, l'entraînement dont il peut avoir bénéficié à l'un ou l'autre niveau, joueront éventuellement un rôle par le truchement de l'attention. On serait tenté d'en déduire que les conditions expérimentales qui correspondent le mieux à l'histoire individuelle seront les plus aptes à engendrer des évaluations stables et précises. Bien souvent, ce peut être le cas, mais rien n'est simple: on sait qu'un intervalle temporel tend à être surestimé quand l'attention se focalise sur lui (McKay, 1977), et cette focalisation peut dépendre de causes tout à fait transitoires. Dans le fait bien connu que les délais d'attente sont toujours jugés trop longs lorsqu'on y est attentif, on voit se profiler aussi le rôle des facteurs motivationnels. Motivation et attention: deux concepts bien difficiles à cerner. Impossible, souvent, de marquer leurs frontières, mais impossible de s'en passer dans l'analyse psychologique. Et si l'on connaît assez bien maintenant les structures nerveuses qui y président, nombre de questions restent ouvertes, même sur le plan physiologique. A quels mécanismes correspondent, par exemple, les fluctuations incessantes de l'attention? Reflètent-elles l'une ou l'autre activité cyclique au sein du système nerveux? Ont-elles un rôle décisif dans le triage de l'information, ou permettent-elles d'éviter la fatigue excessive des éléments nerveux impliqués à ce niveau?

Sur le plan descriptif, on peut montrer que les fluctuations attentionnelles sont très inégales d'un individu à l'autre. Cohen et ses collaborateurs (1956) ont tenté de quantifier ce phénomène en demandant aux auditeurs d'une conférence de déclencher un signal, automatiquement enregistré dans une pièce voisine, chaque fois qu'ils s'apercevaient que leur attention revenait au discours du conférencier après s'être un moment égarée. Il s'est avéré que 3 % environ des auditeurs laissaient leur esprit vagabonder toutes les 2 minutes, tandis que d'autres n'étaient presque jamais distraits au cours d'une séance de 40 minutes. L'instabilité attentionnelle expliquerait peut-être en partie pourquoi un intervalle de 1 seconde est évalué avec plus de précision qu'un intervalle de 1 minute: plus un délai s'allonge et plus souvent l'attention a l'occasion de s'en détacher. Dans l'éventualité où il existerait un mode d'évaluation «direct» de la durée, relativement indépendant des processus cognitifs et de la mémoire, et dont la pleine efficacité nécessiterait un niveau d'attention élevé, les fluctuations attentionnelles apparaîtraient indubitablement comme une entrave à toute évaluation temporelle correcte.

Reste à préciser comment les processus attentionnels risquent d'affecter le jugement temporel. On en trouve une démonstration plausible dans l'étude récente de Mo et George (1977): un haut niveau d'attention entraîne une réduction du temps de perception d'un stimulus. Les auteurs ont légèrement transformé l'une des tâches les plus chères aux psychologues expérimentaux, la tâche de temps de réaction simple avec période préparatoire variable. Dans cette situation, le *signal impératif*, qui requiert du sujet une réponse aussi rapide que possible (généralement, l'appui sur une presselle), est systématiquement précédé d'un *signal avertisseur* ou *préparatoire*; la durée de la *période préparatoire* unissant les deux signaux varie aléatoirement à travers la série des essais. Le résultat classique est qu'une relation inverse apparaît entre la durée de la période préparatoire et le temps de réaction: plus la durée croît, plus le temps de réaction diminue. On explique cette relation en admettant que l'«expectative» (*expectancy*) est plus grande pour les intervalles les plus longs: le sujet s'attend de plus en plus à ce que le signal impératif survienne à mesure que le temps s'écoule. Supposons en effet qu'il y ait trois durées possibles: la probabilité d'occurrence du signal impératif au terme de chacune d'elles est de 0,33; mais, si rien ne se passe jusqu'à la fin de la troisième, le signal doit nécessairement survenir à ce moment. Il a alors, pour le sujet, une probabilité de 100 %. L'expérience de Mo et George est basée sur ce principe, mais, au lieu d'exécuter une réponse motrice rapide, les sujets doivent décider, à chaque essai, si le signal survenant au terme de la période préparatoire leur paraît «long» ou «court». Les auteurs notent que la plus faible proportion des réponses «long» coïncide avec la période préparatoire la plus courte, c'est-à-dire avec le niveau d'expectative le plus bas. En confrontant ces données avec celles tirées des situations habituelles de temps de réaction, ils arrivent à la conclusion que le délai de perception du stimulus au terme de la première période préparatoire est plus long. Il s'ensuit une réduction de la durée subjective dudit stimulus. On prend peu de risque à postuler que le niveau d'attention est, dans ce cas, relativement faible.

2. *Les effets de l'entraînement*

L'imprécision des jugements temporels de l'enfant, comparé à l'adulte, résulterait en tout premier lieu du manque d'entraînement. Après trois semaines d'apprentissage, des enfants de 7 ans font des progrès remarquables dans la reproduction de durées de 30 secondes: les réponses exactes passent de 10 à 45 % environ, et se maintiennent à 40 % si l'on reprend l'expérience après trois mois. Ce niveau de performance est légèrement supérieur à celui d'un groupe d'adultes non entraînés (Orsini, 1958).

D'une manière générale, les jugements temporels d'un sujet qui a la possibilité de s'entraîner s'affinent, et l'amélioration obtenue (réduction des erreurs et de la variabilité) persiste un certain temps. C'est ce qu'observent habituellement les chercheurs qui prévoient l'apport d'un *feedback*. Celui-ci consiste, par exemple, à signaler au sujet, après chaque essai, si son évaluation était «correcte», «trop courte» ou «trop longue», ou à lui donner ces informations par le truchement de lampes de diverses couleurs, de sons plus ou moins hauts, etc. On peut encore, pour les productions et reproductions de durées, énoncer ou afficher sur un cadran la valeur exacte de celles-ci (voir, à titre d'exemple, l'étude de Buckolz et Guay, 1975, et, pour avoir une idée des processus par lesquels agit le *feedback*, celle de Jamieson et Petrusic, 1978). Il semble qu'un *feedback* peu sophistiqué, du genre «correct», «trop court» et «trop long» ait un maximum d'efficacité.

Il serait intéressant de savoir si le transfert de l'apprentissage d'une durée à une autre est possible. Les données concernant ce problème sont relativement peu nombreuses. L'étude de Bakan et collaborateurs (1959) contient pourtant quelque raison de répondre affirmativement à cette question. Des sujets priés, tout d'abord, de reproduire sans *feedback* des durées de 25 et 120 secondes, sont divisés en trois groupes dans lesquels seul l'intervalle le plus court est conservé. Le premier groupe continue sa tâche dans les mêmes conditions, le deuxième est informé de la qualité de sa performance à chaque essai, et le troisième reçoit des indications erronées: lui est dite «correcte» toute reproduction comprise entre 15 et 19 secondes. Puis chaque groupe retourne aux conditions de départ, avec les deux intervalles et sans *feedback*. Le progrès du deuxième groupe est alors manifeste pour la durée de 25 secondes, et touche aussi, quoique plus discrètement, celle de 120 secondes. Les deux autres groupes ne montrent aucune amélioration.

Ce dernier résultat ne surprendra personne, et cependant il n'est pas rare d'obtenir des évaluations plus précises au terme d'une expérience qu'à son début, même en l'absence de *feedback*. Il y aurait donc apprentissage alors même que le sujet ne dispose d'aucun moyen de savoir si ses jugements temporels sont exacts. Mais il n'est pas nécessaire de postuler qu'il s'agit là spécifiquement d'un apprentissage temporel. Peut-être le sujet se familiarise-t-il avec les conditions expérimentales, et avec la nature de la tâche, dont il n'a pas si souvent l'occasion de trouver la réplique dans la vie courante. Certains auteurs ont établi l'existence d'une relation inverse entre la durée subjective et le degré d'accoutumance du sujet au stimulus, ce facteur exerçant vraisemblablement son action dès les premières étapes du traitement de l'information (Avant et al., 1975). Des facteurs d'anxiété peuvent être en cause: peut-être le sujet parvient-il peu à peu à se libérer de l'appréhension qu'il a ressentie à son entrée dans le milieu inhabituel du laboratoire de psychologie expérimentale, et dans la pièce relativement insonorisée qui sert généralement de local d'expérience. Sans doute aussi est-il moins distrait par le décor qui l'environne, plus concentré sur la tâche à mesure que le temps s'écoule, et plus assuré dans ses réponses s'il a l'impression qu'il a bien compris les consignes et que tout se passe bien. Il faut reconnaître que, dans certains cas, la situation choisie est pour le moins insolite, et propre à engendrer la surprise: ainsi, dans l'étude de Eson et Kafka (1952), l'éclairage de la salle d'expérience est complètement éteint à chaque intervalle que produisent les sujets. On peut pardonner à ceux-ci d'avoir probablement mis un certain temps à s'accoutumer à ces conditions singulières, et comprendre que leurs erreurs initiales tendent progressivement à diminuer, même en l'absence de *feedback*.

Conclusion

La plupart des questions que nous venons d'évoquer comportent encore des zones d'ombre, que les chercheurs s'efforcent de réduire. Mais les démarches classiques de la psychophysique ont subi quelques bouleversements lorsque la théorie de l'information est venue y apposer son empreinte. On insiste maintenant davantage sur les processus de décision qui sous-tendent la démarche perceptive, dont on met bien en relief le caractère actif, et sur la communauté des mécanismes qui régissent le traitement de toute information, qu'elle soit de nature temporelle ou non temporelle. Pour nombre d'auteurs contemporains, c'est la durée des différentes étapes du traitement de l'information qui joue le rôle majeur dans l'évaluation temporelle. Deux intervalles à comparer apportent une certaine quantité d'information, qui n'est pas seulement de nature temporelle : l'intensité des stimulations, leur caractère plus ou moins familier, leur complexité sont pris en compte et traités par le sujet en même temps que leur durée même. Or, le déroulement des processus de traitement de l'information nécessite un laps de temps d'autant plus long que la charge informationnelle est plus élevée. Par exemple, la durée d'un intervalle vide sera jugée plus brève que la même durée occupée par la présentation visuelle d'un mot de trois lettres (Thomas et Weaver, 1975). La durée de présentation d'un mot familier paraît plus courte que celle d'un mot dépourvu de sens; on peut admettre que, dans le second cas, le processus de recognition est plus difficile et par conséquent plus long; les processus de codage nécessiteraient donc plus de temps (Avant et al., 1975). Ce type de résultats, et les modèles qui en sont inspirés, concernent généralement des durées inférieures à 100 millisecondes. Il reste à vérifier que des interactions de même ordre interviennent dans le cas des délais plus longs.

Quelques-unes des hypothèses proposées pour rendre compte des données relatives à l'expérience temporelle seront examinées au chapitre 7; nous y dirons aussi un mot de la théorie de l'information. Insistons ici sur un dernier point : l'une des leçons dégagées par la psychophysique du temps concerne, sans conteste, la place qui doit être faite à la variabilité inter- et intra-individuelle, aussi importante à considérer que les grandes tendances dont on a peu à peu réussi à établir la généralité. Cette leçon ne doit pas être oubliée dans la démarche interprétative. Nous y reviendrons plus loin.

Notes

[1] Il va de soi que définir une durée comme étant « brève » ou « longue » ne signifie rien si l'on ne connaît la référence adoptée. Nous entendons ici par « relativement brèves » les durées comprises entre quelques dixièmes de seconde et quelques minutes, durées sur lesquelles portent la majorité des études psychophysiques.

[2] C'est l'auteur qui souligne.

[3] Il existe trois techniques de base pour déterminer un seuil perceptif absolu (valeur du stimulus pour laquelle celui-ci est perçu dans 50 % des cas). On fait varier le paramètre que l'on veut tester selon une série *ascendante*, *descendante* ou *aléatoire*. Dans le premier cas, les différentes valeurs sont ordonnées du minimum au maximum, ces deux valeurs limites étant connues pour être nettement en deçà et au-delà du seuil (pour la détermination du seuil de durée, on choisira par exemple une échelle comprise entre 1 et 300 millisecondes); après chaque présentation du stimulus, le sujet indique s'il a perçu la variable en cause — ici, la durée. La série *descendante* se déroule en ordre inverse. Les deux méthodes sont généralement combinées dans une même expérience et chaque série est répétée plusieurs fois. Dans la série aléatoire, les différentes valeurs du stimulus sont présentées au hasard.

[4] La détermination du seuil de durée perceptible se complique du fait que la diminution de la durée physique d'une stimulation brève entraîne une réduction de l'intensité perçue, celle-ci étant fonction de la quantité d'énergie délivrée par la stimulation (produit de son intensité physique par sa durée). Pour que la luminance perçue d'un stimulus visuel bref reste constante, il faut donc augmenter son intensité lorsqu'on réduit sa durée. Ce problème existe aussi dans la sphère auditive, où la durée d'un son bref influe sur sa tonalité.

[5] La *Gestalttheorie* ou *Théorie de la Forme* s'est développée vers 1910 sous l'impulsion de Koffka, Köhler et Wertheimer. Cette théorie de la perception dégage des lois d'organisation (proximité, continuité, symétrie, ...) sur la base desquelles toute *figure* se distingue d'un *fond*; son principe est que *la totalité d'une figure n'est pas réductible à la somme de ses parties*: ainsi percevons-nous un carré comme un tout indissociable, et non comme une figure formée de quatre côtés égaux et quatre angles droits.

[6] Nous ne résistons pas au plaisir de nous attarder un moment sur la technique utilisée pour obtenir ces étonnants résultats. On devine que l'expérimentation chez le nourrisson n'est pas un problème simple. A défaut d'espérer que ce dernier communique ses impressions sur les tests qui lui sont proposés, du moins peut-on tirer profit de l'attirance qu'il montre pour les points lumineux de son environnement. C'est ce qu'a fait Boyd (1974), à qui Demany (1979) emprunte sa méthode. Le bébé est placé dans un petit local, où seule une cible brillante située à sa gauche contraste sur un champ visuel relativement homogène. Chaque fois qu'il regarde la cible, on lui transmet la séquence rythmique n° 1 par l'intermédiaire d'un haut-parleur; dès qu'il détourne les yeux, l'émission sonore est interrompue. On constate, dans ces conditions, que la

durée des fixations oculaires diminue progressivement, ce qui traduit vraisemblablement une baisse d'intérêt pour un ensemble de stimulations qui restent toujours identiques. Le test décisif consiste alors à présenter, soudain, la séquence rythmique n° 2; il s'ensuit un allongement notable de la durée de fixation, d'où l'on peut déduire que le bébé s'est aperçu du changement: il est donc capable de distinguer les deux séquences en question. S'il n'avait pu percevoir qu'une suite de sons inorganisés, ou bien encore une sorte de «brouillard» sonore, l'indice de fixation n'aurait accusé aucune modification susceptible de traduire quelque surprise ou regain d'intérêt.

[7] Nous utiliserons ici, à dessein, les termes peu spécifiques d'«évaluation», «appréciation» ou «appréhension», pour éviter d'avoir à préciser si les durées considérées dans chaque cas particulier sont perçues ou estimées. Comme nous l'avons vu, la frontière entre perception et estimation fluctue avec la limite supérieure du présent psychologique.

[8] Surestimer une durée, c'est la juger plus longue qu'elle n'est réellement: répondre «4 secondes» (verbalement, ou en actionnant une presselle, etc.) alors que la durée à évaluer est de 3 secondes. Inversement, sous-estimer une durée, c'est la juger plus courte qu'elle n'est réellement: répondre «2 secondes» dans l'exemple ci-dessus. Il est essentiel de noter que, dans cette acception, nous prenons comme référence la durée objective. Lorsque la durée subjective est, au contraire, à la base de l'évaluation (comme cela ressort du compte rendu de certaines expériences), le sens des deux termes est inversé: si le temps objectif paraît court (et est donc sous-estimé), c'est bien que le temps subjectif paraît long (et est donc surestimé) ... Une autre source d'ambiguïté possible réside dans les connotations relatives à la vitesse d'écoulement du temps: si le temps objectif est surestimé, c'est qu'il passe plus lentement qu'on ne pense, c'est-à-dire que le nombre de secondes écoulées, par exemple, est plus petit qu'on ne l'imaginait; dans ce cas, on peut dire que le temps subjectif passe trop vite. Contrairement aux apparences, toute nuance de sadisme envers le lecteur est absente des motifs qui ont engendré cette petite mise au point, destinée, au contraire, à faciliter le cheminement de chacun à travers les expressions courantes de la vie quotidienne comme de la littérature scientifique. Mais précisons que la durée objective est systématiquement prise comme référence dans le présent ouvrage, afin d'éviter les confusions.

[9] La façon la plus classique de déterminer un seuil différentiel est de présenter, à chaque essai, une paire de stimulus dont la durée doit être comparée: le second stimulus, de durée variable, doit être jugé «plus court», «égal» ou «plus long», relativement au premier (stimulus standard) qui, lui, ne varie pas. Le seuil correspond à la différence qui, introduite entre les deux stimulus, permet d'obtenir un jugement d'égalité dans 50 % des cas. D'autres méthodes peuvent aussi être utilisées: si l'on demande au sujet, par exemple, de reproduire les durées choisies, on peut fonder le calcul du seuil sur un indice de dispersion des reproductions obtenues.

[10] Cette distinction n'a, dans notre esprit, qu'une fonction descriptive et doit être prise avec circonspection. Il est clair que, dans toute perception comme dans toute activité, les processus sensoriels et moteurs sont intimement liés. Ainsi la perception d'un stimulus visuel nécessite-t-elle l'activation des muscles oculaires, présidant aux micro-mouvements des yeux; inversement, le tonus musculaire ne pourrait se maintenir sans l'intervention d'influx sensoriels de diverses natures.

Chapitre 3
Ontogenèse du temps

Partir à la découverte du développement des notions temporelles chez l'enfant ne va pas sans quelques difficultés. Plus l'enfant est jeune, plus il est délicat de capter et de conserver son attention; il faut déployer des trésors d'imagination pour transformer en jeu digne d'un intérêt prolongé une expérience de laboratoire. En outre, la majorité des études ontogénétiques souffrent d'un handicap commun : elles reposent sur une méthode verbale. Elles mettent donc en jeu un vocabulaire qui risque en lui-même d'entraîner des confusions chez l'enfant; il est essentiel de s'assurer que l'imperfection des notions temporelles dans le jeune âge ne résulte pas d'un manque de maîtrise dans l'emploi de certains mots, dont le sens peut être mal compris. Pour Piaget, figure dominante de la recherche ontogénétique, comme pour ses successeurs, il est clair que les confusions sémantiques (« avant » et « après » employés dans un sens temporel ou spatial, « en même temps » s'appliquant aux durées comme aux ordres de départ et d'arrivée, etc.) ne recouvrent que des confusions notionnelles; l'analyse, assortie néanmoins de précautions verbales (effort de variété dans les mots employés, en particulier) ne concerne que celles-ci. Il faut admettre que, si l'on peut éviter, ou au moins minimiser le recours au langage lorsqu'il s'agit d'analyser la perception et l'estimation des durées plus ou moins brèves — les méthodes psychophysiques de production et de reproduction peuvent se limiter, de ce point de vue, à l'énoncé d'une consigne préliminaire; les méthodes de conditonnement appliquées à l'homme sont également des plus indiquées pour répondre à cet impératif — le fait est plus difficilement concevable dès lors que l'on s'intéresse au raisonnement qui guide l'enfant dans son approche des notions temporelles, en particulier en ce qui concerne le redoutable traquenard des relations temps-espace-vitesse, cible favorite de l'école piagétienne.

Un fait est bien établi: les résultats obtenus chez l'enfant diffèrent selon que les paramètres de vitesse interviennent ou non dans les situations proposées. En dehors du contexte cinématique, l'évaluation des durées est possible chez l'enfant très jeune. Mais la situation se complique manifestement dès qu'il s'agit d'estimer la durée des trajets effectués par des objets en déplacement.

L'étude ontogénétique ramène en pleine lumière la distinction, classique chez l'adulte, entre perception et estimation; des enfants de 6 ans ont des difficultés à reproduire des durées vides de 5 et 20 secondes, alors que leurs résultats avec des intervalles de 0,5 et 1 seconde ne diffèrent pas significativement de ceux des enfants plus âgés (Fraisse, 1948b). Mais les durées pleines sont toujours plus faciles à évaluer que les durées vides, sans doute parce qu'elles retiennent davantage l'attention de l'enfant. Produire, après démonstration, un intervalle de 15 secondes rempli par le tic-tac d'un chronomètre écouté à l'oreille, par l'émission d'un son continu ou encore l'éclairement d'une lampe, ne dépasse nullement les possibilités des petits de 2 à 5 ans, alors même qu'ils ne savent pas compter jusqu'à 15 (Friedman, 1977). L'important, c'est que l'enfant comprenne bien ce qu'on attend de lui, et que les instructions données insistent suffisamment sur les dimensions temporelles de la situation (Hermelin et O'Connor, 1971). Par ailleurs, la plupart des études ontogénétiques révèlent l'existence des distorsions dont une pléthore de travaux psychophysiques ont établi la généralité chez l'adulte: d'abord la tendance à surestimer les intervalles les plus courts d'une distribution et à sous-estimer les plus longs; puis les tendances, plus contestées il est vrai, à sous-estimer les durées vides et surestimer les durées pleines, et, parmi celles-ci, à surestimer spécialement les durées remplies par un stimulus auditif (citons, à titre d'exemple, les données récoltées par Gardner, 1966, chez des enfants de 5 à 12 ans). Les tendances systématiques décrites à l'âge adulte se manifestent donc très précocement.

C'est dès les premières semaines de la vie que l'on a trouvé trace des mécanismes d'appréhension de la durée. On a ainsi conditionné au temps la réponse de dilatation ou de constriction de la pupille, qui

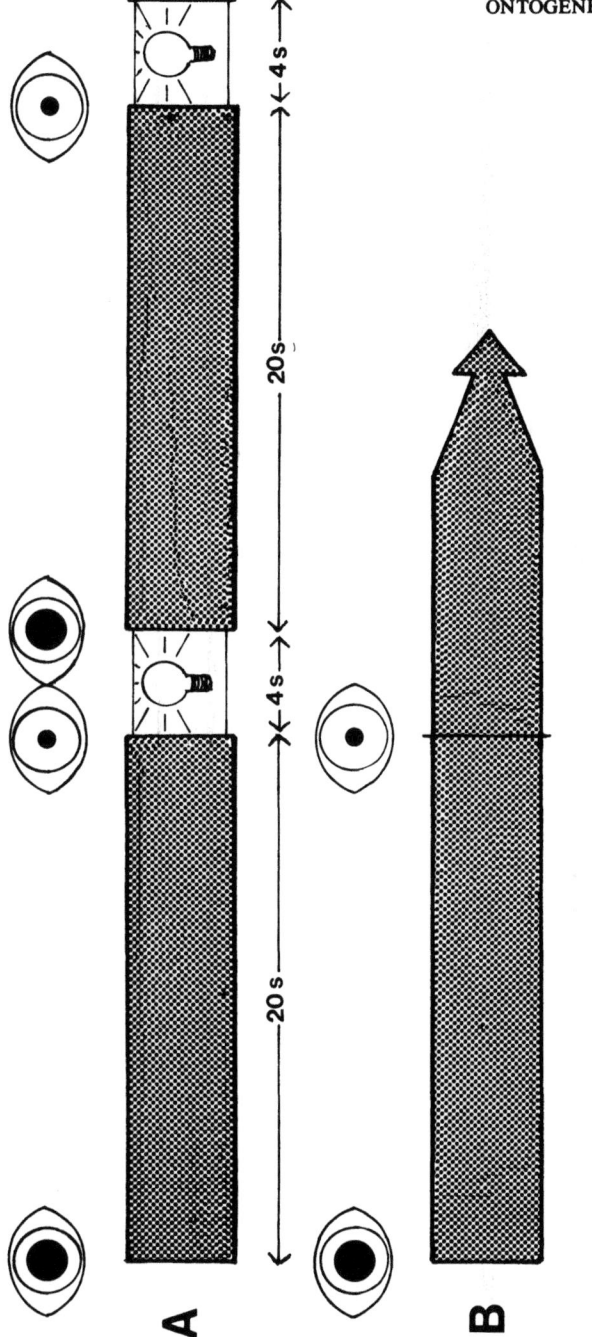

Figure 5. Conditionnement temporel de la réponse de constriction de la pupille chez le bébé (A = avant conditionnement; B = après conditionnement).

se produit respectivement à l'extinction ou à l'allumage des lumières (Brackbill et Fitzgerald, 1972). Le principe de l'expérience est simple : toutes les 20 secondes, on assure un changement d'illumination qui dure 4 secondes, et constitue le stimulus inconditionnel (SI). Par exemple, 20 secondes d'obscurité suivies de 4 secondes de lumière, et ainsi de suite. Après quelques essais, on voit apparaître la réponse pupillaire au terme du délai de 20 secondes même lorsque aucun changement n'est apporté dans les conditions d'éclairement. Il est même possible de réaliser un conditionnement plus complexe impliquant une certaine séquence temporelle : 20 secondes de délai, 4 secondes de SI, 30 secondes de délai, 4 secondes de SI ... La réponse pupillaire suit le pattern choisi, quoique les résultats soient plus variables et plus difficiles à interpréter dans ces conditions. Rappelons, par ailleurs (voir p. 59), que la perception du rythme existe chez le bébé (Demany, 1979).

Il est clair que les conduites de prise en considération de la durée ont des préalables sensori-moteurs (Montangéro, 1979). On repère, dès la naissance, des séquences de mouvements organisés selon un ordre temporel déterminé ; le nourrisson que l'on prend dans ses bras tourne la tête vers le sein et cherche à téter. Plus tard apparaîtront les séquences temporelles liées à l'activité manipulatoire : orientation de la tête et du regard, mouvement du bras, tentatives de préhension. Le bébé d'un an exécute des séquences de mouvements qui dénotent l'intervention d'un ordre causal : il prend la baguette qui lui permettra d'atteindre la balle trop haut placée, se lève, se dirige vers l'objet convoité et l'attrape avec l'instrument choisi. C'est un peu plus précocement, dans le courant de la première année, qu'il commence à tenir compte des déplacements et à anticiper les positions que vont occuper un objet ou une personne en mouvement ; le bébé de quelques mois s'obstine au contraire à chercher son ballon à l'endroit même dont il vient de l'éjecter d'un geste résolu. Le développement des aspects temporels de l'activité est, bien entendu, en interaction constante avec l'acquisition des notions de permanence de l'objet, de causalité, etc. Développement cognitif et développement sensori-moteur manifestent à tout instant leur étroite imbrication.

L'approche psycholinguistique des notions temporelles

C'est vers 3 ans qu'apparaissent les premiers signes de compréhension des termes servant à exprimer les relations temporelles. Bien entendu, il ne s'agit encore que d'une compréhension toute relative, limitée à certains mots et dépendant étroitement du contexte linguistique (Clark, 1971; Friedman et Seely, 1976). Il semble que l'enfant comprenne le sens général d'un mot avant de lui attribuer une signification bien spécifique: « hier » et « demain » sont d'abord interprétés tous deux comme « pas aujourd'hui » et la distinction n'est saisie que plus tard (Harner, 1975). Les termes « avant » et « après » paraissent difficiles à comprendre, même pour l'enfant de 5 ans, mais peut-être est-ce à cause des structures syntaxiques complexes dans lesquelles ils s'insèrent habituellement (Amidon, 1976); le rôle exact de ce dernier facteur est assez malaisé à déterminer dans toutes les études de ce type. La situation proposée à l'enfant a également une importance primordiale: les termes de simultanéité et succession seront plus justement saisis et énoncés si l'enfant produit lui-même les événements à comparer (par exemple, si on lui demande de faire tel geste avant tel autre) que s'il doit dater un événement extérieur par rapport au moment présent, ou encore — c'est le cas le plus épineux — décider de la relation temporelle qui unit deux événements externes (Montangéro, 1979). Dans cette dernière situation, le sens de « avant » et « après » ne devient limpide qu'aux environs de 8 ans (Ferreiro, 1971). Pourtant, c'est entre 4 et 5 ans que se réalisent les progrès les plus apparents de la linguistique temporelle, et les opinions divergent sur le point de savoir si cette évolution dérive du développement cognitif ou si c'est au contraire ce dernier qui bénéficie des progrès de la sémantique et de la syntaxe — vieille controverse en vérité, qui s'apparente au problème crucial de la préexistence du langage ou de la pensée dans l'histoire du développement humain.

Notons enfin que l'expression des durées est assez restreinte avant l'âge de la scolarité, et que les termes employés concernent les ordres temporels, la durée envisagée sous son aspect ponctuel, plutôt que les intervalles eux-mêmes — l'enfant posera la question « Quand ? » bien plus volontiers que « Combien de temps ? ».

Un autre aspect important de la psycholinguistique concerne l'apparition du temps dans les formes verbales utilisées. Les avis diffèrent quant à décider si le futur est employé avant le passé dans le langage spontané de l'enfant, ou si c'est l'inverse (Stern, 1930; Brown, 1973). En fait, l'interprétation est difficile, d'autant que l'enfant peut révéler la fragilité de ces premières manifestations en faisant dans une même phrase des options incompatibles du point de vue du temps conventionnel (« J'irai au zoo hier » ou « Je l'ai vu demain »). En définitive, tout ce que l'on peut dire sans grand risque d'erreur est que le passé et le futur sont acquis vers 3 ou 4 ans, et sont précédés par l'apparition du présent (pour plus de détails sur toutes ces questions, voir la synthèse de Friedman, 1978).

La chronométrie

C'est encore de la synthèse de Friedman (1978) que nous extrairons les lignes générales de l'évolution ontogénétique concernant l'appréhension du temps conventionnel; le lecteur friand de détails est invité à se reporter à cet intéressant travail. Comme le fait remarquer l'auteur, grande est la complexité du problème; rien d'étonnant à ce qu'il ne soit pas maîtrisé avant l'adolescence. Les cycles et séquences temporels ne sont pas symbolisés de la même manière dans toutes les sociétés humaines. La culture occidentale distingue plusieurs systèmes différents: les uns sont arbitraires, comme les jours de la semaine, la date, la numérotation des années, d'autres s'appuient sur les périodicités naturelles, comme les saisons ou les moments de la journée. Certains (les dates, ...) sont séquentiels; d'autres (les mois de l'année, ...) se répètent indéfiniment.

Les analyses verbales et non verbales — ces dernières impliquant, par exemple, la mise en ordre de dessins représentant les périodes de l'année, les saisons, les moments de la journée, ... comme dans l'étude de Friedman (1977) — concordent pour montrer les progrès décisifs réalisés entre 5 et 7 ans en ce qui concerne la sériation des jours de la semaine, des heures, des mois et des saisons. Un trait caractéristique de cette période est la rigidité que manifeste l'enfant dans le choix du point de départ de la liste: il faut commencer par janvier l'énumération des mois, pas question de démarrer en juillet et de terminer par juin; pour l'enfant, une telle démarche est erronée. Cette intransigeance semble traduire une incompréhension du caractère cyclique du système temporel en cause, incompréhension qui persiste jusqu'à 8 ou 9 ans; en outre, à cet âge, les divers systèmes périodiques du temps conventionnel sont correctement emboîtés les uns dans les autres — bref, le calendrier prend toute sa signification. Piaget l'a montré (voir p. 94), c'est aussi vers cette époque que l'enfant admet l'homogénéité du temps, qu'il soit mesuré par sablier, montre ou horloge; la chronométrie acquiert droit de cité; on assiste à l'harmonisation des compétences cognitives de l'individu avec le système de temps conventionnel défini par la culture.

La préadolescence a, curieusement, assez peu retenu l'attention des chercheurs. Les principales notions temporelles sont alors acquises, et pourtant certaines confusions subsistent. Le temps historique, notamment, fait encore l'objet d'une représentation assez pauvre vers 8 ans, et les événements anciens sont plus ou moins amalgamés, situés dans une époque reculée, certes, mais relativement indifférenciée: l'enfant imagine encore, sans trop d'embarras, que Robin des Bois puisse avoir été contemporain de sa grand-mère ... (Bradley, 1947, cité par Friedman, 1978). L'extension du temps historique est probablement le principal développement sensible entre 8 et 11-12 ans. Progressivement, le préadolescent prend aussi du recul par rapport au temps conventionnel; il cesse de le confondre avec le temps vécu. Une recherche ancienne de Michaud (1949) est éloquente à cet égard. Interrogés sur les conséquences du changement d'heure effectué au printemps (où l'on avance d'une heure, pour reculer d'autant en automne), il recueille des réponses significatives chez des sujets choisis entre 10 et 15 ans: certains pensent que ce changement les a fait vieillir d'une heure, ou estiment qu'on a perdu une heure qui aurait pu être utile; chez les aînés, plus nombreux sont les cas où les mesures chronométriques sont jugées conventionnelles, sans effet sur l'âge de chacun, ou sont traitées dans le cadre d'une opération arithmétique qui aboutit à un résultat nul (+ 1 heure au printemps − 1 heure en automne = 0).

Les relations temps-espace-vitesse

Sur le plan physique, le temps mis par un mobile pour parcourir une certaine distance peut être calculé par le rapport entre l'espace parcouru et la vitesse dudit mobile: $t = e/v$. Selon la théorie de la relativité, l'intuition primitive est celle de la vitesse; le temps n'est qu'une notion dérivée. En est-il de même dans le développement ontogénétique? C'est la question que posa Einstein à Piaget, et qui fut au point de départ des réflexions du psychologue genevois. Tirant le plus grand profit de sa méthodologie originale et raffinée, Piaget sonde les raisonnements des enfants de 4 à 12 ans, les poussant dans leurs derniers retranchements pour découvrir comment ils jugent de l'ordre, de la simultanéité, de la succession de deux événements selon qu'intervient ou non une composante cinématique, comment ils se débrouillent avec les notions de transitivité et d'additivité dans le contexte temporel, quel sens ont pour eux les mesures conventionnelles du temps en usage dans le monde des adultes, comment enfin ils apprécient le passage du temps dans lequel s'inscrivent leurs actions. Les résultats de cet ensemble d'études sont rassemblés dans

Le développement de la notion de temps chez l'enfant, paru en 1946. Il en ressort que l'enfant, entre 4 et 8-9 ans, passe par quelques « stades » successifs à travers lesquels les notions temporelles se construisent.

Au stade I, notions spatiales et temporelles sont confondues; ainsi, si deux mobiles partent ensemble du même point, suivent une trajectoire parallèle, et s'arrêtent simultanément en des endroits différents, l'un allant plus loin que l'autre parce que sa vitesse de déplacement était supérieure, l'enfant proclame que le mobile qui a accompli le plus long trajet s'est arrêté plus tard; son voyage a duré plus longtemps [1]. Le critère du jugement de durée, c'est le travail accompli: l'espace parcouru, ou encore l'effort nécessaire à l'action réalisée.

Le stade II voit apparaître un début de différenciation entre temps et espace, à travers le rôle déterminant de la vitesse. La progression peut se faire selon des voies différentes, qui coexistent éventuellement chez le même enfant; on s'en aperçoit lorsqu'on varie les tâches proposées, ou qu'on reprend l'interrogatoire à quelques semaines d'intervalle. Dans l'épreuve des courses parallèles décrite plus haut, l'enfant retiendra par exemple le critère de l'ordre temporel: il admet la simultanéité des arrêts des mobiles, mais persiste à croire que les durées sont inégales. A l'inverse, il peut reconnaître l'égalité des durées, tout en refusant l'idée de la simultanéité des arrêts. Pour ce qui est des rapports vitesse-durée, deux types de raisonnements apparaissent: ou bien le mobile qui va plus vite est censé prendre plus de temps, ou bien s'instaure la relation inverse: plus vite = moins de temps. Dans ces étapes « préopératoires », c'est-à-dire précédant l'acquisition des opérations réversibles nécessaires à la maîtrise des notions temporelles, tout se passe comme si l'enfant se focalisait sur l'un ou l'autre des critères disponibles, à l'exclusion des autres, d'où les erreurs qui surgissent dès que les critères semblent se contredire dans le cadre d'une même situation. Le stade II, avec ses subdivisions, est le stade des « intuitions articulées », selon un terme adopté par Piaget à une certaine époque, puis abandonné dans ses écrits plus récents.

Pour atteindre ensuite, vers 8 ou 9 ans, le stade « opératoire », l'enfant devra douter des conclusions auxquelles il parvient lorsqu'il se « centre » sur tel ou tel critère, souscrire donc à un processus de décentration qui l'amènera, à travers une série de régulations successives, et notamment grâce au développement de ses capacités d'introspection, à la réversibilité des opérations. Celles-ci, dans le domaine du temps, portent successivement sur l'ordre des événements, sur l'emboîtement des durées, enfin sur la coordination de l'un et l'autre. Au stade opératoire, l'enfant peut isoler la durée de son contenu; l'intervalle mesuré par l'écoulement du sable dans un sablier, et celui que mesure la course des aiguilles sur un cadran d'horloge, deviennent homogènes, parfaitement comparables, alors que l'enfant plus jeune se refusait absolument à admettre leur égalité. Au stade opératoire donc, l'enfant acquiert la notion abstraite de durée.

A travers toute cette évolution, Piaget voit s'affirmer le rôle de la vitesse, qui occupe une place centrale dans son interprétation: l'enfant peut s'appuyer sur une intuition directe de la vitesse et de l'espace, mais la durée est une notion dérivée. L'évolution ontogénétique serait donc en accord avec la théorie de la relativité.

Avant d'illustrer par quelques exemples ce résumé très schématique de l'imposant travail de Piaget sur le temps, venons-en tout de suite à la célèbre controverse qui l'opposa à Fraisse au sujet, précisément, de ce primat accordé à la vitesse sur la durée. Pour Fraisse, qui s'est penché sur le problème de l'évolution ontogénétique dans le cadre de ses recherches sur le temps (voir, par exemple, Fraisse et Vautrey, 1952; Fraisse et Orsini, 1958; Fraisse et Zuili, 1966), l'enfant a une intuition primitive du temps, comme de la vitesse ou de l'espace. Il est confronté à la durée lorsqu'elle s'interpose entre ses désirs et leur accomplissement: le bébé pleure lorsqu'il a faim, mais doit attendre que son biberon soit prêt avant d'assouvir son appétit; l'enfant plus âgé attend impatiemment l'heure du dessin animé à la télévision, le dimanche où l'on a promis de l'emmener au cirque, etc. L'intuition de la durée existe donc, chez l'enfant comme chez l'adulte, et les mêmes indices sont utilisés par l'un et l'autre dans certaines situations. Mais l'adulte aboutit à des jugements temporels adéquats dans la mesure où il est capable de corriger ses impressions immédiates par un raisonnement, d'abstraire la durée de son contenu afin de pouvoir la mesurer. Chez l'enfant, le raisonnement fait défaut, seules priment les impressions immédiates. Par suite, plus la situation sur laquelle doit porter le jugement comprendra d'éléments à prendre en compte, et nécessitera l'intervention du raisonnement, plus le fossé entre évaluations temporelles adultes et enfantines se creusera. D'autre part, la vitesse n'a pas d'emblée pour l'enfant l'importance que lui attribue la théorie de la relativité, et Fraisse soupçonne son éminent collègue d'avor postulé sa prépondérance à cause de la suggestion qu'Einstein lui avait faite au point de départ de son approche du problème temporel. Enfin, le critère du travail accompli n'est, pour Fraisse, qu'un des multiples indices grâce auxquels l'enfant peut juger de la durée; la densité des changements perçus, en particulier, constitue un autre critère majeur, et cette densité ne peut être ramenée à une notion de fréquence, contrairement à ce qu'a pu penser Piaget, qui réaffirmait par ce biais le rôle de la vitesse. La fréquence n'a un impact sur le jugement de durée que tant qu'elle est perçue, c'est-à-dire en deçà d'un changement toutes les deux secondes environ; plus lente, son influence s'efface au profit d'autres paramètres (voir chapitre 2). La notion de densité dépasse largement les limites de la fréquence perçue, puisqu'elle concerne aussi bien les changements à succession lente, et éventuellement irrégulière.

Fraisse et Piaget se rejoignent néanmoins sur plus d'un point, et tout d'abord sur le fait que la durée, chez le jeune enfant, n'est jamais jugée indépendamment de son contenu; la notion abstraite de durée ne sera acquise que tardivement dans l'évolution ontogénétique. Sans doute sa complète maîtrise dépend-elle d'une autre conquête, celle des unités chronométriques. Après une succession d'étapes diverses, le « temps opératoire » est acquis lorsque l'enfant est capable, comme l'adulte, de tenir compte simultanément de tous les indices pertinents, de les confronter, de soupeser et de contrebalancer leurs rôles respectifs, de reconnaître enfin comme nécessaire la relation inverse entre temps et vitesse.

Les divergences de vue entre Fraisse et Piaget se sont amenuisées, de l'avis des deux protagonistes, au fils d'une collaboration de longue haleine. L'un et l'autre ont poursuivi leurs travaux, trouvant maintes occasions d'étoffer leurs théories, ou de remettre en cause certaines de leurs implications. Piaget (1966) a apporté quelques correctifs à ses premières conceptions, admettant notamment que les processus à l'œuvre dans la lente acquisition des notions temporelles sont plus riches, plus variés qu'il ne les avait tout d'abord décrits. Cependant, ces correctifs concernent des points relativement mineurs, et les conclusions essentielles de son ouvrage sur le temps ne sont pas infirmées; le rôle de la vitesse, en particulier, reste décisif. Si Piaget semble avoir conclu que ses dissenssions amicales avec Fraisse ne tenaient plus « qu'à un cheveu » (Piaget, 1966, p. 106), il n'en reste pas moins qu'un problème crucial est en jeu dans ce débat, celui de l'existence même de l'intuition directe de durée. Or, les données disponibles en dehors des situations cinématiques laissent soupçonner l'existence d'une telle intuition dès l'âge le plus tendre, et les récents travaux de Montangéro (1977) à Genève, révélant l'importance que l'enfant accorde à l'ordre temporel des événements, apportent un soutien appréciable aux conceptions de Fraisse. Nous en discuterons après avoir examiné dans ses grandes lignes l'apport de Piaget à la psychologie du temps.

Quelques illustrations des travaux de Piaget

Dès la première phrase du *Développement de la notion de temps chez l'enfant*, les intentions de l'auteur sont claires : il s'agit de «... situer le développement de l'idée de temps dans le contexte cinématique en dehors duquel cette notion n'a pas de signification. On est trop porté, en effet, à parler d'une intuition du temps ou de concepts temporels, comme si le temps pouvait, à l'instar de l'espace, être perçu et conçu indépendamment des êtres ou des événements qui le remplissent» (Piaget, 1946, p. 1). Il bâtira, dans cette optique, une série d'expériences ingénieuses qu'il propose aux enfants de 5 à 12 ans, tranche d'âge pendant laquelle les notions temporelles s'élaborent lentement, péniblement pourrait-on dire. Ces notions comportent plusieurs facettes que Piaget examine tour à tour.

La première situation expérimentale dont il fait choix permet de défricher le problème de l'ordre des événements et de l'emboîtement des durées. On pose devant l'enfant deux bocaux superposés : le bocal supérieur (I), rempli d'eau colorée, peut se vider dans un bocal inférieur (II), de contenance identique, par l'intermédiaire d'un robinet de verre. A intervalles réguliers, l'expérimentateur laisse s'écouler de I en II une même quantité d'eau, jusqu'à ce que I soit vide et II plein. L'enfant, qui dispose d'une série de dessins polycopiés représentant les deux bocaux vides, marque d'un trait de crayon les niveaux atteints dans chaque récipient en changeant de feuille à chaque opération. Sur cette base très simple, plusieurs étapes peuvent être suivies. Après les voir mélangés, on demandera à l'enfant de sérier les dessins, d'abord complets, ensuite coupés en deux de manière à séparer les bocaux I et II ; on lui posera alors diverses questions relatives à la simultanéité ou la succession («Quand l'eau était là dans le bocal I, où était-elle dans l'autre bocal?», etc.), à l'évaluation et à la mesure des durées, synchrones ou non (montrant à l'enfant deux niveaux du bocal I et deux niveaux correspondants du bocal II, on lui demandera s'il faut le même temps pour que l'eau descende dans le premier cas et monte dans le second ; puis le même type de questions sera répété avec les durées successives, égales ou inégales, etc.). On mettra enfin en rapport les intervalles temporels et les quantités de liquide écoulé, en demandant par exemple si, entre deux niveaux successifs du bocal I, le temps a été le même, et la quantité d'eau écoulée a été la même ou non.

Autant d'embûches pour les enfants, dont les réponses sont révélatrices des trois stades décrits plus haut. Les plus petits, au premier stade, achoppent déjà au test de sériation des dessins globaux: l'ordre de succession des niveaux d'eau dans les deux bocaux leur échappe, dès lors qu'ils ne disposent plus, pour l'apprécier, que des résidus statiques d'une action passée, achevée. La notion de durée est, corrélativement, dépourvue de sens, et l'enfant n'admet pas l'égalité des temps nécessaires pour que l'eau s'écoule et monte dans chacun des bocaux entre deux niveaux correspondants. Au stade II, l'enfant effectue sans hésiter la première sériation, mais sa connaissance de l'ordre temporel est intuitive et non encore opératoire; à preuve les difficultés qu'il éprouve à rétablir le synchronisme des niveaux I et II lorsque les dessins sont coupés en deux. Les paramètres de temps, espace et vitesse commencent à être correctement dissociés, mais l'enfant ne voit pas encore bien comment les coordonner; il soutient, par exemple, que l'eau met moins de temps entre deux niveaux du bocal I qu'entre les niveaux correspondants du bocal II, parce que « ça va plus vite pour descendre » que pour monter ... Au troisième stade enfin, l'enfant maîtrise à la fois l'ordre de succession des événements et l'emboîtement des durées; il est capable d'opérations réversibles et coordonne donc adéquatement les différents paramètres de la situation; les pièges qu'on lui tend sont désormais impuissants à le confondre. Ce stade opératoire n'est pas atteint avant l'âge de 8 ou 9 ans.

La réversibilité caractéristique du stade opératoire s'oppose ainsi, au stade intuitif, à ce qu'on pourrait appeler la « rigidité » de la pensée, incapable de reconstituer l'ordre temporel et les emboîtements d'événements et d'intervalles temporels passés. Le commentaire d'un des enfants au stade préopératoire illustre à merveille l'irréversibilité ressentie du cours des choses: interrogé sur l'ordre des niveaux lors des épreuves de sériation, il répond: « on ne peut pas bien savoir, parce que ça (le bocal I) se vide, alors on ne sait plus » ... et Piaget de traduire: « le temps étant lié à l'écoulement irréversible des choses, on ne saurait reconstituer l'ordre de succession des événements passés! » (Piaget, 1946, p. 29). Cette mobilité du raisonnement n'est pas possible, en effet, tant que celui-ci dépend d'intuitions, si « articulées » soient-elles; elle est précisément spécifique de la pensée opératoire, qui réussit, elle, à remonter le temps, à le dérouler dans les deux directions.

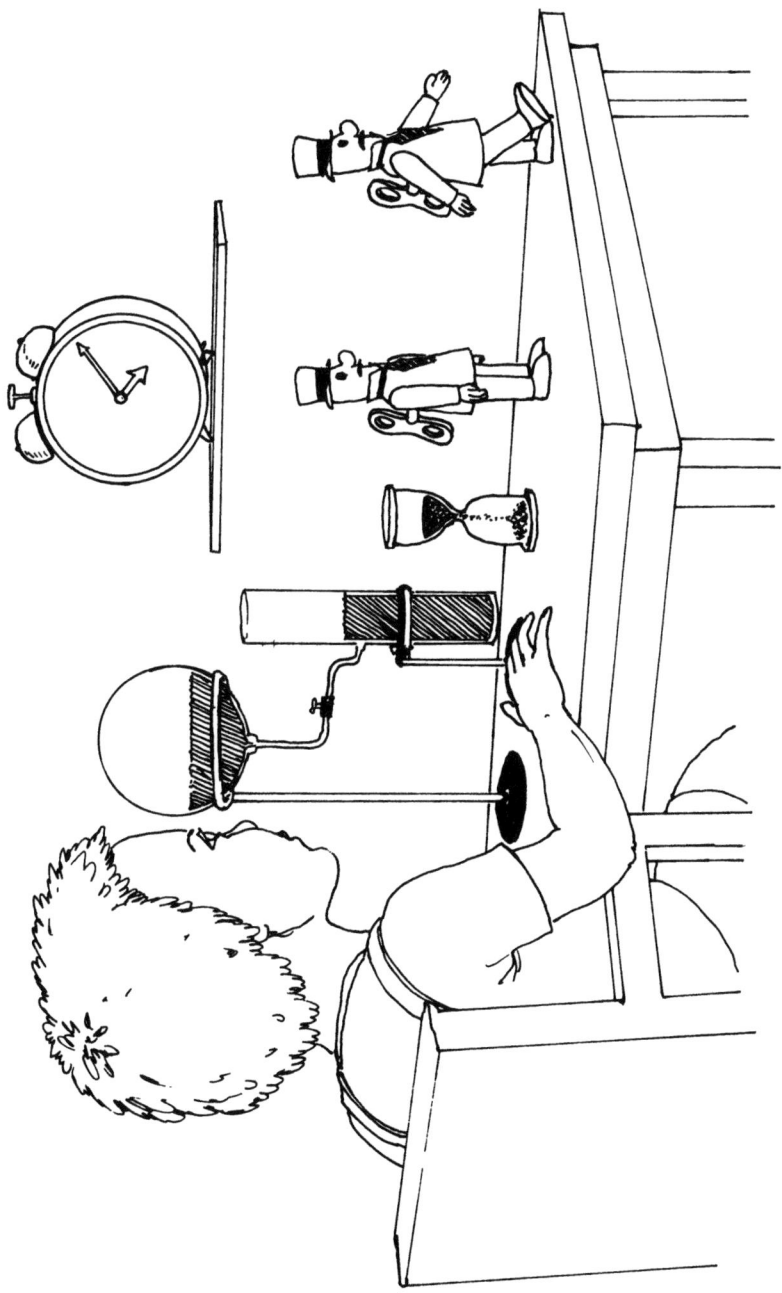

Figure 6.

Deux bonshommes auxquels l'expérimentateur fait effectuer des trajets déterminés vont permettre de cerner de plus près le problème de la simultanéité et de la succession des événements perçus. On pose à l'enfant une série de questions du type : « Lequel des deux bonshommes s'est arrêté d'abord ? Lequel a marché plus longtemps ? », etc. L'expérimentateur prend soin de varier le vocabulaire qu'il utilise afin d'éviter les erreurs d'interprétation. Un mot comme « d'abord », par exemple, n'est pas dépourvu d'ambiguïtés, puisque l'enfant peut le comprendre dans un sens temporel ou spatial. La situation expérimentale est susceptible de multiples variantes : les bonshommes peuvent effectuer des trajets parallèles en partant ou en s'arrêtant simultanément ou à des moments différents ; leurs points de départ et d'arrivée peuvent être situés sur le même plan ou à des niveaux distincts ; la vitesse des deux mobiles peut être égale ou non. On voit d'ici l'éventail des possibilités offertes, et nous n'examinerons pas en détail les réponses de l'enfant ; disons seulement que Piaget retrouve, ici encore, les trois stades déjà décrits, et confirme, au niveau préopératoire, l'indifférenciation de la durée, de l'espace et de la vitesse. Par exemple, si les deux bonshommes, suivant des trajectoires parallèles, partent en même temps d'un point spatialement équivalent, et s'arrêtent simultanément, mais en des points éloignés de quelques centimètres parce que l'un s'est déplacé plus rapidement que l'autre, l'enfant affirmera que celui qui s'est arrêté plus loin a marché plus longtemps, même s'il reconnaît par ailleurs la simultanéité des arrêts. Il est caractéristique, d'autre part, que les enfants du même stade puissent arriver à des conclusions opposées, selon le critère sur lequel ils se centrent. Supposons, sur les trajectoires parallèles, des points successifs A, B, C et D. Les deux bonshommes partent ensemble du point A. Le bonhomme I, plus rapide, va jusqu'en D et s'y arrête, le temps que le bonhomme II parvienne lui-même en B ; après l'arrêt de I, II poursuit à vitesse constante jusqu'en C, où il fait halte à son tour. Certains enfants du stade II, ayant progressé sur la question de l'ordre de succession plus que sur celle de la durée, reconnaissent, après quelques hésitations, que le bonhomme II s'est arrêté plus tard que l'autre, mais persistent à croire que le I a marché plus longtemps parce qu'il est allé plus loin : « Ils se sont arrêtés en même temps ? » demande l'expérimentateur. « *Non, un avant l'autre.* — Lequel avant l'autre ? — (II). — Lequel s'est arrêté plus tôt que l'autre ? — (II). — Pourquoi ? — *Parce qu'il est là* (= moins loin). — Lequel a marché plus longtemps que l'autre ? — (I). — Pourquoi ? — *Parce qu'il a été plus loin.* — On dira qu'il s'est arrêté à midi. Alors (II) aussi à midi ou avant, ou après ? — *Après midi, parce qu'il a marché plus lentement.* — Alors lequel a marché plus longtemps? — *Celui-là* (I). — Et lequel s'est arrêté avant l'autre? — (I, ce qui est juste). — Quand (I) s'est arrêté, (II) marchait encore? — *Oui*. — Alors lequel a marché un plus grand moment? — (II). — Pourquoi? — *Parce que quand l'autre était arrêté, il marchait encore* (juste). — Bien. Alors combien de temps a marché le (I)? — *Cinq minutes*. — Et le (II)? — *Trois minutes*. — Lequel a marché plus longtemps? — (I).» (Piaget, 1946, p. 95).

D'autres enfants ont, au contraire, une idée plus correcte de la durée, qu'ils traitent adéquatement comme variant à l'inverse de la vitesse, que de l'ordre de succession: «Ils se sont arrêtés en même temps? — *Non*. — Lequel s'est arrêté plus tôt? — (II). — Et arrêté le premier? — (II). — Lequel a marché plus longtemps? — *Celui-là* (II) *parce qu'il est allé à une moyenne vitesse* (juste). — Et lequel a marché le moins longtemps? — *Celui-là* (I) *parce qu'il est allé à grande vitesse*. — (I) s'est arrêté à midi. Et celui-là (II)? — *Avant midi* (faux).» (Ibidem). Il y a donc centration sur un critère, à l'exclusion des autres, et par conséquent absence de coordination entre les différents indices disponibles. Le progrès n'est qu'intuitif, il ne donne pas lieu à un «groupement» d'ensemble des relations temporelles. Dans ce phénomène de centration entraînant la surestimation d'un rapport particulier parmi tous les rapports possibles, Piaget voit une tendance «égocentrique» de la pensée enfantine. L'égocentrisme a ainsi, dans sa théorie, un sens bien précis, que n'ont pas toujours compris ses traducteurs anglo-saxons. Par ailleurs, il insiste sur l'inférence «plus vite = plus de temps» qui lui paraît très généralement adoptée par les enfants du premier stade. Le raisonnement de l'enfant semble suivre le schéma suivant: 1) quand on va plus vite, on va plus loin; 2) quand on va plus loin, on met plus de temps; 3) donc, quand on va plus vite, on met plus de temps puisqu'on arrive plus loin. Un «plus» en entraînant un autre, la relation entre chacune des variables est toujours directe.

Dans son tour d'horizon des problèmes relatifs à la durée, Piaget n'a pas oublié la chronométrie — nous permettant de découvrir que la notion de vitesse constante des horloges, si incontestable pour l'adulte, n'a rien d'évident pour l'enfant — et l'appréhension du «temps vécu», qui met au jour les limites des capacités introspectives dans le jeune âge. Lors de son utilisation des instruments de mesure du temps, il semble que l'enfant de 5 ans, au stade I, tienne compte avant tout de la cadence relative de sa propre activité; si on lui demande de transvaser des billes une à une d'un récipient dans un autre, tout en observant l'écoulement du sable dans un grand sablier, il affirme que le sable coule vite quand il travaille vite, et lentement s'il travaille lentement; les durées à comparer ont beau être objectivement égales, il n'en est rien dans son esprit. Il s'agit là d'une erreur de jugement dérivant en droite ligne d'une illusion perceptive. L'adulte aussi peut être sujet à une illusion de cet ordre, mais il lui appliquera un raisonnement correctif; au contraire, l'intuition égocentrique de l'enfant débouche sur une acceptation inconditionnelle du donné perceptif. Il faut attendre 8 ans en moyenne, et parfois 10, pour que l'enfant reconnaisse l'isochronisme des mouvements du sablier ou de l'horloge et l'identité des temps mesurés, et puisse, sur cette base, jongler adroitement avec les unités chronométriques; avant cette étape décisive, le temps du sablier et le temps de la montre sont impossibles à comparer, puisque les mouvements impliqués dans chaque cas sont hétérogènes. Quant au temps psychologique, ressenti par le sujet, il se construit parallèlement au temps physique et suivant les mêmes processus: intuitions plus ou moins articulées d'abord, opérations réversibles ensuite. Piaget rejette résolument les conceptions bergsonniennes selon lesquelles la durée vécue (la «durée pure») est à l'origine de toute notion temporelle, le temps physique étant construit sur cette base intuitive; rien, dans l'ontogenèse, n'étaie cette interprétation.

Ainsi, «il n'est aucune raison de fait d'admettre ni que le temps primitif soit de source purement intérieure ni même que la durée propre au sujet se soit construite, ou *a fortiori* soit «donnée», indépendamment des objets de son action» (Piaget, 1946, p. 206). L'enfant possède une très pauvre connaissance de sa vie intérieure, et ne peut dissocier son activité propre des données physiques du monde extérieur. Il y a indifférenciation entre durée interne et durée externe, qui découlent toutes deux du temps sensori-moteur, et l'élaboration de l'une et l'autre se fait à travers une incessante interaction. Par la suite, à l'«objectivation» progressive du temps physique répondra la «subjectivation» du temps psychologique, c'est-à-dire «la coordination intérieure et représentative des actions du sujet, passées, présentes et futures» (Piaget, 1946, p. 208). Piaget démontre ainsi que, si les plus âgés de ses sujets jugent de la durée vécue en termes d'état de conscience, autrement dit par introspection, les plus jeunes se fondent au contraire sur des indices «réalistes», tels les résultats tangibles de l'action, conformément à ce qu'ils font lorsqu'ils évaluent la durée physique. Priés de tracer des barres sur une feuille de papier, lentement et soigneusement d'abord, le plus vite possible ensuite, pendant des laps de temps objectivement égaux, les petits estiment qu'ils ont travaillé plus longtemps la seconde fois parce qu'ils ont dessiné plus de barres. Les grands compenseront en général leurs illusions primitives par un raisonnement, et concluront à l'égalité des durées. Il faut supprimer les conséquences visibles de l'action, et comparer par exemple deux situations passives propres à engendrer l'ennui (on demande à l'enfant d'attendre 15 secondes bras croisés) ou l'intérêt (on lui montre une image distrayante pendant 15 secondes) pour obtenir à tout âge des réponses homogènes, identiques d'ailleurs à celles de l'adulte : la première période est jugée plus longue que la seconde[2]. Ainsi, invariablement, l'ennui dilate le temps, l'intérêt le contracte. Une différence quand même : les petits déclarent de façon péremptoire que le premier moment « est » plus long, les grands nuancent plus volontiers leurs réponses en disant qu'il « paraît » plus long, attestant par là leur recours à une démarche introspective.

Le développement des notions d'âge, enfin, traduit le même processus de coordination progressive entre critères complémentaires, que l'étude de la durée physique a si bien mis à jour. L'écheveau à débrouiller se compose ici de l'ordre des naissances et des différences d'âge. Pour l'enfant de 4 ou 5 ans, il n'existe aucune liaison nécessaire entre ces deux variables ; en outre, le temps n'est pas homogène, d'où il résulte que les différences d'âge ne se conservent pas. Une petite fille précise qu'elle est plus vieille que sa petite sœur, mais ne sait si ce sera toujours pareil quand elles auront toutes deux grandi ; l'expérimentateur insiste : « ... Et quand tu seras une dame, tu auras encore trois ans de plus qu'elle ? — *Je crois que non* » (Piaget, 1946, p. 211). A travers cette hétérogénéité du temps se dessine l'image surprenante que l'enfant se fait de l'âge adulte : les parents ne vieillissent plus, ils « restent la même chose » ; le père est jugé plus vieux que la mère parce qu'il est plus grand — la taille est en effet choisie comme principal indice de l'âge, et, d'un enfant qui croit pour une fois sa mère plus âgée (en quoi il a d'ailleurs tort), on obtient cette justification : « Ma maman est la plus grande de la famille » (p. 216). Quand aux grands-parents, leur cas est simple : « ... il a été vieux tout de suite, mon grand-papa », déclare un petit garçon de 4 ans. D'ailleurs, les conceptions enfantines du vieillissement sont éloquentes : « On pousse, puis pendant longtemps on reste la même chose, puis tout à coup on devient vieux » (p. 216, réponse d'un enfant de près de 8 ans). Au stade II, on peut recueillir en fait deux types de réponses : pour certains enfants, les différences d'âge ne sont pas immuables, mais leur liaison avec l'ordre des naissances est admise ; pour d'autres, c'est l'inverse : les différences demeurent stables, mais sont sans rapport avec l'ordre des naissances. Il faut attendre le troisième stade pour qu'il y ait coordination entre ces différents facteurs.

Critiques et prolongements

Depuis plusieurs dizaines d'années, les méthodes et les conceptions piagétiennes ont alimenté les études de l'école genevoise, et des prolongements intéressants leur ont été apportés (voir, par exemple, les recherches consignées dans l'ouvrage de Bovet et al., 1967: *Perception et notion du temps*). Le point le plus discuté de la théorie piagétienne est sans conteste le primat de la vitesse sur le temps. On a signalé à plusieurs reprises (Cohen, 1967; Fraisse, 1967a; Gréco, 1967; et d'autres encore) que la relation «plus vite = plus de temps» n'était pas la seule énoncée par le jeune enfant, qui soutenait aussi bien: «moins vite = moins de temps». Piaget lui-même tomba d'accord sur ce point. On pourrait, par ailleurs, objecter que les situations piagétiennes, offrant des indices perceptibles de natures diverses où le rôle de la vitesse est souvent prégnant, ont favorisé l'effet systématique de celle-ci — et ajouter que vitesse et durée ne sont pas perceptivement liées: comme le dit Fraisse: «Rien perceptivement ne nous indique que ce qui va plus vite dure moins longtemps» (Fraisse, 1967a, p. 76); c'est par le détour du raisonnement que nous pouvons tirer d'un indice de vitesse une conclusion relative au temps écoulé. Il reste que, en dehors comme à l'intérieur du contexte genevois, nombre d'auteurs ne se sont pas fait faute de confirmer le rôle de la vitesse dans l'élaboration des notions temporelles. Cohen (1967), par exemple, au terme d'une étude d'inspiration piagétienne, se déclare d'accord avec son collègue suisse, nonobstant quelques réserves sur la relation «plus vite = plus de temps». Gréco (1967) a voulu, de son côté, épurer les expériences de déplacement de mobiles en supprimant les indices découlant de la vitesse, de la durée ou des dépassements éventuels, pour conserver seulement les indices d'ordre temporel. Il choisit de faire effectuer une promenade à l'enfant pendant qu'un de ses camarades est emmené, de son côté, par un autre expérimentateur; seuls, les ordres de départ et d'arrivée peuvent être observés, et l'on joue, bien entendu, sur leur décalage ou leur simultanéité. Au terme de la promenade, on pose à l'enfant trois types de questions: «Qui s'est promené le plus longtemps? Qui a fait le plus long chemin? Qui a marché le plus vite?» pour tenter de mettre au jour la façon dont il traite les indices temps, espace et vitesse, dans une situation qui évite les confusions perceptives entre ces différents paramètres. Dans ces conditions, il arrive que la liaison inverse entre vitesse et durée apparaisse dès 6 ans, mais sans que s'instaurent les notions opératoires correspondantes. L'auteur en déduit que les erreurs préopératoires décrites par Piaget ne doivent pas être imputées à l'enchevêtrement des indices perceptifs inhérents aux situations classiques de déplacement des bonshommes sur la table; de telles erreurs apparaissent bien comme une constante des situations cinématiques.

Montangero (1977) a apporté récemment une contribution originale à l'étude des notions temporelles chez l'enfant. Tout en se situant dans la ligne piagétienne, il a le mérite de prendre quelque distance par rapport à la thèse qui fait autorité en la matière depuis plus de trente ans. Selon lui, cette thèse incontestablement riche pèche par certains points; elle éclaire mal, notamment, le rapport existant entre l'élaboration de la notion de vitesse et celle de la notion de durée, qui se trouvent en étroite interdépendance au moment où s'acquièrent les opérations réversibles, après avoir suivi une évolution parallèle mais distincte au cours des stades précédents. Par quels mécanismes s'effectue, d'une manière plus générale, le passage du niveau préopératoire au niveau opératoire? C'est à les définir avec plus de rigueur que veut s'attacher Montangero, et pour ce faire, il imagine une série de situations expérimentales combinant les paramètres de durées et d'ordre temporel, les paramètres de vitesse, et ceux que constituent les traces tangibles du travail accompli; dans certaines situations, l'un des paramètres sera analysé à l'exclusion des autres. Par exemple, la comparaison des périodes pendant lesquelles deux lampes sont allumées, les débuts et fins des deux périodes d'éclairement pouvant être simultanés ou non, permet d'étudier l'estimation de la durée en dehors de tout aspect cinématique; la comparaison des périodes pendant lesquelles deux poupées sont censées cirer des chaussures, à cadence plus ou moins rapide, permet d'approcher la variable vitesse en plus de la durée, mais sans faire intervenir le critère du résultat quantifiable de l'action; une situation de déplacement de mobiles sur trajectoires visibles combinera les indices de vitesse, durée, changements de position, dépassements, et résultats perceptibles du déplacement sous forme de distance parcourue; et ainsi de suite. Dix-huit situations sont ainsi définies. L'hypothèse centrale est que la durée peut être appréhendée selon un mode *physique* ou un mode *logique*[3]. Dans le premier cas, le raisonnement s'appuie sur le contenu physique des événements, en premier lieu la vitesse et le travail accompli, apprécié par la quantité d'objets manipulés ou la distance parcourue, par exemple. Dans le second, ce sont les relations d'ordre qui priment, et quand bien même elles dérivent également des données physiques, celles-ci sont négligées au niveau du raisonnement; l'ordre temporel des événements permet directement l'emboîtement des durées qu'ils encadrent, sans qu'il y ait perception des durées en question. Ces deux modes d'évaluation vont être détectés tout au long des résultats récoltés chez des enfants de 5 à 9 ans, certaines situations se prêtant davantage à l'intervention préférentielle de l'un d'eux; ainsi, l'expérience des durées d'éclairement, avec ses paramètres ordinaux relatifs aux moments d'allumage et d'extinction de chaque lampe, met en jeu le mode «logique» de jugement. Le niveau de performance de l'enfant dépendra du fait que l'un des modes seulement, ou les deux, sont impliqués dans les raisonnements adoptés; on observe une progression régulière du taux de réussites en fonction de l'âge dans le premier cas, tandis que le second engendre une évolution discontinue, avec chute du niveau pour certaines tranches d'âge; par exemple, la tâche de cirage traduit d'abord la prépondérance des indices d'ordre temporel chez les petits, mais, vers 7 ans, la centration sur la vitesse est beaucoup plus fréquente; ce glissement du mode «logique» vers le mode «physique» est sanctionné par une régression momentanée des évaluations correctes; le progrès ultérieur résultera de la coordination pertinente des indices temporels ordinaux et des indices cinématiques, acquise vers 8 ou 9 ans. En bref, on dépiste, à travers le développement ontogénétique, l'existence d'une véritable dialectique entre mode «logique» (généralement prédominant chez les plus petits) et mode «physique» d'évaluation de la durée; la maîtrise de chacun des deux modes, c'est-à-dire la mise en relation congrue des critères que l'un et l'autre regroupent, est nécessaire à la conquête de la durée opératoire. Au cours de l'évolution préopératoire, c'est généralement aux dépens du mode «logique» que s'affirmit le mode «physique», et vice versa — même s'il en découle, en définitive, un bénéfice commun, par les restructurations que tout progrès oblige à envisager; c'est à ce prix, dû en grande partie au processus de centration, que les deux modes sortent peu à peu de leur indifférenciation initiale.

Quant aux relations temps-espace-vitesse, elles appellent un commentaire particulier. Si le lien triple entre ces variables n'apparaît qu'au stade opératoire, comme l'a bien montré Piaget, on détecte beaucoup plus précocement des liaisons doubles: deux des variables sont mises en relation, la troisième demeurant constante. Ces «coordinations partielles» permettent à l'enfant de résoudre les problèmes où est effectivement assurée la constance, ou l'élimination, de la troisième variable; mais les situations plus complexes restent évidemment sources d'erreurs. Gréco (1967) avait également mis l'accent sur les doubles liaisons de ce type, lors de ses recherches privilégiant le critère d'ordre temporel. Montangéro relève quatre genres d'inférences chez l'enfant au stade préopératoire : rapport direct entre espace et vitesse (à durée égale), rapport direct entre espace et durée (à vitesse égale), rapport inverse entre durée et vitesse (à distance égale), relation entre ordre temporel et durée (pour la situation d'allumage de lampes). On voit même apparaître quelques relations triples correctement agencées, mais dans lesquelles un des paramètres au moins est considéré sous sa forme ordinale. De deux mobiles à départs et arrivées simultanés, dont le premier parcourt une distance inférieure au second sur trajectoires parallèles, un enfant juge par exemple que celui-ci « a fait moins longtemps, parce que quand une voiture va très vite, alors elle peut dépasser l'autre et arriver la première » (Montangéro, 1977, p. 62). L'ordre temporel d'arrivée est donc retenu à la place de la durée elle-même, et le jugement de durée reste d'ailleurs erroné dans les autres situations proposées. Pour qu'il y ait véritablement durée opératoire, il faut non seulement que soit comprise l'équation $t = e/v$, mais aussi que la durée ait acquis son statut d'intervalle délimité par les ordres temporels initiaux et finals.

Un mot encore de la notion de vitesse : pour Montangéro, elle existerait sous une forme « semi-opératoire » avant le développement de la notion opératoire de durée, et découlerait à ce stade du rapport entre temps (apprécié par les ordres temporels) et espace : l'enfant estime que le mobile le plus rapide est celui qui parcourt la plus grande distance, lorsque les ordres de départ et d'arrivée sont simultanés. Cette notion de vitesse est alors peu généralisable, et, dans certains cas, elle régresse par la suite, vers 8 ou 9 ans, lorsque s'affermit la notion de durée et qu'il y a centration sur celle-ci, avant de pendre sa place définitive dans la relation $t = e/v$ (donc $v = e/t$). On peut donc admettre que la vitesse, sous une forme encore fragile, sert de support à l'élaboration de la durée opératoire. Mais elle n'a qu'un rôle partiel à cet égard, parmi d'autres paramètres dont la coordination est indispensable à la réussite finale.

Conclusion :
complexité du problème temporel

Il faut donc attendre, en moyenne, l'âge de 8 ou 9 ans pour constater la stabilité des notions de durée, alors que la notion opératoire du nombre, la conservation des longueurs ou de la matière sont acquises plus tôt. Les recherches de Crépault (1979) révèlent même que, dans les situations relativement complexes, les relations temps-espace-vitesse posent encore des problèmes à l'adolescent. Pourquoi ce développement si tardif, assorti de tant de difficultés et de fluctuations dans le jugement ? La multiplicité des indices à coordonner rend sans doute compte en partie de la complexité du problème. Il faut aussi rappeler que le temps est, par essence, dynamique; il s'écoule en un flux continu, et, une fois révolu, ne laisse que des traces statiques, non temporelles, comme les positions spatiales occupées par deux mobiles après leurs déplacements respectifs, le nombre de billes transférées dans une boîte après telle période de travail, etc. A strictement parler, deux intervalles temporels successifs ne peuvent jamais faire l'objet d'une comparaison « directe ». Un intervalle spatial peut être pris comme unité de mesure et reporté sur la distance à apprécier, mais rien de tel n'est réalisable s'agissant de la durée, et c'est précisément de l'espace qu'est tributaire la symbolisation des mesures du temps. Or, il est possible que l'utilisation correcte des unités de mesure facilite l'acquisiton, puis la permanence des notions opératoires; dans cette optique, la chronométrie, une fois bien assimilée, conduirait à la stabilisation définitive des notions de temps[4].

Quel est ici l'impact des facteurs culturels, et en particulier de la scolarisation ? En fait, il semble assez mince. Les enfants dont l'entrée à l'école fut précoce ne diffèrent guère, dans leur niveau de performance, de ceux pour qui la scolarisation a débuté à l'âge habituel; d'ailleurs, les notions temporelles ne font pas l'objet d'un enseignement systématique — on peut tout au plus admettre que l'apprentissage de l'arithmétique et de la grammaire rejaillit nécessairement à ce niveau, et d'abord sur le plan du temps conventionnel. En outre, l'entraînement spécifique en ce qui concerne les relations temps-espace-vitesse ou les unités chronométriques, par exemple, manque d'efficacité chez les plus petits. Il semble donc que le développement cognitif doive atteindre un certain stade pour que soient possibles les acquisitons complexes relatives au temps sous toutes ses formes (voir Friedman, 1978).

Mais il faut insister une nouvelle fois sur le degré de complexité très différent qu'impliquent les situations cinématiques d'une part, non cinématiques d'autre part, ces dernières révélant l'existence d'une intuition directe de durée. L'expérience de Berndt et Wood (1974) illustre à merveille cette distinction. Elle concerne des enfants de 5 et 7 ans. Après avoir appliqué aux déplacements relatifs de deux petits trains, suivant devant l'enfant des trajectoires parallèles, le schéma piagétien, et avoir recueilli les réponses habituelles (à durées égales, le train qui atteint le point le plus éloigné « a marché plus longtemps que l'autre », etc.), les auteurs font passer les trains dans un tunnel et ne laissent subsister, pour tout indice de durée, que le sifflement des locomotives; il s'ensuit une nette augmentation du taux de réponses correctes. Les critères spatiaux réaffirment leur prégnance dès que l'on enlève le tunnel de façon à les mettre en conflit avec les indices sonores. Dans un petit nombre de cas, relevés surtout chez les enfants les plus âgés, le jugement correct est conservé dans ces conditions, mais la majorité des enfants retournent à leurs erreurs initiales. L'influence des indices spatiaux ne s'affaiblit qu'après un certain entraînement.

Notes

[1] Par contre, les jugements sont corrects dans la grande majorité des cas si les vitesses sont égales et les mouvements synchrones, même s'ils sont de sens contraire; l'essentiel est que les positions d'arrivée des mobiles ne puissent être sources de perturbation (Fraisse et Vautrey, 1952).

[2] Cet exemple constitue pour Fraisse (1967a) un bon argument en faveur de sa propre thèse: les impressions et illusions temporelles de l'enfant et de l'adulte sont les mêmes; le jugement ne diffère que lorsque la situation en cause nécessite l'intervention du raisonnement, pour lequel l'aptitude de l'enfant est limitée.

[3] Comme l'indique Montangéro, ces deux modes d'évaluation de la durée ne sont pas sans analogie avec les deux types de connaissance, physique et logico-mathématique, que distingue l'épistémologie piagétienne (voir notamment Piaget, 1971).

[4] La relation inverse est, il est vrai, tout aussi vraisemblable, et il faudra attendre de nouvelles recherches pour trancher ce problème particulier.

Chapitre 4
Le conditionnement au temps chez l'animal

Le domaine du conditonnement au temps chez l'animal est extrêmement fertile, tant par les recherches diversifiées qu'il suscite que par les questions qu'il soulève. En quelques pages, nous ne pourrons qu'effleurer les problèmes essentiels dont il autorise l'approche, avec l'aide de l'une ou l'autre référence bibliographique issue d'une sélection si drastique que sa fonction uniquement illustrative n'échappera à personne. Pour la discussion complète et méticuleusement documentée des problèmes abordés, nous renvoyons le lecteur au tout récent ouvrage de Richelle et Lejeune (1980), *Time in animal behavior*.

La recherche animale comporte quelques avantages spécifiques par rapport à la recherche humaine. Elle permet de contrôler assez rigoureusement l'histoire expérimentale du sujet, depuis sa naissance même lorsqu'on travaille sur des élevages de laboratoire. Elle favorise le recueil d'un nombre important de données, les expériences pouvant être menées quotidiennement pendant des mois. Dans le contexte particulier de l'évaluation de la durée, elle libère le chercheur d'un problème dont il peut difficilement se débarrasser chez l'homme, celui de l'éventuelle intervention des processus de comptage.

Outre les questions de type psychophysique, celles qui ont trait aux aspects fondamentaux du « temps vécu » — l'attente, l'inhibition comportementale qu'elle suppose, les conduites choisies pour la

« tromper » — ont trouvé chez l'animal quelques compléments d'information. Une analyse comparative, enfin, a pu être entamée, et l'on aperçoit sans peine les prolongements théoriques tout à fait essentiels qu'elle recèle. Avant d'envisager ces différents points, quelques précisions méthodologiques sont nécessaires pour brosser le cadre dans lequel s'effectuent les investigations.

Les méthodes de conditionnement

Deux noms, à l'origine de deux grandes écoles, ont marqué l'histoire du conditionnement animal: Pavlov en U.R.S.S., Skinner aux Etats-Unis. Les théories que l'un et l'autre ont développées sont ancrées dans une méthodologie raffinée, qui a permis d'aborder chez l'animal un très grand nombre de problèmes. Le chercheur peut puiser dans une vaste gamme de programmes de conditionnement standardisés, dont le développement des techniques d'automatisation a rendu l'utilisation aisée, la méthode spécifiquement adaptée aux questions qu'il se pose; le niveau de performance obtenu dans cha-

Figure 7.

que programme sera analysé à partir d'un certain nombre d'indices normalisés, susceptibles de comparaison directe d'une expérience, et d'un laboratoire, à l'autre. Un certain nombre de programmes ont été dévolus à l'étude de l'évaluation de la durée.

Rappelons en quelques mots la situation type du conditonnement pavlovien (que l'on nomme aussi *classique, répondant,* ou *de type I*). On présente de la nourriture à un chien, ce qui provoque une réaction salivaire, selon une liaison naturelle permanente, inscrite dans l'organisme; la nourriture est le *stimulus inconditionnel* (SI), la salivation est la *réponse inconditionnelle* (RI). On fait alors précéder la présentation de la nourriture d'un signal quelconque, un son, par exemple; d'abord neutre, c'est-à-dire n'entraînant pas la réponse de salivation, le son finit par provoquer lui-même la réaction salivaire si l'association est répétée plusieurs fois; il est devenu *stimulus conditionnel* (SC), la salivation devenant pour sa part *réponse conditionnelle* (RC). Conditionnels, car la nouvelle liaison ainsi établie est temporaire; elle disparaît en particulier si la nourriture n'est plus présentée, donc si l'on supprime le *renforcement*, réalisant ce que Pavlov a appelé la procédure d'*extinction*.

Quelques modifications simples appliquées à ce schéma expérimental vont permettre d'aborder l'étude des paramètres temporels. Trois programmes de base sont définis. Le *conditionnement différé* implique la prolongation du SC : le son, par exemple, peut durer plusieurs secondes et mêmes plusieurs minutes avant qu'intervienne le renforcement; dans ces conditions, après quelque entraînement, la RC ne se manifeste pas avant la fin du SC; l'animal apprend donc à tenir compte de la durée de celui-ci. Dans le *conditionnement de trace*, au lieu de prolonger le SC, on instaure entre celui-ci et le SI un délai déterminé, ce qui aboutit également à retarder l'apparition de la RC. Enfin, le *conditionnement à la durée* repose sur la suppression du SC externe, le SI étant simplement présenté à intervalles réguliers; on voit alors la RC apparaître progressivement vers la fin du délai périodique : c'est la durée même, en définitive, qui joue le rôle de SC. Outre ces trois méthodes apparentées, un *conditionnement discriminatif* sera obtenu par un procédé différent : utilisant par exemple un métronome réglé à cadence rapide ou lente, on associera systématiquement la première cadence au SI, mais non la seconde; peu à peu, la RC ne sera plus suscitée que par la cadence rapide, qui est qualifiée par conséquent de *SC positif*, l'autre rythme constituant un *SC négatif*.

Du côté des méthodes skinnériennes (dites aussi *instrumentales, operantes* [1] ou *de type II*), le temps comme objet d'étude n'a pas non plus été négligé. Dans ce type de conditionnement, le renforcement dépend de l'émission d'une réponse, qui constitue l'élément princeps; ainsi, le rat obtiendra une croquette de nourriture s'il appuie sur un levier, le pigeon se verra octroyer quelques graines s'il frappe du bec sur une «clé» (qui consiste, par exemple, en un disque lumineux encastré dans une paroi de la cage). Dans ces conditions, on voit augmenter progressivement la probabilité des réponses d'appui (RC). Pour obtenir une *discrimination de durée*, on fera usage de stimulus discriminatifs qui se distinguent par leurs caractéristiques temporelles. Ainsi, deux sons de même fréquence et de même intensité seront distribués au hasard, respectivement pendant 3 et 10 secondes; seule, une RC produite au terme de ce dernier provoquera l'occurrence du renforcement (situation «*go-no go*»). Ou bien encore, l'animal disposera de deux leviers et devra actionner celui de gauche après un signal court, celui de droite après un signal long. Veut-on vérifier les limites de cette discrimination, il suffira de rapprocher les deux durées analysées, jusqu'à ce que l'animal se montre incapable d'une performance satisfaisante. Bien entendu, les intervalles tests peuvent, comme chez l'homme, être compris entre deux signaux brefs (clics ou éclairs lumineux, par exemple) plutôt que de correspondre à une stimulation continue. La discrimination peut également porter sur le rythme ou sur la vitesse (qui ne se conçoit pas sans composante temporelle), plutôt que sur la durée proprement dite.

A côté des programmes discriminatifs, dans lesquels la dimension temporelle étudiée concerne le stimulus et non la réponse, existent plusieurs situations operantes destinées à l'établissement de *régulations temporelles* du comportement. Le programme DRL («*Differential Reinforcement of Low Rates*», ou *Renforcement des Débits de Réponses Lents*) est le plus exigeant et sans doute le plus «pur»

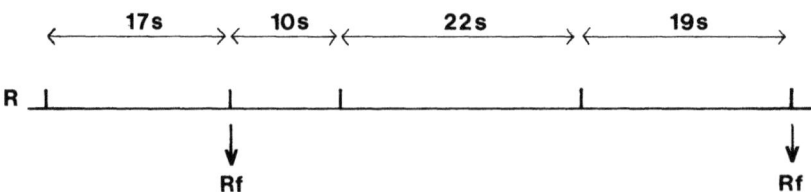

Figure 8. Déroulement d'un programme DRL 15'' LH 5'' (R = réponse; Rf = renforcement). Dans cet exemple, seules les 2e et 5e réponses, étant correctement espacées (entre 15 et 20 secondes depuis la réponse précédente), ont été suivies du renforcement.

du point de vue de la durée, puisqu'il fait de celle-ci la condition d'obtention du renforcement. En effet, une réponse ne sera renforcée que si un délai déterminé s'est écoulé entre elle et la réponse précédente. Un animal conditionné selon un DRL 15 secondes devra espacer ses réponses de 15 secondes au moins s'il veut obtenir le renforcement; une réponse trop précoce ne fera que remettre le délai à zéro. On peut exiger davantage: la réponse doit tomber dans une période bien définie, par exemple entre 15 et 20 secondes après la réponse précédente; il s'agit alors d'un programme DRL 15 secondes avec période de disponibilité limitée du renforcement («*Limited Hold*» ou *LH*) de 5 secondes (on écrit couramment DRL 15'' LH 5''). Le niveau de performance sera apprécié à l'aide de plusieurs indices. Deux d'entre eux sont aussi simples qu'essentiels: d'une part le pourcentage de réponses correctes émises au cours de chaque session expérimentale (correspondant, dans le schéma de base, au taux de renforcements obtenus), d'autre part la distribution des *intervalles inter-réponses* («*Interresponse Time*» ou IRT): il s'agit là d'un indice plus fin, qui apporte des informations très précieuses sur le développement ou l'éventuelle dégradation de la régu-

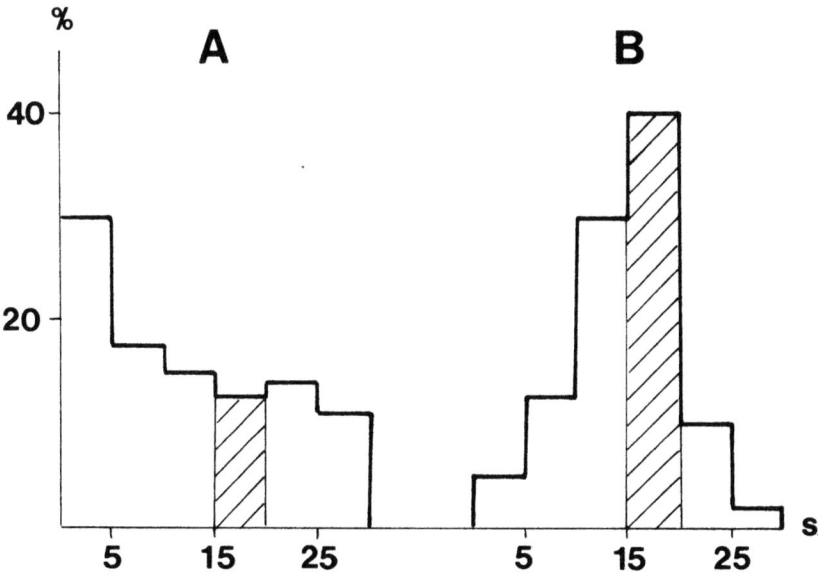

Figure 9. Distribution des intervalles inter-réponses (IRT) dans un programme DRL 15'' LH 5'' en début (A) et en fin (B) d'apprentissage. Les IRT (en secondes) sont en abscisse, les pourcentages de réponses en ordonnée. La zone hachurée correspond aux réponses renforcées.

lation temporelle. Par exemple, l'acquisition progressive de la régulation temporelle se traduira par l'apparition, aux alentours de la période de disponibilité du renforcement, d'un mode bien dessiné dans la distribution des IRT, succédant à une distribution relativement plate révélant une répartition égale des réponses dans tout le délai du DRL. Le programme DRL de base autorise diverses variantes : le délai peut être initié par un signal extéroceptif, l'animal devant exécuter une réponse d'appui n secondes après ce dernier, ou encore un appui sur un levier A fera démarrer le délai, tandis que l'appui sur un levier B en marquera la fin, etc.

Dans un autre programme de type II, le programme FI («*Fixed Interval schedule*» ou programme de renforcement à *Intervalle Fixe*), la régulation temporelle n'est pas imposée, mais se développe spontanément. Ici, une réponse n'est renforcée que si un délai déterminé s'est écoulé entre elle et le renforcement précédent, mais l'animal peut répondre tout au long de l'intervalle fixé, sans aucune conséquence : ces réponses-là ne seront pas renforcées, mais n'interrompront pas le délai en cours. On voit apparaître, dans ces conditions assez permissives, une régulation temporelle spontanée : les pauses post-renforcement s'allongent, les réponses devenant plus nombreuses quand approche le terme du délai.

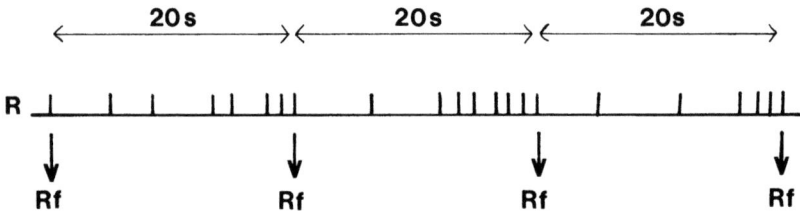

Figure 10. Déroulement d'un programme FI 20'' (R = réponse; Rf = renforcement).

D'utilisation moins courante, le programme d'*évitement sans signal avertisseur* de Sidman est une technique de conditionnement aversif : des chocs électriques sont délivrés à intervalles réguliers (le plancher de la cage, par exemple, étant électrifié), à moins qu'une réponse ne soit émise, qui postpose l'occurrence du choc suivant. Ainsi, si l'intervalle entre deux chocs est fixé à 30 secondes, une réponse effectuée 25 secondes après le dernier choc fera débuter un nouveau délai de 30 secondes avant qu'un autre choc ne survienne, etc. On peut aussi attribuer des durées différentes à l'intervalle choc-choc et à l'intervalle réponse-choc : 30 secondes pour le premier, mais 10 secondes seulement pour le second. Ici encore, on voit se développer une régulation temporelle spontanée, les réponses survenant de préférence à l'approche du terme du délai; la distribution des IRT présente des analogies évidentes avec celle qu'induit le programme DRL.

Tous ces programmes sont susceptibles de diverses variantes, et peuvent, en outre, être combinés entre eux et aux programmes non temporels. Quelques autres situations, moins courantes, sont également exploitées à l'occasion : on peut, par exemple, entraîner l'animal à choisir l'allée gauche ou l'allée droite d'un labyrinthe en T, selon la durée de réclusion qu'il a subie préalablement dans le compartiment central, le renforcement étant délivré au bout de l'allée qui constitue le choix correct. Nous n'entrerons pas plus avant dans le détail de ces manipulations expérimentales (pour plus de précisions, consulter Pavlov, 1927; Skinner, 1938; Sidman, 1953; Ferster et Skinner, 1957; Richelle, 1966; Richelle et Lejeune, 1980), car nous disposons dès à présent d'un tableau suffisant pour passer aux résultats.

Un premier constat s'impose : les animaux sont parfaitement capables de discriminations et de régulations temporelles. Et l'on a pu, sur cette base, leur poser divers problèmes inspirés de la psychophysique humaine. Qu'en est-il, par exemple, du seuil absolu et du seuil différentiel de durée chez les espèces infra-humaines ?

Les seuils de durée

Le seuil différentiel de durée a été étudié chez trois espèces, le singe (Catania, 1970), le rat (Church et al., 1976) et le pigeon (Stubbs, 1968; Perikel et al., 1974).

Malgré les divergences qu'entraîne immanquablement le choix de méthodes différentes, et quelques discordances pour les durées très brèves, on trouve généralement des valeurs de l'ordre de 25 %; le seuil est relatif à la durée testée. La gamme des durées analysées à ce jour est comprise entre 0,5 et 40 secondes; elle gagnerait à être encore étendue, tout autant que l'éventail des espèces abordées. Dans les programmes de régulations temporelles également, le niveau de performance obtenu est relatif au délai imposé: plus le délai est long, plus la dispersion des réponses autour de la mesure de tendance centrale est accusée, le rapport entre ces deux indices étant, lui aussi, voisin de 25 % (Catania, 1970; Platt et al., 1973). Même conclusion encore sur l'importance du temps relatif dans les programmes d'évitement sans signal avertisseur (Gibbon, 1972; Libby et Church, 1974). Bref, la loi de Weber rendrait compte — avec quelques restrictions — des résultats fournis par l'animal (Gibbon, 1977), bien plus clairement qu'elle ne s'accorde aux données de la psychophysique humaine. La relation logarithmique entre durée objective et durée perçue, postulée par Fechner, trouve en outre des confirmations dans le champ du conditionnement temporel (Church et Deluty, 1977).

En ce qui concerne le seuil absolu entre instantané et durable, Servière (1979) a récemment obtenu chez le pigeon des valeurs légèrement inférieures à celles que l'on récolte chez l'homme. Une description succincte de cette recherche permettra d'illustrer plus concrètement les ressources offertes au psychophysicien par les méthodes de conditonnement. La première étape est d'installer chez l'oiseau un conditionnement discriminatif: un coup de bec sur une clé entraîne l'occurrence d'un renforcement positif (quelques graines alimentaires) s'il répond à la présentation d'un signal lumineux de 400 millisecondes, mais d'un renforcement négatif (extinction des lumières de la cage et arrêt du programme pendant 4 secondes) s'il succède à un flash de 10 millisecondes. Ces deux valeurs sont choisies parce qu'elles sont, sans doute possible, respectivement supérieures et inférieures au seuil absolu. Quand la discrimination est bien établie, on délivre des signaux de durées intermédiaires, et on recueille le pourcentage de réponses émises pour chacune des durées utilisées. On constate que l'animal répond peu aux stimulus égaux ou inférieurs à 30 millisecondes, beaucoup à ceux de 100 millisecondes au moins; entre les deux se situe une « marge d'incertitude » dans laquelle le débit de réponses augmente progressivement en fonction de la durée du signal. S'il est difficile de savoir à quoi correspond, chez l'animal, l'impression subjective d'instantané et de durable, on peut néanmoins différencier par cette technique des zones particulières qui concordent avec les catégories « instantané », « incertain » et « durable » dont les recherches humaines font habituellement usage.

Par ailleurs, la frontière entre simultané et successif a été explorée chez le pigeon (Hendricks, 1966) et le perroquet (Ginsburg et Nilson, 1971), avec des stimulations visuelles clignotant à différentes cadences. En règle générale, la fréquence critique à partir de laquelle le clignotement est perçu augmente en relation linéaire avec le logarithme de l'intensité des signaux lumineux. Dans l'étude de Hendricks, par exemple, elle passe de 6 c.p.s. pour une intensité de 0,0014 mL à 77 c.p.s. pour une intensité de 41,86 mL; ces fréquences correspondent donc, respectivement, à des intervalles inter-stimulus d'environ 170 à 13 millisecondes. Le chat, de son côté, réussit une fois sur deux à percevoir un intervalle de 40 millisecondes entre deux éclairs lumineux; la réussite est presque complète à partir de 100 millisecondes (Peck et Lindsley, 1972).

Les conduites collatérales

Plus vaste est la littérature relative aux programmes de régulations temporelles, qui évoquent les conduites d'attente dont Janet (1928), mieux qu'aucun autre, a décrit les relations directes avec la prise de conscience du temps chez l'homme.

Le comportement des animaux dans ce type de programmes pose parfois au chercheur des problèmes imprévus, dont l'analyse méthodique débouche, dans bien des cas, sur une remise en question théorique de grande envergure, et, finalement, sur un progrès notable des connaissances. *Les conduites collatérales* (encore appelées *comportements de remplissage* ou *« mediating behavior »*), auxquelles on aurait pu être tenté d'accorder une valeur strictement anecdotique à l'origine, ont joué ce rôle de levain de la recherche, constituant notamment pour certains, après moultes controverses, un argument de poids quant à l'intervention de processus d'inhibition comportementale dans les régulations temporelles.

Que fait l'animal pendant le délai d'un programme FI ou DRL ? Dans certains cas, pas grand-chose : il somnole, adopte quelques conduites erratiques qui ne semblent pas mériter une description détaillée. Il arrive pourtant qu'un chat se mette à faire le tour de la cage, trois fois de suite, avant d'aller appuyer sur le levier, qu'un rat grignote un morceau de bois abandonné dans un coin, qu'un pigeon martèle de coups de becs les alentours de la clé que doit actionner la réponse conditionnée. Moins fréquemment, on observe une véritable chaîne de comportements tous différents, mais se succédant au cours de chaque délai dans un ordre immuable : l'animal fait un tour de cage, se tourne vers le levier ou la clé, se gratte, secoue la tête, regarde le plafond, se dirige enfin vers l'endroit adéquat pour effectuer sa réponse. Ce qui frappe dans ce type de phénomène, c'est la stéréotypie ; d'un délai au suivant, rien ne change, comme si la répétition même avait une fonction précise en rapport avec la performance conditionnée, ou comme si chacune des conduites adoptées par l'animal était conditionnée au même titre que la réponse sur laquelle a porté l'apprentissage (Wilson et Keller, 1953)[2]. Pour certains auteurs, les conduites collatérales jouent un rôle médiateur dans les régulations temporelles (Hodos et al., 1962; Laties et al., 1969). Poussée à l'extrême, cette hypothèse fait l'économie des notions mêmes d'évaluation de la durée. Ce que l'animal apprend, c'est toute une chaîne d'actes dont chacun entraîne le suivant, le dernier maillon de la chaîne étant constitué par la réponse sur le levier ou sur la clé; nul besoin, dans cette optique, de mécanismes temporels proprements dits. Conformément à cette interprétation, les conduites collatérales ont peu à peu été décelées, non seulement dans les programmes de régulation, mais, d'une façon générale, dans tout programme à composante temporelle. Cela ne signifie pourtant pas que tous les animaux manifestent clairement l'adoption de telles conduites. Pour tourner cette difficulté, on peut, en invoquant l'imperfection des moyens d'observation, supposer que les conduites collatérales, en fait toujours présentes, se réduisent parfois à des manifestations subtiles — faibles variations du tonus musculaire, par exemple — qu'il est impossible de détecter sans faire appel à une méthodologie raffinée. Ajoutons que l'animal ne discrimine pas nécessairement la quantité des activités collatérales qui se succèdent au cours du délai, mais, peut-être, la somme d'énergie dépensée jusqu'à l'exécution de la réponse, ou quelque autre indice plus ou moins impalpable.

Pour ce type de conceptions, des constatations quelque peu surprenantes issues de recherches sur l'homme ont, incontestablement, apporté de l'eau au moulin. Chez des collégiens soumis à un programme DRL sans consigne précise, Bruner et Révusky (1961) s'aperçoivent, par exemple, que la dimension temporelle de la tâche n'est pas forcément reconnue: disposant de quatre leviers dont l'un seulement est fonctionnel, les sujets, non avertis de ce fait, et livrés à eux-mêmes pour découvrir les modalités de renforcement, se mettent à exécuter des séquences de réponses stéréotypées sur les leviers inopérants, actionnant ensuite le levier *ad hoc* après un délai dont ils ne soupçonnent pas le rôle décisif. La dimension temporelle du programme n'existerait-elle donc que dans l'esprit de l'expérimentateur? D'autres arguments sont venus s'ajouter à ce type d'observations. Chez les animaux qui présentent des conduites collatérales, provoquer une perturbation de celles-ci (en retirant, par exemple, les copeaux de bois que le rat s'était mis à grignoter) entraîne généralement une chute du niveau de performance[3] (Laties et al., 1969). Les conduites collatérales disparaissent lorsqu'on cesse de renforcer la réponse conditionnée, suscitant ainsi son extinction (Cherek et al.,

1973). Enfin, les animaux qui n'émettent spontanément aucune conduite collatérale observable peuvent atteindre un meilleur niveau de performance s'ils sont amenés, par quelque manipulation expérimentale, à ce type de comportement: Laties et ses collaborateurs (1969), qui aboutissent à cette conclusion, rapportent même que le taux de renforcements obtenus varie corrélativement avec la quantité de bois rongée par leurs rats.

Mais la question essentielle est de savoir ce qu'expliquent les conduites en question. Car, il faut bien l'admettre, c'est reculer pour mieux sauter que de leur concéder une place centrale au détriment des mécanismes internes d'évaluation de la durée. Dans la majorité des cas, il s'agit d'activités répétitives toutes identiques, plutôt que d'une chaîne de comportements bien différenciés; comment interpréter alors le fait que l'animal les interrompt au moment adéquat ? Sur quels critères s'est-il fondé pour en déterminer le nombre, la durée, la régularité ? On voit mal l'avantage qu'il y aurait, si l'on cherche l'hypothèse la plus simple, à postuler chez l'animal l'intervention d'un processus de comptage, pour s'épargner une interprétation en termes spécifiquement temporels. D'ailleurs, faire trois fois le tour d'une cage pour combler le délai d'un programme de conditionnement n'est efficace, ne l'oublions pas, que si la durée de chaque promenade est adaptée à celle du délai global; on peut marcher plus ou moins vite, le résultat ne sera pas le même ... Lorsque la séquence comportementale manque de régularité — le cas n'est pas rare — son utilité est encore plus énigmatique dans le contexte interprétatif développé ci-dessus. Enfin, si l'on s'interroge sur la nature des facteurs qui déterminent l'adoption de telle ou telle conduite, on découvre que le délai imposé lui-même est décisif à cet égard. Pouthas (1979) l'a minutieusement observé en comparant plusieurs intervalles dans le cadre du programme DRL chez le rat: celui-ci change d'activités à mesure que le délai s'allonge.

En tout état de cause, considérer que les conduites de remplissage sont une condition indispensable à l'instauration d'une régulation temporelle précise serait tordre les faits. Ce type de comportements n'apparaît spontanément, de façon indiscutable, que chez une minorité d'animaux. Il sera toujours temps, si l'on découvre un jour l'omniprésence de crypto-conduites collatérales, d'accorder à ce phénomène la place cruciale qui lui reviendrait alors plus clairement. Pour le moment, ce qui est observable, c'est que les animaux les plus stables et les plus précis en conditionnement temporel sont souvent les moins agités (Dmitriev et Kochigina, 1959; Macar, 1971a). Ils sont si peu agités qu'il leur arrive de somnoler pendant le délai si la longueur de celui-ci le permet, ce qui ne les empêche nullement d'aller appuyer à temps sur le levier; on pourrait même croire que cette baisse de vigilance momentanée favorise la régulation temporelle. En définitive, il existe donc deux stratégies fondamentales à l'intérieur des programmes de régulation, en particulier du DRL, qui pénalise tout appui superflu sur le levier. La fonction de ces stratégies apparaît plus clairement si l'on admet qu'une régulation temporelle satisfaisante dépend de la discrimination correcte de certains signaux internes — sur la nature desquels nous ne hasarderons pour l'instant aucune conjecture. Il est en effet deux moyens classiques de faciliter une discrimination: réduire le niveau du «bruit» dont il faut extraire les signaux significatifs; associer à ceux-ci d'autres signaux plus manifestes. Réduire le niveau d'éveil, c'est affaiblir l'impact des stimulations perturbatrices, qui constituent le «bruit» par rapport aux indices critiques. Recourir aux conduites collatérales, ce n'est qu'une façon parmi d'autres de produire des signaux associés; on peut aussi, si les conditions extérieures s'y prêtent, tirer profit des stimulations visuelles ou auditives corrélées au délai — c'est tout le problème des horloges externes, qui, dans certaines limites, aident assurément à l'installation d'une régulation temporelle précise (cf. Ferster et Zimmerman, 1963; Macar, 1971b). Le choix (inconscient, bien entendu) de l'une ou l'autre stratégie sera favorisé par des facteurs individuels sans doute, mais aussi par les conditions expérimentales elles-mêmes; on peut provoquer l'apparition des comportements de remplissage ou élaborer une horloge externe fiable, comme on peut au contraire débarrasser la situation de tout repère éventuel. Les conduites collatérales ne sont peut-être, après tout, qu'une horloge un peu particulière. Le feedback qu'elles fournissent serait spécifiquement issu du mouvement, au lieu d'être essentiellement auditif ou visuel par exemple, et cette caractéristique lui conférerait un statut privilégié s'il était un jour établi que les jugements temporels s'appuient en toutes circonstances sur des indices proprioceptifs (hypothèse qui sera envisagée au chapitre 5). Mais il ne s'agirait bien que de *signaux associés* à des indices critiques dont nous discuterons plus loin la nature, non pas de médiateurs qui se substitueraient aux mécanismes temporels eux-mêmes.

Une autre hypothèse, développée en particulier par Richelle (1972) et Richelle et Lejeune (1980), replace les conduites collatérales dans un cadre interprétatif postulant à la base des régulations temporelles les processus d'inhibition comportementale. Lesdites conduites seraient alors à rapprocher des *activités de déplacement* (Cherek et al., 1973) décrites par les éthologistes. Elles fourniraient à l'animal l'occasion de décharger une excitation trop longtemps retenue, de compenser l'obligation qu'il subit de *ne pas* appuyer sur le levier avant un certain temps. Cette hypothèse est séduisante, et l'on s'aperçoit chaque jour davantage que les processus d'inhibition occupent une place centrale dans l'expérience de la durée. La tension que nous ressentons dans certaines situations d'attente nous achemine, introspectivement, vers cette conclusion; chez l'animal également, plusieurs faits concourent à l'établir.

L'inhibition comportementale

Proposé par Pavlov (1927), qui en faisait le centre d'une théorie essentiellement descriptive des processus de conditionnement[4] — théorie à laquelle il suggérait un support physiologique qui n'a jamais trouvé de confirmation solide[5] — le concept d'inhibition tel qu'il est utilisé par les psychologues reste suspect aux yeux de certains. Skinner (1938) en a fait une critique sévère. Il a pour les neurophysiologistes une signification précise dans le cadre des réseaux neuroniques, mais le passage au plan du comportement pose un problème épineux. On connaît pourtant l'existence de grands systèmes de fibres nerveuses auxquels est dévolu un rôle inhibiteur, opposé au rôle excitateur d'autres faisceaux nerveux : l'antagonisme entre systèmes réticulaires inhibiteur et activateur constitue le plus fameux exemple de telles interactions. Ces grands réseaux nerveux sont impliqués dans une vaste gamme de phénomènes, à commencer par la régulation des niveaux d'éveil, du sommeil aux états de surexcitation paroxystiques en passant par la veille active. Ici, la traduction comportementale des activités physiologiques est plus directement observable, même si les conditions d'intervention de ces mécanismes, leurs ajustements fins, leur contrôle, offrent encore au chercheur des domaines incomplètement explorés. Le rapport exact de ces mécanismes avec le concept d'inhibition « comportementale » ou « somatomotrice » invoqué dans le contexte du conditionnement n'est pas élucidé, tant s'en faut; toutefois, on peut trouver dans ces observations physiologiques un début d'assise audit concept, et rappeler les liens que Hernandez-Péon (1960) a tissés entre les modulations d'amplitude des potentiels évoqués dont il avait été témoin dans le cadre de ses expériences d'habituation et d'extinction (phénomènes dans lesquels la formation réticulée mésencéphalique lui semblait jouer un rôle de premier plan) et les mécanismes d'inhibition active décrits par Pavlov. On peut aussi, sans attendre l'affinement des connaissances physiologiques, souligner la valeur heuristique du concept d'inhibition comportementale, tout autant que sa nécessité sur le plan descriptif: il s'adapte, mieux que toute autre notion, à quantité de phénomènes observés dans les programmes à composante temporelle, et plusieurs auteurs se sont efforcés de lui rendre une place de choix dans le contexte du conditionnement (Hearst et al., 1970; Boakes et Halliday, 1972; Staddon, 1977; Richelle et Lejeune, 1980).

Outre le support interprétatif qu'elle est susceptible d'apporter aux conduites collatérales, l'identification des processus d'inhibition comportementale projette un éclairage nouveau sur d'autres points. Il est clair, pour commencer, que le DRL pose à l'animal des problèmes particulièrement complexes; on a pu imposer en programme FI des délais atteignant parfois plusieurs heures, alors qu'il paraît malaisé, voire impossible, de dépasser la minute en DRL. Or, en plus des divergences issues du caractère plus ou moins périodique de leur structure, dont Lejeune (1978) a fait une analyse approfondie[6], les deux programmes se distinguent sur un point fondamental: la nature spontanée ou requise des régulations temporelles induites. Le DRL oblige le sujet à une régulation de son propre comportement; c'est *l'espacement* des réponses dans le temps qui est renforcé, et non la réponse elle-même. En d'autres termes, le programme DRL force l'animal à *ne pas* appuyer sur le levier pendant un certain temps; il rend l'inhibition motrice obligatoire. Le FI, au contraire, ne pénalise pas les réponses superflues; la régulation n'est pas indispensable, elle s'instaure spontanément; le plus curieux, c'est que, dans les FI à longs délais, la pause post-renforcement que l'animal adopte ainsi librement est plus longue que celle dont il se montre capable en DRL[7].

L'inhibition somato-motrice apparaît donc comme un processus difficile à maintenir — du moins, soulignons-le, lorsqu'elle est en relation avec l'évaluation de la durée, c'est-à-dire quand l'animal doit juger lui-même du moment opportun pour y mettre fin. Si ce n'est pas le cas, le problème est plus simple: les difficultés qu'éprouve un chat à maintenir son appui sur un levier pendant plusieurs secondes pour le relâcher au cours de la période de disponibilité du renforcement, qu'il doit apprendre à évaluer sans aucun repère extérieur, sont levées par l'adjonction d'un signal externe marquant la période en question (Greenwood, 1977).

C'est encore par le biais des processus d'inhibition comportementale que pourrait s'expliquer le statut apparemment différent des réponses conditionnées choisies pour tel ou tel animal, statut auquel les observations des éthologistes sur l'animal dans son milieu naturel ont rendu les chercheurs de laboratoire de plus en plus attentifs. En général, on conditionne un chat ou un rat à appuyer sur un levier, un pigeon à frapper du bec sur une clé. On a cru longtemps au caractère arbitraire de l'une ou l'autre de ces réponses, mais cette position n'est plus tenable à l'heure actuelle. Dans la vie du chat, les occasions d'effectuer des appuis de haut en bas peuvent se présenter, mais il faut convenir qu'elles ne sont pas spécialement familières. Par contre, le coup de bec fait partie du répertoire comportemental du pigeon; il est intégré dans la chaîne des conduites préparatoires à la consommation de nourriture, ainsi que dans les conduites de défense et d'attaque. Ses caractéristiques (puissance, durée, orientation ...) sont, pour cette raison même, modulées en fonction de l'objet à atteindre; le coup de bec à destination d'un ennemi ne sera pas le même que celui visant à happer une graine. Ces propriétés particulières risquent d'interférer avec la performance conditionnée; la réponse choisie peut être d'autant plus difficile à inhiber qu'elle est naturelle à l'animal, ce qui concorderait, par exemple, avec le fait que le comportement du pigeon en programme DRL est particulièrement décevant. Quelques essais de conditionnement impliquant une réponse différente, en l'occurrence l'appui de la patte sur un levier comme pour le chat ou le rat, suggèrent que le pigeon se conforme mieux alors aux exigences du DRL (Hemmes, 1975; Mantanus et al., 1977)[8].

L'existence des processus d'inhibition comportementale se manifeste enfin à travers un type de phénomènes particulièrement surprenant : il arrive que la performance conditionnée d'un animal jusque-là bien adapté aux impératifs d'un programme de régulations temporelles accuse une dégradation subite, qui peut s'accompagner d'un certain nombre de symptômes plus généraux: somnolence, apathie, ou, au contraire, surexcitation et manifestations agressives. Ainsi en va-t-il de chats en programme DRL (Macar, 1971a) qui, un beau jour, négligent le levier et même le lait que l'on finit, en désespoir de cause, par leur offrir « gratuitement » dans la cage expérimentale; dès qu'ils mettent la patte dans celle-ci, ils se nichent dans un coin et s'endorment ... Dans leur cage d'habitation, ils s'alimentent normalement, mais refusent le contact qu'ils recherchaient auparavant et semblent s'effrayer de tout. Un autre animal fait preuve, au contraire, de surexcitation et d'agressivité à l'intérieur comme en dehors de la cage expérimentale, à tel point qu'il devient difficile de l'approcher. Ce genre de symptômes évoque les « névroses expérimentales », qui ont fait l'objet d'études approfondies en laboratoire;

Pavlov lui-même s'est attaché à les décrire dans le cadre des comportements temporels, selon lui particulièrement susceptibles d'engendrer ce qu'il a appelé l'*inhibition généralisée*. Tout se passe comme si les mécanismes inhibiteurs mis en œuvre dans ces situations d'attente envahissaient soudain le comportement global du sujet, ou comme si des mécanismes excitateurs prenaient au contraire le dessus — dans les deux cas, il y a rupture de l'équilibre inhibition-excitation (le sens du déséquilibre dépendant, pour Pavlov, de variables individuelles). Des observations analogues ont été faites dans les programmes FI (Lejeune, 1971; Deliège, 1975) et les tâches de discrimination de durées (Richelle, 1972). Le nœud du problème est que ces phénomènes se manifestent, non pas en début de conditionnement, mais lorsque l'animal a fait la preuve de ses capacités d'adaptation aux conditions expérimentales, c'est-à-dire après que les processus d'inhibition somato-motrice aient été effectivement mis en œuvre de façon répétitive dans des circonstances bien définies. Le fait qu'une restauration du conditionnement temporel puisse être obtenue après l'adoption transitoire de conditions expérimentales en quelque sorte opposées à celles qui ont suscité l'inhibition généralisée — on peut, par exemple, supprimer toute obligation d'espacement des réponses en délivrant le renforcement après plusieurs appuis sur le levier, ce qui favorise l'émission d'appuis en succession rapide — joue également en faveur de l'hypothèse de l'inhibition. Au terme de cet examen succinct, l'hypothèse nous paraît donc bénéficier d'une assise confortable.

Jalons pour une étude comparative

L'une des questions les plus cruciales que permet enfin d'aborder la recherche animale est celle de la qualité des performances obtenues à travers l'échelle phylogénétique. Comme l'ont bien montré Richelle et Lejeune (1979), la réponse est lourde de conséquences quant à la nature même des mécanismes temporels. Deux conclusions opposées peuvent être atteintes : ou bien les performances restent sensiblement égales quelle que soit l'espèce considérée, ou bien il existe des différences notables. Dans le premier cas, on est amené à postuler l'existence d'un mécanisme fondamental, primaire, omniprésent — et, éventuellement, à retenir pour cette fonction les rythmes biologiques, qui auraient alors un lien direct avec les processus d'évaluation et de régulation temporelles. Dans le second, deux possibilités peuvent encore se présenter. Il se pourrait que les aptitudes de l'animal dans le domaine du temps s'améliorent à mesure que l'on prend en compte des organismes de plus en plus évolués, de plus en plus complexes du point de vue de leur organisation sensori-motrice, du développement cérébral, etc. Il se pourrait aussi que les conditions de vie de l'animal aient favorisé le développement privilégié des aptitudes temporelles lorsqu'il en résultait un bénéfice tangible, la question pouvant se poser en termes de survie. On comprendrait, par exemple, que les conduites d'attente, de préparation à un événement précis, où la dimension temporelle est décisive, soient plus perfectionnées chez les animaux prédateurs, obligés de guetter leurs proies et d'ajuster très précisément l'assaut final, que chez les rongeurs, dont la survie dépend d'un type de conduites tout différent. C'est donc à travers l'action sélective du milieu que les régulations temporelles se seraient alors développées jusqu'à jouer un rôle majeur dans le répertoire comportemental de certaines espèces.

Ajoutons, toujours à la suite de Richelle et Lejeune (1979), que le perfectionnement des conduites d'adaptation au temps ne se confond pas nécessairement avec la conquête de la précision. La plasticité des conduites à composante temporelle peut être un facteur décisif: s'ajuster rapidement aux délais nouveaux, qui posent à l'organisme des problèmes encore irrésolus — élaborer, pour ceux-ci, de nouvelles bases de temps — n'est assurément pas négligeable, et le singe pourrait être à ce jeu plus efficace que le rat ou le chien. De même, le nombre et la diversité des intervalles auxquels l'organisme se trouve simultanément confronté et est capable de s'adapter constituent vraisemblablement un autre aspect décisif du problème.

Quels sont les faits disponibles pour départager ces hypothèses? Le moins qu'on puisse dire est qu'ils sont malheureusement rares. Les études de comportement en laboratoire n'ont jusqu'ici porté que sur quelques espèces: le rat blanc, le pigeon, le chat, le singe, et le chien dans le contexte pavlovien en particulier. Par-ci, par-là, des expérimentateurs non conformistes ont fait quelques prospections chez la souris, le hamster, le cobaye, le chien de prairie, le lapin, le cheval, la chauve-souris, et même les lémuriens et les abeilles, sans compter plusieurs variétés de poissons et d'oiseaux; mais il ne s'agit là que d'observations occasionnelles, encore trop fragmentaires, malgré leur indiscutable intérêt, pour asseoir une véritable étude comparative. Au total, on dispose toutefois de certaines informations, qui ont au moins le mérite de débusquer les embûches inhérentes à la démarche entreprise.

Le choix du programme de conditionnement en fonction de l'espèce, ou vice versa, est en lui-même indicatif. Le rat et le pigeon (utilisés dans près de 80 % des expériences) sont de préférence soumis, l'un aux programmes de régulations temporelles (FI et DRL), l'autre aux tâches de discrimination. La raison principale de cet état de choses est simple: les pigeons montrent de piètres aptitudes à la régulation. Il est difficile de conditionner un pigeon à un programme DRL dont le délai dépasse une vingtaine de secondes (Staddon, 1965; Kramer et Rilling, 1969); et pourtant, on obtient sans problème une discrimination satisfaisante entre deux stimulus atteignant 30 et 40 secondes (Stubbs, 1968). On est donc obligé d'en conclure, ou bien que les deux situations ne mettent pas en jeu les mêmes mécanismes — s'ils concernent l'un et l'autre les processus de mesure du temps, c'est incontestablement par des biais différents — ou bien, comme on l'a suggéré plus haut, que le statut de la réponse conditionnée, différent chez les deux espèces, est responsable des divergences constatées. D'où la première difficulté: comment comparer valablement des niveaux de performances induits par des situations expérimentales dans lesquelles les interactions réponse-renforcement-stimulus (c'est-à-dire les «*contingencies of reinforcement*») ne sont pas identiques? Il faut être conscient du fait que chaque variation des paramètres expérimentaux, si ténue soit-elle, risque de modifier les résultats. Avant de vouloir caractériser la qualité de l'adaptation au temps chez telle ou telle espèce animale, il serait donc indispensable de comparer les niveaux de performance atteints dans un éventail de situations aussi large que possible. A l'échelle de l'individu même, cette confrontation serait précieuse pour départager les processus mis en jeu par chaque type de programme; si le meilleur rat du groupe en programme DRL reste en tête de ses congénères dans un programme FI comme dans une situation de discrimination de durées, on aura quelque raison de conclure à l'homogénéité des processus impliqués; sinon, force sera d'admettre la disparité de ceux-ci, et l'inégalité de leur intervention d'une tâche à l'autre...

Parmi les facteurs qui risquent d'influencer le niveau de performance dans les programmes de conditionnement, il faut aussi compter l'adaptation globale à la vie en laboratoire. On peut se demander dans quelle mesure le comportement de l'animal en captivité reste représentatif de celui qu'il adopte dans son milieu naturel. Le problème est peut-être moins aigu avec les espèces domestiquées, habituées à l'homme et à la vie sédentaire, qu'avec les espèces sauvages; pour celles-ci en tout cas, l'effet de ce facteur ne doit pas être négligé dans l'interprétation d'une performance conditionnée de pauvre niveau. Lejeune (1976) l'a bien vu, qui obtient du pottos, un lémurien originaire du Gabon, des résultats décevants en FI 1 et 2 minutes; un niveau de performance plus satisfaisant est atteint en FI et en DRL par l'hapalémur, primate inférieur phylogénétiquement proche du pottos, dans des conditions qui tentent de reproduire aussi fidèlement que possible le milieu naturel de l'animal, que l'expérimentateur s'abstient en outre de manipuler (Blondin, 1974).

L'avenir indiquera sans doute le poids qu'il faut accorder à ce type de variables; sans leur intervention, il pourrait sembler légitime, sur la base des données concernant les lémuriens, de rejeter l'hypothèse d'une amélioration des performances temporelles au fil de l'évolution phylogénétique. En faveur de cette hypothèse ne s'inscrivent, en fait, que des données issues du programme DRL. Malgré les différences interindividuelles qui existent, bien entendu, à l'intérieur de chaque espèce, on peut retenir que le rat et le chat y maîtrisent des délais atteignant 1 minute (Ferraro et al., 1965; Macar, 1971b), alors que les difficultés sont manifestes au-delà d'une dizaine de secondes pour la souris (Maurissen, 1970) et du double pour le pigeon (Staddon, 1965; Kramer et Rilling, 1969). Le singe, à notre connaissance, ne s'est pas vu proposer des délais excédant une vingtaine de secondes, mais, comme il s'y adapte sans problème (cf. Hodos et al., 1962; Weiss et al., 1966), cela ne préjuge pas de ses aptitudes limites. En programme FI, par contre, on observe sans peine des régulations temporelles spontanées de plusieurs minutes, et il est difficile de mettre au jour des différences significatives entre les indices de performance récoltés chez ces diverses espèces. Celles-ci ne se distinguent pas non plus dans les programmes de discrimination de durées, si l'on considère, comme indiqué plus haut, que la valeur du seuil différentiel y est toujours proche de 25 %, chez le singe, le rat ou le pigeon. Cette valeur est assez voisine de celle que la psychophysique humaine a mise en évidence. Les quelques études relatives au seuil absolu conduisent à une conclusion semblable; d'autre part, il semble que la loi de Weber-Fechner se vérifie chez plusieurs espèces animales, alors que, chez l'homme, les résultats restent controversés. A ceci s'ajoutent des observations isolées: le cobaye (Hauglustaine, 1972) se comporterait, en DRL, aussi bien sinon mieux que le rat, le chat ou le singe; en FI, on trouve plus de similarités entre la distribution des réponses émises par le singe et le pigeon que par le pigeon et la caille (Reese et Reese, 1962; Cloar et Melvin, 1968); le poisson rouge (Rozin, 1965) s'adapte à un FI 1 ou 2 minutes, mais non le tilapia (Eskin et Bitterman, 1960).

Une étude de Grossman (1973) sur les abeilles pourrait plaider en faveur de l'hypothèse de l'influence du mode de vie spécifique sur la qualité des régulations temporelles. Aucune trace de régulation n'apparaît lorsqu'il s'agit d'aller visiter une source de nourriture selon un programme FI impliquant différents délais, de 90 secondes maximum. On sait pourtant que les abeilles sont parfaitement susceptibles de conditionnement pour des périodes apparentées à celle du rythme circadien : l'adaptation au milieu naturel semble donc jouer ici un rôle manifeste. D'autres résultats, enfin, peuvent être interprétés aussi bien dans ce sens qu'en faveur de la thèse phylogénétique. Si l'on confronte pigeons et corbeaux en programme DRL, les seconds l'emportent sans conteste : ils respectent des délais atteignant jusqu'à 2 minutes (mieux encore que le chat ou le rat...) alors que les pigeons sont peu efficients au-delà de 10 secondes (Powell, 1974). Deux facteurs sont à considérer : le développement cérébral apparaît plus avancé chez le corbeau que chez le pigeon ; d'autre part, il est clair que le comportement d'une espèce domestiquée et celui d'une espèce sauvage présentent bien des divergences en raison même des modes de vie très dissemblables auxquels elles sont confrontées. Mais il ne peut être question de tirer de ces observations des conclusions unilatérales en ce qui concerne les capacités d'adaptation de chaque espèce aux exigences particulières d'un programme de conditionnement.

Enfin, l'hypothèse de l'unicité des mécanismes d'évaluation de la durée à travers l'échelle phylogénétique ne pourra pas être écartée tant que subsisteront les entraves à la comparaison interspécifique que sont l'inégalité de statut des réponses conditionnées, les plus ou moins graves difficultés d'adaptation aux conditions du laboratoire, l'ingérence, dans les conduites temporelles, de processus d'inhibition comportementale qui doivent être plus ou moins élaborés et efficaces selon les espèces[9], etc. Sur la base des concordances relevées entre les niveaux de performance enregistrés à travers différents types de programmes — notamment en ce qui concerne la constance de la fraction de Weber et des indices comparables — Gibbon (1977) a proposé récemment un modèle intéressant, qui admet l'homogénéité interspécifique des mécanismes impliqués dans les tâches temporelles. L'extension des recherches comparatives indiquera s'il faut effectivement s'orienter dans cette voie.

Notes

[1] Les termes *répondant et operant* sont opposés pour signifier que, dans le premier cas, l'organisme *réagit* à des stimulus imposés par l'expérimentateur, la liaison naturelle entre SI et RI étant inévitable, alors que, dans le second, l'organisme *agit* d'abord sur le milieu, le renforcement qui s'ensuit n'ayant avec la réponse qu'une liaison «accidentelle», voulue par l'expérimentateur, mais n'ayant aucun caractère de nécessité.

[2] Cette hypothèse a été soigneusement analysée dans le cadre interprétatif des «comportements superstitieux» chez l'animal, mais elle est actuellement contestée, et nous ne nous y attarderons pas (sur cette question encore, l'ouvrage de Richelle et Lejeune, 1980, peut être utilement consulté).

[3] Mais il y a des exceptions significatives: en perturbant sélectivement tel ou tel chaînon de la séquence de réponses produites par le rat en programme FI, Dews (1962) ne réussit pas à altérer le niveau de performance. De plus, lorsqu'il y a perturbation en programme DRL, c'est dans un sens bien défini: l'espacement des réponses conditionnées est en général réduit (Lincé, 1976). On devrait s'attendre à ce qu'il soit, au hasard, raccourci ou allongé, si l'on croit aux propriétés médiatrices des conduites collatérales.

[4] Pour Pavlov, l'inhibition est un phénomène actif, qui ne peut être confondu avec une réduction ou une absence d'excitation. Une des preuves du bien-fondé de cette conception est apportée par les expériences de désinhibition: dans un conditionnement *de trace* ou *différé*, où la RC n'est émise qu'au terme du délai imposé, on peut la voir resurgir au cours du délai si l'on délivre à l'animal un stimulus inattendu (sonnerie, claquement de porte, etc...). Le même stimulus constituera pourtant un obstacle à l'émission de la RC s'il survient en fin de délai, donc au moment où la RC doit normalement apparaître. L'existence des phénomènes de désinhibition a également été établie, par la suite, dans les programmes FI et DRL.

[5] Pavlov parlait de vagues d'excitation et d'inhibition envahissant les sites corticaux impliqués dans l'apprentissage.

[6] Lejeune montre que l'occurrence périodique du renforcement en programme FI pourrait faciliter la régulation temporelle en jouant un rôle analogue à celui des synchroniseurs dans les phénomènes chronobiologiques. En DRL, par contre, cette périodicité n'est pas assurée, sauf dans le cas (à tout le moins exceptionnel) d'une régulation parfaite.

[7] Cette pause est fonction de l'intervalle fixé par l'expérimentateur, autre indice du fait que le comportement dépend du temps relatif, non du temps absolu.

[8] Le problème mérite cependant plus ample examen, car des résultats contradictoires ont aussi été rapportés (Richardson et Clark, 1976).

[9] A supposer qu'il soit bien légitime de dissocier les processus temporels «proprement dits» des processus d'inhibition comportementale, au lieu de considérer que les premiers ne peuvent se concevoir sans les seconds — nous reviendrons au terme de cet ouvrage sur cette question primordiale.

Chapitre 5
Le temps sous l'éclairage psychophysiologique

L'étude de l'évaluation de la durée dans certaines conditions particulières, qu'elles soient naturelles ou fassent l'objet de manipulations expérimentales précises, nous permettra d'approcher pas à pas le problème des mécanismes physiologiques susceptibles de présider au « sens du temps ». Il s'agira ici d'envisager, tout d'abord, ce qui, dans le domaine temporel, a trait au sommeil et aux expériences d'hypnose; ensuite, comment la pathologie mentale affecte l'évaluation de la durée; enfin, quels sont les effets obtenus dans les expériences de privation sensorielle, lors de l'administration de drogues, et après altération de la température interne.

Le réveil « programmé »

Certaines personnes — environ 30 % de la population, semble-t-il — ont la capacité de s'éveiller à l'heure qu'ils ont choisie. Il est rare que cela vous pousse à faire l'économie d'un réveille-matin, car les erreurs et les oublis sont toujours à redouter. Néanmoins, rien ne donne mieux l'impression que la fameuse horloge interne apporte là une preuve tangible de son existence. Clauser (1954), au terme d'une enquête portant sur plus d'un millier d'individus, établit qu'une personne sur deux environ s'est aperçue, à l'une ou l'autre occasion, qu'elle était capable de s'éveiller au moment voulu. Dans le groupe qui confirme cette possibilité, 35 % considèrent que le processus fonctionne toujours ou dans la majorité des cas, alors que 59 % estiment que la réussite est seulement épisodique. Toutefois, 19 % de la totalité des personnes interrogées se déclarent dépourvus de telles aptitudes.

Le phénomène a été étudié en laboratoire. Dans l'étude de Zung et Wilson (1971), 1/3 des sujets non sélectionnés d'après le fait qu'ils pensent ou non réussir à s'éveiller à l'heure choisie (avec une marge d'erreur permise de 10 minutes plus tôt ou plus tard, les moments requis pour l'éveil se distribuant entre 2 et 5 heures du matin) satisfont aux conditions demandées. Mais le pourcentage de réussite croît nettement si l'on choisit de façon élective ceux qui se déclarent doués pour ce petit jeu : Tart (1970) rapporte plus de 75 % d'éveils relativement précis lorsque l'expérience est effectuée à domicile; les personnes qui tentent l'aventure ont tendance à s'éveiller plus souvent qu'à l'ordinaire au cours de la nuit. Des indications plus anciennes nous viennent de Brush (1930) et Hall (1927); se prenant eux-mêmes comme sujets d'expérience, ceux-ci se sont éveillés en temps voulu respectivement dans 68 % et 53 % des cas, à 15 ou 20 minutes près.

En fait, on sait peu de chose sur cette curieuse aptitude. On admet qu'il est plus facile de se réveiller à l'heure dite si celle-ci est proche du moment habituel du réveil, et que la précision est plus grande dans ce cas. On a constaté une augmentation des réveils spontanés au cours de la nuit, mais la distribution relative des différents stades de sommeil n'en est pas pour autant perturbée (Tart, 1970). Enfin, il semble que l'aptitude au réveil « programmé » soit moins développée chez l'enfant; on pourrait donc admettre qu'un effet d'apprentissage se dessine avec l'âge, à condition de vérifier que ceci ne résulte pas simplement d'une maîtrise incomplète des unités chronologiques conventionnelles.

Convenons-en, les expériences relatives au réveil « programmé » sont souvent superficielles, peu propres à éclairer la nature des processus en cause. La question primordiale serait évidemment de déterminer sur quels indices repose cette aptitude particulière; et là, il faut bien le dire, c'est le mystère le plus complet. Divers indices physiologiques — EEG, variations de la résistance électrique de la peau, mouvements oculaires — ont été enregistrés pendant le sommeil des sujets soumis à ce type d'expériences, sans que l'on réussisse jamais à mettre l'une ou l'autre de leurs caractéristiques en relation avec le moment du réveil spontané. On est donc toujours au stade des supputations en ce qui concerne les mécanismes impliqués. La question est d'importance, puisqu'elle pourrait nous éclairer sur la nature des processus internes d'évaluation de la durée. Le sujet se baserait-il sur certaines périodicités organiques? Rien n'est prouvé dans ce sens. Richter (1965) rapporte le cas d'un jeune homme qui, après avoir passé l'été à travailler dans une ferme, où il avait adopté un rythme de vie très régulier — coucher à 22 heures, lever à 5 heures précises — présentait systématiquement, au cours de la nuit, trois périodes de contractions stomacales pendant lesquelles il s'agitait dans son sommeil; il s'éveillait au cours de la troisième, dès l'apparition de contractions tétaniques particulièrement amples, qui débutaient toujours à 5 heures du matin. Mais l'histoire n'a probablement qu'une valeur anecdotique, même s'il est intéressant de se demander comment cette relation a pu s'établir. S'il s'avérait que les périodicités végétatives constituent un maillon d'une chaîne causale aboutissant à l'éveil, encore faudrait-il remonter jusqu'aux maillons initiaux pour découvrir le déterminisme du phénomène. D'aucuns ont suggéré, par ailleurs, que ce dernier était lié aux cycles de sommeil de 90 minutes qui, traces peut-être des cycles du nourrisson, composeraient le sommeil de l'adulte (Zung et Wilson, 1971); mais cette hypothèse n'est pas très explicative en elle-même, et ne rend pas compte du fait que le réveil peut être «programmé» à toute heure.

L'intervention des repères extérieurs paraît, d'autre part, peu probable. Bien sûr, l'organisme endormi peut être sélectivement réveillé par certains bruits subtils: chacun sait que les gémissements d'un bébé dans la chambre voisine réveilleront plus sûrement une mère inquiète que les grondements d'un orage proche. Le sommeil n'abolit pas toute vigilance, il ne fait que la réduire. Mais, d'une nuit à l'autre, les signaux externes ne sont pas nécessairement stables, ni faciles à interpréter. En outre, on a montré que le réveil à heure dite était possible même dans une pièce relativement insonorisée, ou dans un environnement inhabituel (au laboratoire, par exemple). On est donc ramené aux signaux internes, qui, décidément, doivent bien être déterminants. Mais peut-être ne l'ont-ils pas été d'emblée. Pour Fraisse (1967a), c'est grâce à un processus de conditionnement que le mécanisme s'établit. L'organisme se base tout d'abord sur des signaux externes, auxquels s'associent, peu à peu, certains signaux internes concomitants; ceux-ci prennent, en définitive, le contrôle du comportement. Il y aurait donc, au départ, synchronisation entre un double système de signaux, internes et externes; c'est là un exemple parmi d'autres des infinies possibilités d'adaptation de l'organisme aux changements périodiques de l'environnement. Cette interprétation est séduisante; elle cadre bien avec l'augmentation de précision constatée à proximité de l'heure habituelle du réveil, la répétition facilitant vraisemblablement la prise en compte et l'interprétation des signaux organiques. Elle s'accorde également à l'hypothèse très vraisemblable de l'amélioration avec l'âge.

Le temps du rêve

Il est banal de constater qu'un rêve qui, objectivement, n'a pu durer que quelques secondes, contient une multitude d'événements qui semblent s'étaler sur des mois ou des années, et donne l'impression d'avoir duré plusieurs dizaines de minutes, pour le moins. Fraisse (1967a), pour qui la durée subjective du rêve dépend de la quantité et de la complexité des images qui s'y succèdent, ainsi que des significations temporelles qui y sont attachées — une activité dont la durée normale est d'une demi-heure, par exemple, pouvant être évoquée symboliquement par une image unique — rapporte à titre d'exemple un rêve consigné par Sturt (1925); entre les deux coups de cloche destinés à le réveiller, il rêve qu'il donne un cours d'anatomie débutant au premier gong et s'achevant, une heure plus tard, au second. Le rêve, quand bien même il concerne une période d'une heure, s'est réduit à quelques images brèves, suffisamment évocatrices pour donner lieu, au réveil, à toute une élaboration mentale. La disproportion entre temps du rêve et temps de la réalité extérieure a également été confirmée lors de rêves induits sous hypnose. Schjelderup (1960) suggère à un sujet sous hypnose de rêver avant de s'éveiller; le rêve doit commencer à un signal déterminé; un second signal marque la fin de la transe hypnotique. Lorsque le sujet raconte son rêve, l'on s'aperçoit que celui-ci se déroule souvent sur des périodes longues — des heures, parfois même des mois — alors que les deux signaux n'étaient séparés que de quelques secondes.

Que l'on se base sur les estimations de l'intéressé ou que l'on tente de calculer, d'après la relation qu'il fait de son rêve, la durée des événements qui s'y sont déroulés, il est évident que celle-ci peut être infiniment plus longue que la durée objective du rêve lui-même; cette divergence est particulièrement accusée lorsqu'il s'agit de rêves complexes, riches en événements parfois illogiques dans leurs relations temporelles, ou encore de cauchemars teintés d'une forte coloration affective (Moiseeva, 1975). Il semble, d'après la même étude, que la structure plus ou moins complexe et rationnelle du rêve puisse être mise en rapport avec certains types d'activités particuliers au niveau de l'EEG : les rêves simples, à structure temporelle logique, correspondraient plus fréquemment aux ondes rapides caractéristiques du stade de « sommeil paradoxal », tandis que les rêves plus tarabiscotés, ou encore marqués d'une forte charge affective, dans lesquels le temps s'emballe, correspondraient à des activités polymorphes, où aucun pattern stable ne peut être décelé; parfois, cependant, ils sont concomitants d'activités lentes, de voltage élevé[1]. Par ailleurs, le rêve s'accompagne souvent d'une augmentation de l'activité unitaire spontanée dans divers sites sous-corticaux; mais cette augmentation n'est pas systématique, et peut s'assortir d'effets inverses ou inexistants au niveau d'autres structures sous-corticales. Il n'est donc pas facile de spéculer sur des observations de cet ordre. D'après Moiseeva, les rêves dotés d'une structure temporelle logique correspondraient à un plus haut degré de cohérence entre les mesures de l'activité cellulaire dans différentes régions sous-corticales, ainsi qu'entre les mesures d'activité globale aux niveaux cortical et sous-cortical. L'auteur suggère que le nombre des structures cérébrales participant à la formation des rêves à structure pauvre ou inexistante est relativement restreint, ce qui ne serait pas le cas pour les rêves logiquement organisés. Instaurer entre ces deux ordres de phénomènes une relation de cause à effet nous paraît, cependant, extrêmement risqué dans l'état actuel des connaissances.

Les distorsions temporelles à l'intérieur du rêve sont de plusieurs types. Il peut y avoir occurrence simultanée de plusieurs événements incompatibles : on se voit en même temps à deux endroits différents, ou bien, par un curieux phénomène de distanciation, on est à la fois en train de rêver et d'observer « de l'extérieur » le déroulement du rêve. Le renversement des rapports de succession est également chose courante : on se verra débarquer d'un bateau sur une côte étrangère, avant de se surprendre à organiser les préparatifs du voyage. Enfin, il arrive que le temps se contracte autour d'une profusion d'événements qui défilent à toute vitesse, puis s'arrête soudain sur une image interminable.

Mais la présence de telles distorsions n'exclut pas la possibilité d'évaluations plus ou moins précises au réveil. Ainsi des sujets réveillés 5 ou 15 minutes après l'installation d'une phase de sommeil paradoxal réussissent-ils, pour la plupart, à établir si le rêve qu'ils viennent de faire a duré 5 ou 15 minutes (Dement et Kleitman, 1957). Koulack (1968) a confirmé ces faits au cours d'une expérience analogue, où il fournissait au sujet la possibilité de repérer le début de la période à évaluer, ce qui n'était pas prévu dans l'expérience de ses prédécesseurs; pour ce faire, il délivre une série de stimulus cutanés

(6 chocs séparés par des intervalles de 2,5 secondes) au poignet du sujet, dès l'installation de la phase paradoxale ou 3 minutes après le début de celle-ci. Le sujet est ensuite éveillé par un signal sonore 30 secondes ou 3 minutes après la fin de la stimulation, prié de raconter ses rêves éventuels et, s'il a remarqué l'impact de la stimulation cutanée, interrogé sur le temps écoulé entre celle-ci et le signal du réveil. Si l'on en croit Carlson et ses collaborateurs (1978), la durée d'une période de sommeil est évaluée avec plus de précision quand la période en question est primordialement composée de sommeil paradoxal que lorsqu'elle est dominée par un autre stade de sommeil. Le degré de précision obtenu, par ailleurs, ne dépend ni du stade en cours au moment de l'éveil, ni de la position de ce dernier dans le temps. Il reste que cette précision n'a rien de remarquable : éveillés, au cours de trois nuits successives, 60, 30, puis 90 minutes après qu'ils se soient endormis, les sujets de Noble et Lundie (1974) vont jusqu'à surestimer d'environ 45 minutes en moyenne (mais la variabilité interindividuelle est importante) la durée de leur sommeil pendant la première nuit. Leurs estimations s'améliorent au cours des nuits suivantes, mais n'atteignent jamais, en tout cas, la précision que l'on obtient à l'état de veille lorsqu'on prie les sujets d'évaluer des durées semblables. D'autre part, Lewis (1969) fait état d'une tendance générale à sous-estimer, d'environ 30 minutes en moyenne, la durée totale du sommeil nocturne.

Il serait utile de tenter de déterminer sur quels indices se fonde le sujet pour estimer la durée de son sommeil, mais les études faites à ce jour nous apprennent peu de choses à cet égard. Dans ce domaine, d'ailleurs, comme dans celui du réveil « programmé », la littérature scientifique est plutôt maigre, et les conclusions peu étoffées. Nous nous contenterons donc de retenir que, même s'il existe une différence appréciable entre les évaluations temporelles relatives aux périodes de veille et de sommeil, l'homme — et, pourquoi pas, l'animal — reste capable d'apprécier la durée d'une période pendant laquelle il n'est pas conscient. Les bases de temps internes, quelle que soit leur nature, ne sont pas mises hors circuit lorsqu'on s'endort.

Le temps sous hypnose

Il est plusieurs façons de vérifier la précision avec laquelle un sujet sous hypnose évalue la durée. On peut lui demander d'accomplir une action déterminée un certain temps après la fin de la transe hypnotique. On peut le prier de « se réveiller » exactement trois minutes plus tard. On peut encore lui suggérer qu'il est en train de jouer aux cartes, et que la partie sera terminée dans un délai de vingt minutes, puis l'interroger après la transe sur la durée de cette activité. Les jugements temporels sont généralement d'une grande précision — précision que Loomis (1951), après examen d'un certain nombre d'études assez anciennes, juge supérieure à celle que l'on obtient du même sujet en dehors de ces conditions particulières. On attend cependant plus ample confirmation, car des opinions contradictoires s'affrontent sur ce point.

A l'encontre de ces jugements temporels en bonne entente avec la réalité, on peut obtenir des estimations complètement erronées. Il suffit, par exemple, de suggérer au sujet qu'il effectue un travail d'un quart d'heure, puis de l'interrompre quelques secondes plus tard; il soutiendra, après la transe, que son activité a bien duré quinze minutes. Mais, si l'on y réfléchit, cette distorsion de la durée subjective n'a rien d'étonnant, étant donné la diversité des choses inexactes qui, sous hypnose, peuvent faire l'objet d'une suggestion efficace.

On a tenté de retrouver dans ce contexte l'influence bien connue de l'ennui ou de la focalisation attentionnelle sur la durée subjective. Celle-ci s'allonge en effet si l'on suggère au sujet qu'il est en train de s'ennuyer ferme; Geiwitz (1964) l'a vérifié avec des intervalles de 5 et 10 secondes. Par contre, Goldstone et ses collaborateurs (1959) n'obtiennent pas de différence significative selon qu'ils demandent à leurs sujets hypnotisés de se concentrer sur un son ou sur une lumière qui leur sont simultanément présentés pendant une période de 1 seconde, puis d'évaluer la durée de chacun; c'est plutôt à l'intensité de la stimulation que revient le rôle prépondérant dans ces conditions. Aaronson (1968), de son côté, utilise un métronome battant uniformément à la cadence de 1 par seconde, et suggère à ses sujets qu'il bat tantôt vite, tantôt lentement; le comportement sous hypnose semble changer de rythme en fonction de la suggestion.

Enfin, on a montré que le niveau de performance dans une tâche particulière dépendait du temps que le sujet pensait pouvoir y consacrer. Ainsi, quelqu'un à qui l'on suggère qu'il dispose de dix minutes pour apprendre par cœur une liste de mots, alors que trois minutes seulement lui sont effectivement allouées, obtient un score comparable à celui qui se voit réellement accorder dix minutes, que ce dernier soit sous hypnose ou non (Krauss et al., 1974). Pourtant, des résultats négatifs ont également été obtenus avec des techniques similaires (Barber et Calverley, 1964; Edmonston et Erbeck, 1967), si bien qu'il est difficile de conclure sur ce point. Peut-être la profondeur relative de la transe hypnotique est-elle responsable des divergences relevées; ce facteur est malaisé à contrôler. Peut-être aussi conviendrait-il de tenir compte de la variable « expérimentateur », dont on s'attache rarement à cerner l'importance. Lorsque l'expérimentateur induit la transe hypnotique, il sait ce qu'il aimerait obtenir de son sujet; il n'est donc pas évident qu'il adopte toujours rigoureusement la même attitude dans toutes les conditions expérimentales, indépendamment même de sa propre volonté.

Temps et psychopathologie

Psychopathologie et distorsions temporelles sont souvent liées. On en trouve des illustrations manifestes dans la schizophrénie, par exemple, ou encore dans le syndrome de Korsakoff, dont les deux composantes principales sont l'amnésie et la désorientation dans le temps. Bien souvent, le malade ne se rappelle plus à quelle époque de sa vie tel événement s'est produit, combien de temps il a duré; il n'arrive plus à rétablir les faits dans leur ordre de succession normal. Il se donne un âge fantaisiste, ignore complètement la date, ou même le siècle en cours. Aux désorientations temporelles de tous ordres et de toute ampleur s'ajoutent parfois des impressions de « déjà vu »[2] ou de « jamais vu » : le malade est persuadé d'avoir déjà vécu la même situation, alors que c'est objectivement impossible, ou, à l'inverse, de n'avoir jamais rencontré une personne qu'on lui a présentée la veille.

Mais si les désorientations temporelles donnent lieu à des descriptions saisissantes, qui laissent peu de doutes sur l'étendue des troubles, rien ne prouve cependant que l'évaluation de la durée soit affectée de façon directe. La maladie s'exprime par de multiples biais; les troubles temporels sont noyés dans un ensemble d'autres symptômes de natures diverses, et ne semblent pas requérir une interprétation spécifique. On chercherait vainement à associer tel déficit temporel précis à telle maladie particulière; les mêmes symptômes peuvent se retrouver à travers des catégories nosologiques variées, ou être absents chez certains malades présentant un tableau psychopathologique par ailleurs typique. En outre, les troubles de personnalité suffisent souvent à expliquer les aberrations temporelles, surtout lorsque interfèrent des notions relevant de la chronométrie conventionnelle. On peut imaginer que les questions de date, d'heure, de saison, ont peu de sens pour un schizophrène perdu dans son monde intérieur.

Il faut d'ailleurs préciser que les impressions de dépersonnalisation, d'irréalité, de désorientation temporelle ressenties par le malade ne s'accompagnent pas nécessairement de déficits significatifs sur le plan du jugement de durée. Cappon et Banks (1964) l'ont vérifié dans une étude très complète, comparant trois méthodes d'évaluation et quatre durées comprises entre 7,5 secondes et 45 minutes chez des malades psychiatriques, les épreuves étant appliquées soit en conditions normales, soit dans un contexte plus ou moins perturbant: privation sensorielle, privation de sommeil, etc. Des résultats négatifs ont également été récoltés, avec des intervalles de 0,5 à 10 secondes, évalués par production, reproduction ou estimation verbale (Warm et al., 1963), ou encore avec un intervalle de 15 secondes jugé par reproduction (Lehmann, 1967), chez des patients atteints de diverses affections névrotiques ou psychotiques. Pourtant, plusieurs auteurs s'accordent sur le fait que la durée subjective s'allonge pour les malades profondément déprimés (Mezey et Cohen, 1961; Melges et Fougerousse, 1966), et s'accélère au contraire chez les schizophrènes (Lhamon et Goldstone, 1956; Weinstein et al., 1958; Lhamon et al., 1965). Il est vrai que, dans ce dernier cas, un changement de méthode empêche l'un des auteurs de retrouver des résultats significatifs avec un groupe de sujets semblables (Goldstone, 1964)... Cet exemple laisse soupçonner l'importance des choix techniques, en psychopathologie plus encore qu'ailleurs; ainsi, la méthode d'estimation verbale paraîtra particulièrement inadéquate si l'on pense qu'elle suppose la médiation du langage, dont le contenu sémantique peut être lui-même objet de distorsions. Un autre point crucial a rapport au « contenu » de l'intervalle, soit qu'il dépende des seules pensées du malade, soit qu'il soit imposé de l'extérieur: on s'en aperçoit dans l'étude de Pearl et Berg (1963), requérant l'estimation verbale de la durée de projection de certaines images, présentées au tachistoscope (un appareil qui permet de présenter des vues pendant un laps de temps très bref) durant 5 à 30 secondes chacune. Le contenu des images évoque pour le sujet des problèmes personnels plus ou moins cuisants; les images sont classées en trois rubriques, « sexe », « agression » et « dépendance ». Il s'avère que la surestimation du temps réel est en relation avec le contenu conflictuel chez les schizophrènes, mais non chez les sujets normaux; le jugement temporel des premiers paraît plus perturbé en présence des vues qui concernent de près leurs difficultés propres. Enfin, lorsqu'on demande aux malades d'effectuer une tâche motrice, la nature de la tâche et l'intérêt relatif qu'elle risque de susciter sont des facteurs aussi importants à considérer que l'affection pathologique elle-même. Là aussi, les résultats

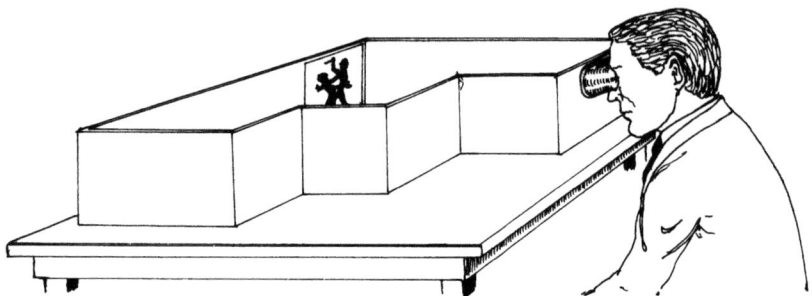

Figure 11. Présentation de vues au tachistoscope.

sont d'interprétation difficile. Pour ne prendre qu'un exemple récent, citons la recherche de Densen (1977) qui, faisant choix d'intervalles de 5, 10, 30 et 120 secondes occupés par diverses tâches motrices, obtient d'un groupe de schizophrènes une surestimation des trois premiers délais, mais une nette sous-estimation du dernier.

Les techniques du conditionnement operant ont aussi été exploitées en milieu hospitalier (Denys et Richelle, 1965). Un programme DRL 14 secondes a mis au jour des différences notables entre le niveau de performance d'un groupe de sujets normaux et celui d'un groupe de 80 malades. Diverses catégories nosologiques étaient représentées, de la schizophrénie à la débilité mentale, en passant par la paranoïa, la cyclothymie, la psychose hallucinatoire chronique. Les malades se révèlent moins précis, moins constants dans leurs réponses, et leur performance s'améliore difficilement avec l'apprentissage. La technique choisie, par la lumière qu'elle projette sur ce dernier facteur, se révèle plus sensible que les méthodes usuelles. Le programme DRL supposant une régulation temporelle continue — la tâche se poursuivait 15 minutes sans interruption — est particulièrement bien placé pour mettre au jour un déficit qui semble bien toucher davantage l'intégration des comportements successifs, au cours de périodes relativement longues, que la simple évaluation de durées brèves et relativement isolées.

Un fait, au moins, se répète avec constance quelle que soit la méthode utilisée, c'est l'augmentation très marquée de la variabilité interindividuelle dans les groupes psychopathologiques. La tendance moyenne couvre toujours d'importantes différences quantitatives d'un sujet à l'autre, et une tendance opposée se manifeste fréquemment dans un certain pourcentage de cas. Le même phénomène apparaît lorsqu'on demande au malade d'évaluer une durée de plusieurs dizaines de minutes, en l'occurrence celle de l'entretien qu'il vient d'avoir avec le médecin: si l'on note généralement une sous-estimation plus ou moins prononcée chez les schizophrènes (Rabin, 1957; Orme, 1964, 1966; Lehman, 1967), ainsi que chez les déprimés, les hypomaniaques et les malades atteints de troubles cérébraux organiques (Lehman, 1967), la tendance inverse transparaît chez un nombre appréciable de sujets à l'intérieur de chaque catégorie nosologique, et est, par ailleurs, dominante chez les schizophrènes d'un certain âge (probablement internés depuis de nombreuses années).

Un bilan prudent des recherches psychopathologiques dans le domaine du temps se bornera donc à retenir comme seule fiable la tendance à l'augmentation de la variabilité interindividuelle. Mais il se doit aussi de souligner deux handicaps inhérents à ce type de recherches. D'abord, les malades sont souvent soumis à une médication plus ou moins sévère. Quand on sait, par exemple, que les tranquillisants ont pour effet d'allonger la durée subjective, bien des résultats avancés comme significatifs de l'atteinte psychotique paraissent immédiatement suspects. Trop rares sont les auteurs qui prennent soin de travailler avec des malades ne recevant aucun médicament, au moins à l'époque de l'expérience. Ensuite, le rôle de l'hospitalisation elle-même dans les déficits constatés n'est peut-être pas négligeable. L'absence de différenciation, dans les résultats aux épreuves temporelles, entre catégories nosologiques dont les symptômes sont pourtant bien distincts, ne manque pas d'attirer l'attention sur ce facteur. La plupart des études comparent un groupe de malades hospitalisés, atteints d'affections diverses, à un groupe contrôle de sujets normaux, non hospitalisés. Goldfarb et ses collaborateurs (1974) soulèvent cet important problème après avoir constaté que les alcooliques chroniques, dans leur performance à diverses épreuves temporelles impliquant des intervalles variés occupés ou non par des activités motrices, ne se distinguent pas des patients atteints de maladies psychiatriques classiques, les uns et les autres ayant comme trait commun de séjourner en milieu hospitalier. Il faut remarquer à ce propos qu'un malade dont l'insertion dans le milieu social est gravement perturbée risque de perdre non seulement la plupart des synchroniseurs sociaux dont nous tirons normalement profit, mais encore le sentiment même de leur utilité, ce qui ne peut que favoriser la désorientation temporelle. Souvent, d'ailleurs, les malades hospitalisés en milieu psychiatrique oublient plus vite la date que l'heure des repas; celle-ci a manifestement plus d'intérêt pour eux que celle-là, à moins qu'ils puissent prévoir le jour de leur sortie. On a avancé également que la tendance fréquente des malades mentaux à nier leur âge réel ou les années passées à l'hôpital, en s'attribuant l'âge qu'ils avaient à leur entrée, par exemple, et en réduisant à quelques mois la durée de leur internement, correspondait à un mécanisme de défense qui leur faisait rayer du champ de la conscience une période pénible de leur vie, pour se reporter à une époque plus gratifiante. Si l'on en croit Chessnik (1957), de nombreux malades se jugeraient «victimes du temps». Aux psychiatres et psychanalystes d'apprécier cette interprétation.

On a remarqué par ailleurs qu'il pouvait y avoir conflit entre les «impressions directes» du malade et le raisonnement qu'il se tient. Ainsi, Doob (1971), sur la base d'une étude de Bouman et Grünbaum (1929), cite des extraits d'une conversation entre médecin et malade; ce dernier, atteint de troubles psychotiques, avoue ne pas comprendre comment son neveu a fait pour grandir si rapidement: âgé de deux ans d'après lui, il a pourtant toute l'apparence d'un garçon de vingt ans (le neveu a, en fait, vingt-deux ans révolus). Le même patient, interrogé sur le nombre d'heures contenues dans un jour et une nuit, déclare qu'il y en avait vingt-quatre auparavant, mais que, à son avis, le nombre d'heures a maintenant diminué; et quand on lui demande comment cela se fait, il a cette jolie réponse: «Je ne comprends pas le temps». Comme le suggère Doob, ce qui manque aux malades mentaux est peut-être seulement le mécanisme de correction grâce auquel nous arrivons à concilier nos impressions contradictoires quant à l'écoulement du temps; pour nous aussi, le temps passe parfois vite et parfois lentement, mais nous admettons qu'il ne peut en être ainsi. Le déficit psychopathologique se situerait donc plus spécialement sur le plan cognitif.

On peut enfin se demander si les troubles temporels constatés sont nécessairement liés à une atteinte mnésique. Ajuriaguerra et ses collaborateurs (1967) répondent par la négative à cette question, au terme d'une étude méticuleuse fondée sur la comparaison d'un groupe de patients hospitalisés pour démence sénile ou démence dégénérative, et d'un groupe de pensionnaires d'une maison de retraite, ne souffrant pas de désorientations temporelles ou spatiales. L'âge des sujets est compris entre 64 et 90 ans. Des épreuves variées leur sont proposées, allant des reproductions de structures rythmiques aux estimations verbales de durées de plusieurs dizaines de minutes, en passant par l'appréciation de la simultanéité et de l'ordre de succession des événements, de la durée d'événements statiques ou dynamiques, etc. Bon nombre de ces épreuves sont empruntées à la méthodologie piagétienne, ainsi qu'une batterie d'autres tests destinés à vérifier la conservation de l'espace et des quantités physiques, et, par ce biais, la capacité opératoire générale des sujets. Le choix de cette méthodologie particulière permet aux auteurs de retrouver chez les déments tous les stades opératoires définis par Piaget chez l'enfant. On recueille, dans les épreuves mettant en jeu les relations temps-espace-vitesse, par exemple, le même type d'arguments que ceux avancés par l'enfant pour soutenir ses conclusions, et les mêmes contradictions marquent parfois les raisonnements explicités. La comparaison avec les données génétiques est toutefois limitée par le fait qu'il arrive fréquemment aux malades de passer plusieurs fois d'un stade à l'autre dans le cadre d'une même épreuve, et de fournir une réponse correcte en l'étayant d'arguments faux. Il semble que certaines données apprises sont maintenues automatiquement chez les déments, sans plus s'appuyer sur les raisonnements logiques qui ont permis leur acquisition lors du développement génétique. La comparaison des deux groupes de sujets permet, par ailleurs, de constater que les opérations temporelles sont plus perturbées chez les déments que chez les pensionnaires de la maison de retraite, même lorsque le niveau opératoire général accuse une atteinte du même ordre chez les uns et les autres. Pourtant, ce n'est pas à l'amnésie qu'il faut attribuer la responsabilité des déficits temporels particuliers aux malades. L'ampleur de ces déficits est sans rapport avec la gravité de l'atteinte mnésique, laquelle n'influe directement que sur les perturbations liées à l'usage de la chronométrie conventionnelle et à l'orientation du sujet par rapport au présent, à l'avenir, au passé — connaissance de la date, de l'âge d'un parent, etc. Sur le plan psychophysique, les difficultés rencontrées par les déments concernent prioritairement les aspects dynamiques du problème temporel. Les durées relatives d'éclairement de deux lampes, la simultanéité ou la succession de leur allumage respectif sont correctement appréciées parce qu'il s'agit là d'événements statiques[3]; les erreurs se multiplient, par contre, dès qu'il y a interférence cinématique, dès que les paramètres de durée entrent en conflit avec les indices de vitesse, de position spatiale, comme lorsqu'il s'agit d'évaluer la durée de déplacement relative de deux mobiles quittant ou atteignant des points différents à vitesses inégales.

Il faut donc admettre que les opérations temporelles constituent une cible toute particulière pour la démence sénile, et ce en raison de leur caractère dynamique: elles concernent des transformations continues, impossibles à morceler en éléments discrets. Peut-être cette interprétation doit-elle être étendue aux autres catégories psychopathologiques. Par ailleurs, l'étude de Ajuriaguerra et collaborateurs apporte une autre information intéressante, concernant cette fois les structures rythmiques: reproduites avec succès tant qu'elles ne comportent pas plus de cinq éléments et que leur durée n'excède pas 2,5 secondes, elles font apparaître, au-delà de ces limites, des perturbations dont l'ampleur correspond assez bien au niveau opératoire du sujet. On pense immédiatement aux frontières du présent psychologique, à la distinction entre perception et estimation de la durée, qui ne cesse décidément jamais de prouver sa fécondité. Lorsque les structures rythmiques à reproduire dépassent le cadre du présent perçu, le déficit touche d'ailleurs bon nombre de catégories nosologiques; les malades ne sont pas capables de reproduire des séquences rythmiques aussi longues que les sujets normaux. Ce trouble dépendrait au premier chef des processus attentionnels; il peut aussi, dans les cas plus restreints de lésions corticales, provenir d'une perturbation des capacités d'intégration du successif en unité (Fraisse, 1967a).

Le temps dans les expériences de privation sensorielle

L'expérience de Michel Siffre a déjà été évoquée; isolé deux mois durant dans un gouffre des Alpes Maritimes, il sous-estimait de près de la moitié, à sa sortie, la durée de son séjour sous terre. De plus, prié de compter quotidiennement jusqu'à 120 au rythme de 1 par seconde, il compte de jour en jour plus lentement, s'exécutant en 142 secondes en début de séjour, mais en 215 secondes après un mois d'isolement.

Il est possible que ces erreurs considérables aient été induites par les conditions de température régnant dans le milieu souterrain, lesquelles auraient entraîné une légère baisse de la température corporelle, et, par suite, un ralentissement des processus métaboliques — nous allons le voir, l'influence de la température sur la durée subjective est très vraisemblable. Cependant, la même tendance se retrouve dans d'autres expériences menées à température normale, et supposant une privation sensorielle plus ou moins importante. Ainsi, Vernon et Mc Gill (1963) font état d'une sous-estimation d'environ 10 % pour un séjour moyen de 54 heures et 25 minutes dans une recherche portant sur une trentaine d'étudiants isolés individuellement dans une pièce obscure et insonorisée, et, de surcroît, portant des gants destinés à réduire leurs sensations tactiles. L'expérience a, en fait, duré 8 à 96 heures selon les sujets, qui avaient la permission d'y mettre fin dès qu'ils le désiraient. Il faut relever la présence d'une assez grande variabilité interindividuelle. Interrogés au terme de l'expérience, les sujets déclarent que leur évaluation du temps reposait sur des indices physiologiques divers: la croissance de la barbe, les sensations de faim, les fonctions excrétoires, etc. Comme le fait remarquer Ornstein (1969), cette étude aurait dû comporter un contrôle de l'évaluation de la durée en dehors de toute privation sensorielle; rien ne dit que les sujets choisis étaient capables de jugements temporels plus précis dans les conditions normales. Banks et Cappon (1962), dont le travail n'est pas entaché de cette lacune, obtiennent des résultats concordants, mais pour une période-test beaucoup plus brève (1,5 heure).

C'est à la sous-estimation que conclut également l'expérience de Jirka et Valoušek (1967), portant sur 3 spéléologues privés de repères temporels pendant un séjour de trois semaines dans une grotte, et chargés d'évaluer des périodes de trois heures, consacrées soit au travail, soit au repos, soit au sommeil. Les jugements temporels semblent perdre de leur précision à mesure que le temps passe: l'erreur augmente, en moyenne, de 7,2 minutes par jour. Sous-estimation encore dans les recherches sur le confinement en caisson (van Wulfften Palthe, 1968): allongés dans cet habitacle étroit, obscur et insonorisé, les sujets trouvent généralement le temps long, ce qui ne les empêche pas d'évaluer à 19 heures seulement une réclusion de 32 heures, par exemple. Pour un stage d'une heure en caisson, les estimations varient entre 24.% (moins de 15 minutes!) et 75 % de la durée réelle.

Les études collectives donnent des résultats plus ambigus. Thor et Crawford (1964) travaillent sur un groupe de sujets, hommes, femmes et enfants, soumis ensemble à des conditions de privation relative pendant près de deux semaines; la nourriture et le confort leur sont mesurés, et ils ne disposent d'aucun repère extérieur pour apprécier le cours du temps. Néanmoins, il est probable que des facteurs sociaux jouent, au cours de leur vie communautaire, le rôle de synchroniseurs externes, ce qui explique le peu d'influence qu'ont certaines variables — l'âge, par exemple — sur les jugements individuels. En moyenne, ceux-ci accusent une sous-estimation de 40 minutes le matin, et une surestimation de 112 minutes le soir, lorsqu'il s'agit pour les sujets d'évaluer l'heure à ces deux périodes de la journée. Répétée sur 17 enfants âgés de 7 à 12 ans, enfermés pendant une semaine avec deux adultes seulement, l'expérience montre, au premier abord, une tendance à surestimer l'heure du jour, mais l'effet inverse est obtenu après quelque temps; d'autre part, il y a surestimation de la durée de signaux visuels compris entre 4 et 20 secondes, mais rien de tel en ce qui concerne les signaux auditifs (Crawford et Thor, 1967).

A travers cette expérience s'inscrit donc, une nouvelle fois, la nécessité de traiter sur deux plans différents les durées longues et brèves. En ce qui concerne ces dernières, Marum (1968), avec une technique de privation sensorielle un peu particulière — l'immersion des sujets, jusqu'au cou, dans un réservoir d'eau — conclut que tout dépend de la gamme d'intervalles choisis : pour une distribution comprise entre 2 et 32 secondes, les durées les plus courtes sont surestimées tandis que les plus longues subissent l'effet inverse. En fait, ces tendances sont comparables à celles que l'on observe dans les conditions normales ; leur ampleur varie seulement avec la méthode utilisée et la durée testée.

Ces deux dernières recherches obligent donc à reconnaître que rien n'est clair à l'égard des durées brèves. Mais, s'agissant des périodes d'au moins une heure, le ralentissement du temps subjectif s'affirme comme une constante des expériences de privation sensorielle ; il y a peu d'exceptions. Bien plus, la sous-estimation massive obtenue dans ce cas est assez comparable : l'estimation que fait le sujet de la durée de son isolement est égale à 50 ou 60 % de la durée réelle. Les faits sont là, en mal d'interprétation. Jusqu'à présent, l'explication la plus satisfaisante qui en ait été donnée met en cause la quantité d'informations réduite que le sujet a à traiter dans ces conditions : réduction du nombre des changements perçus pour Fraisse (1967a), de la dimension du stockage pour Ornstein (1969) — voir chapitre 7. Mais on reste un peu sur sa faim en face des témoignages de ceux qui, après leur passage en caisson, déclarent qu'ils ont trouvé l'expérience très agréable parce qu'ils avaient tout le temps de réfléchir et de rêver à une foule de choses... Ils n'en ont pas moins sous-estimé la durée de leur confinement. Pourquoi n'obtient-on pas l'effet inverse, s'ils ont si abondamment meublé leur réclusion ? L'allongement du temps subjectif ne dépendrait-il donc que de la carence des seuls événements extérieurs ? Mais, en dissociant stimulus internes et externes, on restreint l'hypothèse de départ, qui risque alors de ne plus s'adapter aux faits de portée plus générale.

Les effets pharmacologiques

S'ils traduisent les distorsions des processus d'évaluation de la durée dans leurs diverses manifestations, les effets observés suite à l'administration de médicaments, de drogues et d'autres produits dont on reconnaît l'action sur le système nerveux central ne sont jamais spécifiques, et ne laissent pas de faire penser au rôle médiateur du niveau d'éveil. On n'a pas, à ce jour, découvert de drogue qui agisse sélectivement sur le temps subjectif. Selon toute probabilité, une telle découverte, dont on imagine sans peine le bond en avant qu'elle ferait effectuer à la recherche, n'est malheureusement pas pour demain.

Sur le plan expérimental, les études qui s'accordent à montrer l'accélération du temps subjectif sous l'action des stimulants ou sa décélération sous l'effet des tranquillisants sont nombreuses, et l'on a testé un large éventail de produits. Dans la catégorie des tranquillisants, le choix des auteurs s'est le plus souvent porté sur la scopolamine, le chlordiazepoxide, le secobarbital, le pentobarbital, le meprobamate, le sodium amytal; parmi les excitants, on trouve surtout les amphétamines et la caféine. Outre les méthodes classiques d'estimation verbale, de production et de reproduction, les auteurs se sont intéressés aux effets obtenus sur le rythme de frappe ou la vitesse de comptage, et ont, à l'occasion, utilisé, chez l'homme comme chez l'animal, des programmes de conditionnement temporel (ainsi Laties et Weiss, 1962). Le choix de la méthode est important; on peut penser, par exemple, que la méthode de reproduction est moins fiable que les autres, car les effets du produit administré concernent à la fois l'évaluation de l'intervalle standard et la reproduction elle-même, et il est difficile de démêler ce qui tient à l'une et à l'autre (Costello, 1961). Mais d'autres facteurs sont à considérer, et, en premier lieu, la longueur de l'intervalle testé. Ainsi, on a constaté un ralentissement du temps subjectif sous scopolamine pour des intervalles compris entre quelques secondes et quelques minutes, et, chez les mêmes sujets appliquant la même méthode d'estimation verbale, un effet inverse pour un délai nettement plus long (Heimann, 1952). De même, certaines variables expérimentales — comme le fait de renseigner ou non le sujet sur la précision relative de son jugement — modifient les effets du secobarbital sur la durée produite lorsque celle-ci est de 10 secondes, mais non de 1 seconde (Rutschmann et Rubinstein, 1966).

La tendance à surestimer ou à sous-estimer le temps, obtenue par les moyens pharmacologiques, dépendra aussi, en partie, de la tendance manifestée par le sujet dans son état normal. C'est peut-être ce qui explique, en plus de la sensibilité individuelle au produit testé, l'incohérence des résultats récoltés par certains. A l'encontre des conclusions habituelles, Lehmann (1967) ne relève aucun penchant systématique à la sur- ou sous-estimation après administration de dextroamphétamine; Goldstone (1964) confirme l'effet classique d'un tranquillisant particulier sur la production d'intervalles de quelques secondes, mais il n'obtiendra rien de semblable, chez les mêmes sujets, avec un second produit pourtant classé dans la même catégorie[4].

Dans l'arsenal des produits testés, l'alcool pose quelque problème : on ne sait s'il faut qualifier ses effets d'excitants ou de tranquillisants. Tout dépend de la dose et de l'individu choisis (voir, par exemple, Kirkham et al., 1962). Le caractère temporaire ou chronique de l'état alcoolique est également crucial; témoin l'étude de Goldstone et collaborateurs (1977) concernant des malades hospitalisés dans le cadre d'une cure de désintoxication. Ces malades ont consommé de l'alcool en quantité importante pendant au moins dix ans, et de façon excessive, en particulier, au cours des deux dernières années. Ils sont testés après au minimum deux semaines d'abstinence. L'expérience, qui implique la classification de stimulus visuels ou auditifs en fonction de leur durée, et la comparaison de stimulus présentés par paires, montre un déficit central plutôt que sensoriel; les auteurs le décrivent comme une réduction de l'information temporelle transmise, qui retentirait sur la précision et la stabilité du jugement temporel ainsi que sur l'orientation dans le temps. Par contre, des sujets buvant plus modérément, testés après absorption d'alcool, ne présentent pas de déficit particulier sur le plan du traitement de l'information temporelle (Goldstone et al., 1978). D'ailleurs, la régulation temporelle obtenue dans un programme DRL 24 secondes chez l'homme, et 20 secondes chez le rat, n'est pas plus détériorée dans l'un ou l'autre cas par l'administration d'alcool à doses modérées; c'est ce qu'ont montré Laties et Weiss (1962), confirmant ainsi, pour ce qui est du rat, les données obtenues par Sidman (1955) quelques années auparavant.

Chez l'animal, les programmes de conditionnement temporel, en particulier les programmes FI et DRL, ont fourni une assise solide aux expériences pharmacologiques; ils permettent de travailler sur la base d'indices de performance quantifiables et sensibles à la moindre perturbation de l'état physiologique du sujet (voir, par exemple, Weiss et Laties, 1964). Mais, ici encore, la non-spécificité des effets est de règle. L'altération du niveau de performance est secondaire aux modifications du débit de réponses, qu'il est classique de voir croître sous l'influence des excitants et décroître sous l'effet des tranquillisants. On comprendra que la performance conditionnée en programme DRL, par exemple, se ressente d'une agitation globale qui se traduit, à l'intérieur de la cage expérimentale, par des appuis trop fréquents sur le levier. A l'inverse, un certain degré d'apathie peut favoriser l'espacement des réponses requis par le programme, et améliorer ainsi le niveau de performance. Mais, si l'apathie est trop prononcée, c'est à l'absence totale de réponses qu'elle risque d'aboutir, c'est-à-dire à une détérioration complète des conduites conditionnées. Tout dépend, bien entendu, des doses administrées et des délais exigés. Le choix du programme est également capital. Ainsi, il semble que la performance conditionnée en programme DRL soit plus «résistante» aux effets pharmacologiques que la performance en programme FI. Cela s'explique aisément si l'on tient compte du fait que l'augmentation du débit de réponses est sans conséquence sur le pourcentage de renforcements obtenus dans le programme FI: elle s'y produira donc sans problèmes, alors que, si l'animal donne libre cours à son agitation en programme DRL, il peut lui en coûter de ne plus récolter un seul renforcement (Richelle et al., 1962). Outre ces différents facteurs, les variables individuelles sont également à prendre en considération (voir, par exemple, l'étude de Fontaine, 1965, sur les effets de l'hydroxyzine chez le chat en programme FI), et en particulier le niveau de base de la performance conditionnée au moment où le produit est administré (Dews et Wenger, 1977): ainsi, il arrive qu'un produit qualifié d'«excitant», tout en provoquant une augmentation d'un débit de réponses originellement bas, réduise au contraire un débit de réponses initialement élevé. Par ailleurs, il n'est pas rare que l'aspect proprement temporel de la performance soit préservé malgré une altération manifeste du débit de réponses; tous les indices de performance disponibles, et notamment la distribution des intervalles inter-réponses en programme DRL, doivent donc être soigneusement confrontés.

En définitive, les expériences pharmacologiques entreprises dans le cadre du conditionnement temporel apportent moins d'indications sur les processus sous-tendant les régulations temporelles que de précisions sur la gamme de conduites qu'affecte chaque produit; il est intéressant, par exemple, de s'apercevoir qu'un médicament comme le chlordiazepoxide, classé dans la catégorie des tranquillisants, et entraînant effectivement, chez le chat et le rat, une diminution marquée de l'activité générale (hypotonie musculaire, somnolence, suppression des manifestations agressives, ...) induit paradoxalement un accroissement du débit de réponses en programme FI et DRL chez ces deux espèces (Richelle, 1962; Richelle et al., 1962). La détérioration des régulations temporelles obtenue dans ces conditions serait-elle due à l'action myorelaxante du chlordiazepoxide —

hypothèse qui prendrait tout son sens s'il s'avérait que les indices proprioceptifs ou moteurs ont un rôle important dans ce type de conduites? Les auteurs suggèrent cette possibilité. On ne peut que les suivre, en tout cas, lorsqu'ils indiquent la nécessité d'assortir la description des propriétés pharmacologiques d'un produit de références précises aux types de comportements étudiés, et incitent à la prudence les psychopharmacologues préoccupés d'extrapoler ces propriétés à l'espèce humaine.

Les chercheurs se sont, par ailleurs, penchés avec intérêt sur les drogues dites «psychotomimétiques», «psychotropes», ou encore «psychédéliques». On sait que leurs effets sont extrêmement variés. Dans le livre qu'ils consacrent à «l'expérience psychédélique», Masters et Houston (1966) déroulent en plus d'une demi-page ce qu'ils estiment n'être qu'un résumé succinct des effets du LSD; outre les altérations du temps et de l'espace, on y trouve des modifications touchant les sphères auditive, visuelle, tactile, olfactive, gustative et kinesthésique, des changements de l'image du corps, des changements du contenu mental et de la vitesse à laquelle les perceptions ou les pensées se succèdent, des hallucinations, des changements d'humeur subits, des impressions de dépersonnalisation, des sentiments de plaisir ou d'angoisse... Il faut noter que ces effets sont décrits sur la base de nombreuses observations différentes, et qu'ils ne sont pas nécessairement présents après toute prise de drogue. Certains se manifestent lors de la première tentative, puis sont remplacés par d'autres si l'expérience est répétée.

Il ressort de cette nomenclature que les distorsions temporelles ne sont qu'un symptôme très partiel noyé dans une foule d'autres effets de toutes natures. D'ailleurs, leur description occupe généralement peu de place dans les récits spontanés et les comptes rendus d'expériences. Certains détails reviennent néanmoins avec insistance. Il est classique de dire que le temps se contracte (c'est la «chronosystole»), qu'un moment paraît durer une éternité — ou encore, que le temps s'arrête, qu'il n'existe plus. La principale responsable des désorientations temporelles, c'est peut-être une curieuse impression de discontinuité (Melges et al., 1970): les mouvements paraissent hachés; un geste en train de s'achever semble avoir débuté bien longtemps auparavant, à un moment qu'il est difficile de préciser, et le sujet a souvent l'impression d'un conflit entre ses perceptions immédiates et le fruit de réflexions qu'il voudrait rationnelles — cela donne quelque chose du genre: «Je touche ce verre posé sur la table... Quand donc ai-je commencé à tendre la main vers lui? On dirait que des minutes, des heures se sont écoulées depuis cet instant, et pourtant il doit y avoir à peine deux secondes... » Ou bien il répond à une question qui vient de lui être adressée tout en se demandant depuis combien de temps son interlocuteur a terminé sa phrase. En fait, on trouve toutes les formes possibles de distorsion du temps subjectif (Kenna et Sedman, 1964).

Il faut néanmoins préciser que les troubles temporels, s'ils sont bien établis dans le cas des durées longues, paraissent beaucoup moins évidents pour les intervalles brefs: ici encore, les deux cas doivent être dissociés. Sous mescaline ou LSD, les sujets de Mitrani et collaborateurs (1977) produisent des jugements temporels tout à fait comparables à ceux qu'ils avaient donnés deux jours avant la prise de drogue, pour une gamme de durées comprises entre 0,3 et 1 seconde. Pourtant, ils déclarent tous avoir perdu la notion du temps pendant l'expérience. Le plus souvent, il est vrai, on note une accélération du temps subjectif (Benda et Orsini, 1959), mais un effet inverse peut se manifester (Deshon et al., 1952) quel que soit le produit choisi, et, de toute façon, les variations intra- et interindividuelles sont considérables. Il faut aussi tenir compte du fait que le sujet garde la capacité de juguler les effets de la drogue (du moins des drogues « légères » comme la marijuana et le hachisch), et ce d'autant plus que son habitude est plus grande. Ce fait, validé par de nombreux témoignages individuels, a reçu une confirmation expérimentale partielle (Cappell et Pliner, 1973): la tendance à la surestimation mise au jour dans une épreuve d'estimation verbale portant sur des délais de 50, 90 ou 150 secondes, consacrés à l'écoute de musique enregistrée, s'est trouvée fortement réduite lorsque les sujets furent priés de surmonter autant que possible les effets de la marijuana. Par contre, le déficit constaté dans un test de mémoire, où il s'agissait de se remémorer correctement une liste de 40 mots, n'a pu être compensé suite à ces instructions. C'est aussi en termes d'efforts accomplis par le sujet pour corriger un jugement temporel qu'il sent susceptible de distorsions que Lehmann (1967) interprète la grande précision dont il est témoin dans une tâche de production et de reproduction d'un intervalle de 15 secondes, exécutée après administration de psilocybine, le principe actif de certains champignons mexicains [5].

Reste que, pour les périodes longues et en dehors des cas où le sujet s'acharne à combattre ces effets, le temps subjectif est profondément affecté par la prise de drogue; il faut donc tenter d'expliquer ce phénomène. De l'avis de Fischer (1967), la chronosystole pourrait résulter d'une augmentation de la quantité de données que traite l'organisme, ou encore d'une altération du rapport signal-bruit au niveau sensoriel. Le flux de perceptions n'étant pas continu, mais se présentant, au contraire, sous forme de « vagues » périodiques, il pourrait correspondre aux fluctuations cycliques liées à l'activité du cœur et au tonus vaso-moteur. Mais une autre hypothèse vient à l'esprit, c'est qu'il s'agit là des fluctuations du niveau d'éveil ou d'attention sélective. L'éventuelle modification du rapport signal-bruit pourrait dépendre d'une attention accrue. Au vu de certaines données, on est enclin à penser, en effet, que la focalisation attentive est facilitée sous l'influence de la drogue. Par exemple, la prise d'une même drogue, aux mêmes doses, n'entraîne pas nécessairement les mêmes effets chez une même personne (Kenna et Sedman, 1964). La première fois, elle provoquera des sensations visuelles intenses, brillantes, très diversifiées; la seconde tentative induira des sensations gustatives ou tactiles infiniment riches. Tout se passe comme si l'attention se focalisait tantôt sur les informations de telle nature, tantôt de telle autre. Résumant sa première expérience sous l'effet du peyotl, produit extrait d'un cactus d'Amérique du Sud qui contient divers alcaloïdes, parmi lesquels la mescaline, un intellectuel dont le témoignage est soigneusement consigné par Masters et Houston (1966) s'arrête sur un mot évocateur: *« more »* (« plus »). Pour lui, les impressions et idées induites par la drogue ne diffèrent pas fondamentalement de celles qui se produisent dans les conditions habituelles, mais il y en a plus : plus de couleurs, plus de détails, plus de sensations lorsque l'on goûte un aliment, que l'on touche un objet, que l'on écoute de la musique; les émotions sont plus intenses, les processus mentaux inclus au même moment dans le champ de la conscience sont plus nombreux. Ainsi, Fischer parle d'« amplification sélective du flux sensoriel total » (1967, p. 451), et suggère à cet égard l'implication du système réticulaire efférent, qui intervient dans les régulations toniques et phasiques globales ainsi que dans les régulations sensori-motrices liées à chaque système sensoriel particulier.

Le rôle du système réticulaire activateur est assez généralement admis. On peut penser que le filtrage des influx, assuré en permanence par ce grand ensemble fonctionnel, est modifié sous l'influence de la drogue, comme s'il s'ouvrait un plus grand nombre de « portes » (Ornstein, 1969). Ainsi que l'indiquent Masters et Houston (1966), il ne semble pas que les organes sensoriels captent davantage d'influx; on dirait plutôt que, à partir de ce qu'ils ont capté, une plus grande quantité d'informations entre dans le champ de la conscience. Pour Ornstein (1969), on assiste ainsi à un accroissement du traitement de l'information, l'augmentation de la dimension du stockage (voir chapitre 7) expliquant l'allongement de la durée subjective.

Si l'impact de la drogue concerne, avant tout, les processus attentionnels, on peut admettre que les troubles temporels sont secondaires à ces altérations; ils ne dépendraient donc nullement de l'atteinte d'un pacemaker interne. Comme le note à bon escient Hoffer (1971), il paraît d'ailleurs peu vraisemblable que les impressions d'accélération, de ralentissement ou d'arrêt du flux temporel, résultant de la prise de drogue, puissent correspondre à des altérations aussi drastiques et aussi soudaines des processus biochimiques, sans que la vie même du sujet en pâtisse.

Les effets de la température

S'il est une anecdote célèbre illustrant l'influence de la température sur la durée subjective, c'est bien celle que rapporta Hoagland en 1935, et qui concernait sa propre femme. Un jour qu'elle avait une forte fièvre, il fut frappé de voir que ses jugements temporels en semblaient altérés. Ainsi, comme il lui rapportait un médicament pour l'achat duquel il avait dû s'absenter 20 minutes, elle soutint que son absence avait été beaucoup plus longue. Pour en avoir le cœur net, Hoagland lui demanda de compter jusqu'à 60 au rythme de 1 par seconde; elle s'exécuta, à plusieurs reprises, en une moyenne de 37,5 secondes seulement. Hoagland vérifia que ses estimations étaient beaucoup plus proches de la réalité lorsqu'elle était en parfaite santé, et conclut à l'existence d'un pacemaker interne, de nature chimique, susceptible de s'accélérer lorsque la température corporelle croît. Il trouva confirmation de son hypothèse dans les travaux de François (1927). Celui-ci avait réussi à élever la température corporelle de ses sujets par diathermie — c'est-à-dire par l'application de courants alternatifs de haute tension et de fréquence très rapide, n'entraînant aucun danger ni même aucune sensation chez le sujet — et s'était aperçu que leur rythme de frappe, qu'il les avait priés de maintenir à 3 par seconde, s'accélérait sensiblement. En fait, la relation température interne/durée subjective avait été pressentie par Piéron dès 1923 : l'auteur pose comme « un postulat légitime de la psychologie scientifique » le fait que « l'unité mentale de durée... est fonction de la vitesse de certains processus physico-chimiques ». Et il ajoute : « si, sous l'influence de variations de température, par exemple, les processus organiques voient se modifier leur vitesse, le temps mental s'étalera ou se condensera dans les mêmes proportions » (Piéron, 1923, pp. 17-18).

Confrontant ses propres observations avec celles de François, Hoagland admet que les modifications de la durée subjective sous l'effet de la température peuvent être prédites par l'équation d'Arrhénius, qui formule mathématiquement la relation unissant température et vitesse de réaction des processus chimiques. Il calcule, sur cette base, que la valeur de l'« énergie d'activation » est, chez tout être humain, de 24.000 calories.

Cependant, il faut bien reconnaître que le support expérimental sur lequel repose la théorie de Hoagland est mince, et que l'auteur s'est peu préoccupé de le consolider, se contentant de glaner de-ci de-là quelques observations supplémentaires. D'autres se sont donc attachés à vérifier ses conceptions. Un bilan des travaux entrepris dans cette voie suggère qu'il existe, dans ce domaine, deux hypothèses bien distinctes : on peut admettre, malgré la présence de différences individuelles non négligeables, que les fluctuations de la température interne s'accompagnent généralement de modifications systématiques du temps subjectif — accélération s'il y a hyperthermie, ralentissement dans le cas contraire — mais autre chose est de postuler, comme médiateur de cet effet, un hypothétique pacemaker chimique qui répondrait à une loi stable, comme celle que décrit l'équation d'Arrhénius (Bell, 1975). Les résultats expérimentaux prennent beaucoup de liberté par rapport à une exigence de ce type. Après tout, comme l'indique Ornstein (1969), rien ne prouve que la température agisse sur une quelconque horloge interne plutôt que sur les processus cognitifs — que l'horloge interne existe ou non, d'ailleurs.

Les travaux de Bell et Provins (1963) ouvrent la voie au doute et à la contestation. Ils optent pour trois situations différentes — comptage au rythme de 1 par seconde, pendant 45 ou 100 secondes estimées ; évaluation d'une période pendant laquelle est effectuée une tâche de temps de réaction de choix, les jugements étant demandés après 4, 9 ou 13 minutes ; production d'un intervalle de 4, 9 ou 13 minutes — et agissent sur la température interne de leurs sujets en les installant dans un environnement surchauffé. Mais aucune relation claire n'apparaît entre l'élévation de température et le jugement temporel. Alarmé par ces résultats peu probants, Bell (1965) change de méthode : il plonge les volontaires jusqu'à mi-jambes dans une bassine d'eau chaude, et entreprend de répéter les expériences princeps de François et de Hoagland. Il demande à ses sujets de compter jusqu'à 60 en actionnant une clé morse 1 fois par seconde, de produire un rythme de 3 frappes à la seconde, et enfin d'écouter un métronome battant à différentes cadences, pour repérer précisément celle de 4 battements par seconde. Dans ces conditions, l'élévation de température a une influence plus nette sur les aspects rythmiques des tâches utilisées que sur les aspects perceptifs; on récolte des résultats positifs avec la clé morse, non avec le métronome. Il faut dire aussi que les indices de performance révèlent une variabilité interindividuelle considérable. En conclusion, Bell conteste la nécessité du concept d'horloge chimique. Il réitèrera cette opinion en 1975, après avoir testé l'autre pôle du problème des variations de température, à savoir le refroidissement, plus difficile à obtenir à cause de — ou grâce à — l'efficacité des mécanismes de thermorégulation dont bénéficie l'organisme. Il installe ses victimes consentantes sur une bicyclette ergométrique plongée dans une cuve d'eau froide (à 10° C); immergés jusqu'à la ceinture, les sujets sont réchauffés au niveau du tronc par des lampes à infrarouge, qui empêchent l'apparition des frissons thermorégulateurs. Après une période de repos d'environ 30 minutes, ils sont priés de pédaler avec vigueur, afin d'accroître le volume de sang circulant dans les membres inférieurs, et par conséquent de faire chuter la température du sang desservant la partie supérieure du corps. Le réchauffement s'installe progressivement, après quelques minutes. La température interne est relevée dans l'oreille, et le sujet est prié, aux différents stades de l'expérience, d'évaluer une période de 60 secondes en comptant mentalement au rythme de 1 par seconde. Il s'avère que le rythme de comptage ralentit lorsque la température baisse, traduisant donc bien l'allongement du temps subjectif; mais les valeurs de l'énergie d'activation calculées à partir des données complètes de l'expérience se distribuent, *grosso modo*, entre 4.000 et 170.000 calories. On est loin de la valeur constante de 24.000 calories avancée par Hoagland. La conclusion s'impose: il semble bien y avoir influence de la température sur la durée subjective, mais il n'existe pas d'horloge interne qui soit affectée de façon stable chez tous les sujets. Ces données, réexaminées par Green et Simpson (1977), qui les jugeaient favorables à l'hypothèse du pacemaker au prix de quelques remaniements statistiques, furent l'occasion d'une controverse entre ces auteurs et Bell (1977) lui-même; celui-ci s'en tint pourtant à son interprétation.

D'autres études indiquent l'effet de la température, mais, n'incluant pas de mesures de l'énergie d'activation, ou faisant état d'une importante variabilité interindividuelle à cet égard, elles ne permettent pas d'étayer la thèse de l'horloge biochimique. Ainsi, Baddeley (1966) mène son expérience sur les côtes du Pays de Galles, au mois de mars, car ses sujets sont des plongeurs qu'il teste dès leur sortie de l'eau — une eau qui, à cette époque de l'année, ne dépasse pas 4° C. Priés de compter mentalement jusqu'à 60 à la cadence de 1 par seconde, les sujets présentent dans ces conditions un ralentissement de la durée subjective. Mais aucune vérification de l'équation d'Arrhénius n'est tentée par l'auteur. Fox et ses collaborateurs (1967) habillent leurs sujets de vêtements spéciaux dans lesquels ils font circuler de l'air chaud afin de provoquer une hyperthermie, et constatent que les jugements temporels obtenus par la méthode de production sont affectés dans le sens attendu par l'élévation de température; cependant, la variabilité interindividuelle est, ici encore, très importante. Des résultats analogues sont recueillis lorsqu'il s'agit de juger si chacun des sons d'une série est supérieur ou inférieur à la seconde (Kleber et al., 1963); en outre, les auteurs observent une même tendance à l'accélération de la durée subjective chez des malades atteints d'hyperthyroïdie[6].

L'hyperthermie n'a pas seulement un effet sur la durée subjective, mais aussi sur le seuil de perception de la succession: il a tendance à s'abaisser, trahissant une augmentation de l'acuité temporelle (O'Hanlon et al., 1974). Les auteurs de cette expérience postulent l'impact de la température sur un pacemaker interne, et suggèrent, dans le même ordre d'idées, qu'il y a réduction d'un éventuel «moment psychologique». Enfin, les fluctuations normales de la température au cours de la journée semblent aussi entraîner des effets congruents sur le temps subjectif; Pfaff (1968) l'a vérifié grâce aux méthodes de production et d'estimation verbale, contredisant ainsi une précédente étude de Thor (1962), qui, à l'en croire, comportait trop peu de données et faisait état d'une grande variabilité interindividuelle.

Quelques travaux ont été menés sur l'animal conditionné évoluant dans un environnement surchauffé, mais il est particulièrement difficile, dans ce contexte, de postuler un effet spécifique de la température sur le niveau de performance; les fluctuations de celui-ci traduisent plus vraisemblablement l'interférence des conduites thermorégulatrices que la situation ne manque pas de susciter. Prenons, par exemple, l'étude de Barofsky (1969) sur le rat en programme DRL. Les délais choisis sont de 15, 20, 30 ou 100 secondes. L'élévation de température provoque, après un certain temps — 40 à 50 minutes, ce qui correspond au délai nécessaire pour que l'hyperthermie s'installe — une diminution du débit de réponses et une chute du taux de renforcements. Mais cet effet est relatif au débit de réponses lié à chaque valeur particulière du délai du DRL: il est manifeste dans les délais brefs, ténu pour le plus long délai, qui suscite de toute façon un débit de réponses faible. On constate des modifications du *mediating behavior* qui se développe à température normale, et l'apparition de conduites directement liées à l'excès de chaleur: prostration, salivation abondante, tentatives de fuite. Comme l'indique l'auteur, ces manifestations fonctionnelles suffisent à expliquer l'altération du niveau de performance. Il est impossible de trouver ici des arguments pour ou contre l'hypothèse du pacemaker biochimique.

La question que pose cette expérience sur l'animal n'est pas absente des recherches effectuées chez l'homme: dans quelle mesure les effets comportementaux obtenus résultent-ils des variations de température plutôt que du désagrément que peuvent comporter pour le sujet de telles manipulations expérimentales? C'est en tout cas à cette conclusion qu'arrive Lockhart (1967), qui se voit obligé d'interpréter des résultats embarrassants: chez ses sujets, la chute de la température ambiante, tout comme son élévation, produit une accélération du temps subjectif. Pour lui, les facteurs décisifs sont l'inconfort et l'angoisse engendrés par la situation, plutôt que l'abaissement de la température extérieure, qui, en fait, avait peu affecté la température corporelle. En définitive, la durée subjective se ressentirait surtout des modifications du niveau d'éveil; or, il est clair que celui-ci peut subir l'impact de facteurs très divers. Et c'est bien là le fond du problème. Si l'on admet, comme semblent quand même l'indiquer la majorité des études, que la température affecte la durée subjective, il faut reconnaître qu'elle n'est pas seule à avoir une influence de ce type; l'hyperthyroïdie dans certains cas, les drogues, l'anxiété, le niveau de motivation, ont un pouvoir analogue. Comme le font remarquer Fox et collaborateurs (1967), il est possible que les premiers de ces facteurs agissent sur le métabolisme cérébral, mais un effet direct de ce type est beaucoup moins vraisemblable s'agissant des deux derniers. C'est bien à travers une variable intermédiaire, celle du niveau d'éveil, que pourraient être transmises des influences de natures si diverses.

Notes

[1] On a cru longtemps que les rêves survenaient seulement dans les périodes de «sommeil paradoxal», au cours desquelles on note de nombreux mouvements oculaires et, au niveau de l'EEG, des ondes rapides et désynchronisées habituellement associées à l'éveil cortical. Mais des observations méticuleuses ont obligé les chercheurs à modifier ce point de vue. Peut-être les rêves sont-ils plus fréquents pendant ce stade, ou bien ceux qui s'y déroulent sont-ils plus facilement remémorés au réveil; mais il semble bien que nul stade de sommeil n'en soit exempt (Berger, 1969).

² Le phénomène du « déjà vu », qui peut se produire en dehors de tout contexte pathologique, a reçu diverses interprétations. L'explication la plus simple est qu'il survient lorsque sont évoqués des souvenirs diffus d'une situation passée qui présentait une ressemblance, sur certains points parfois très limités, avec la situation actuelle : analogie de lieu, de personne, ou encore de sentiments éprouvés ; il peut aussi s'agir de la réévocation d'une situation rêvée. On a également suggéré que le « déjà vu » résultait d'un défaut de synergie des centres cérébraux, aboutissant à la formation d'une double image au niveau conscient ; ou qu'il était en relation, sur le plan affectif, avec un sentiment d'« incomplétude », de distance émotionnelle par rapport à la situation présente.

³ Il est d'ailleurs établi que l'ordre de succession reste correctement perçu même dans les maladies psychiatriques les plus sévères (Fraisse, 1967a).

⁴ Pour compliquer davantage les choses, ajoutons que les deux produits testés entraînent des jugements temporels plus précis que l'absence de produit ou l'utilisation d'un placebo lorsqu'on opte pour la méthode de reproduction...

⁵ La psilocybine a été soigneusement étudiée par Fischer et ses collaborateurs (1965). Ils montrent ses effets sur le seuil différentiel gustatif, le rythme de frappe spontané, la taille de l'écriture manuelle, et l'amplitude du nystagmus optique. Résumant ces données quelque temps après, Fischer (1967) s'étonne que tous ces phénomènes ne soient pas affectés dans les mêmes proportions par la drogue. On se demande, cependant, pourquoi il devrait en être ainsi, si ce n'est parce que l'auteur qualifie ces diverses manifestations de « chronomètres physiologiques », impliquant de ce fait qu'ils devraient fonctionner à la même vitesse. On voit ici la confusion qu'entraîne l'emploi abusif des termes d'« horloge » ou de « chronomètre », dont il faudrait codifier strictement les caractéristiques si l'on veut leur conserver un semblant de valeur heuristique.

⁶ Pour Gardner (1935) cependant, aucune différence notable ne distingue, sur le plan des jugements temporels, un groupe de sujets hyperthyroïdiens d'un groupe hypothyroïdien. Les deux groupes se différenciaient pourtant, en moyenne, par la cadence du pouls (114 contre 80 par minute) et le métabolisme basal (environ + 25 % contre − 11 % par rapport à la norme).

Chapitre 6
Les mécanismes physiologiques

Il est temps à présent de nous interroger sur les mécanismes physiologiques qui sous-tendent les jugements temporels. Mais, à bien des égards, ce chapitre indiquera à l'évidence que l'on est ici dans le domaine des hypothèses, plutôt que des faits établis. Ces hypothèses concernent le rôle éventuel des mécanismes végétatifs et proprioceptifs d'abord, du système nerveux ensuite, au niveau global et unitaire. Avant d'entamer, de ce point de vue, l'examen de la durée en elle-même, nous allons nous arrêter un moment à ses limites perceptibles, en disant quelques mots des corrélats électrophysiologiques qui ont été mis à jour dans les études de seuils, et des mécanismes qui sont supposés présider à la perception de la simultanéité et du successif; nous donnerons un bref aperçu des candidats physiologiques à la fonction de «moment perceptuel», et à la détermination de l'intervalle d'indifférence.

Les corrélats électrophysiologiques du seuil de durée perceptible

Chez le chat anesthésié, Efron (1973) a mis en évidence des phénomènes électrophysiologiques qui semblent avoir un lien direct avec le seuil de durée perceptible. La technique de base est celle des *potentiels évoqués*; on désigne sous ce nom la réponse électrophysiologique que suscite, dans les voies sensorielles et les structures cérébrales, l'arrivée des influx nerveux résultant de l'impact d'un stimulus quelconque sur l'organisme, réponse que l'on recueille par l'intermédiaire de macroélectrodes. Efron place les siennes à différents niveaux des voies optiques et du cortex visuel, et délivre à ses animaux des éclairs lumineux dont la durée varie entre 5 et 160 millisecondes. Il enregistre des potentiels évoqués au début et à la fin de chaque stimulation, phénomène classique connu sous le nom de réponses «On» et «Off». Mais ce qui est troublant, c'est que la réponse «Off», si elle correspond bien à la fin de la stimulation tant que celle-ci dure au moins 50 millisecondes, ne répond plus à cette loi en deçà; pour toutes les durées de stimulations comprises entre 5 et 50 millisecondes environ, la réponse «Off» survient après un délai à peu près identique par rapport au début du flash; elle est donc assurément liée au début, et non plus au terme de celui-ci.

Cette durée incompressible de 50 millisecondes évoque immédiatement le seuil de durée perceptible, qui, selon les estimations de Efron (1973), tourne autour de 130 millisecondes avec des stimulus visuels, auditifs et vibratoires. Mais ces valeurs de seuil ont été relevées chez l'homme; il convenait donc de vérifier en électrophysiologie humaine la présence d'éventuelles réponses «Off» retardées. C'est chose faite avec l'expérience de Servière (1979). Des électrodes de surface situées sur le scalp permettent d'enregistrer un phénomène similaire à celui mis en évidence par Efron chez le chat. L'intervalle irréductible se stabilise, chez l'homme, aux alentours de 30 millisecondes, ce qui peut être jugé compatible avec le fait que la durée des éclairs lumineux est perçue à partir de 60 millisecondes dans 50 % des cas. Par contre, le phénomène semble être beaucoup plus ténu, sinon absent, au niveau du chiasma optique du pigeon.

Ces activités globales ont des correspondances à l'échelle unitaire. L'enregistrement de l'activité cellulaire au niveau du tractus optique du chat montre qu'une proportion appréciable des neurones qui répondent à la présentation de deux éclairs lumineux successifs ont un pattern d'activité particulièrement stable; les décharges évoquées par chacun des deux éclairs sont nettement distinctes si l'intervalle interstimulus est supérieur à 100 millisecondes, mais commencent à se chevaucher à partir de 80 millisecondes et en deçà; or, l'animal ne perçoit l'intervalle, dans 50 % des cas, que s'il est de 40 millisecondes au moins, et ne le perçoit à 100 % qu'au-delà de 100 millisecondes (Peck et Lindsley, 1972, 1973). L'étude de Levick et Zacks (1970) sur les cellules ganglionnaires de la rétine du chat avait déjà fait état d'activités unitaires comparables; elle établit en outre que les décharges des cellules toniques en réponse à la présentation d'éclairs

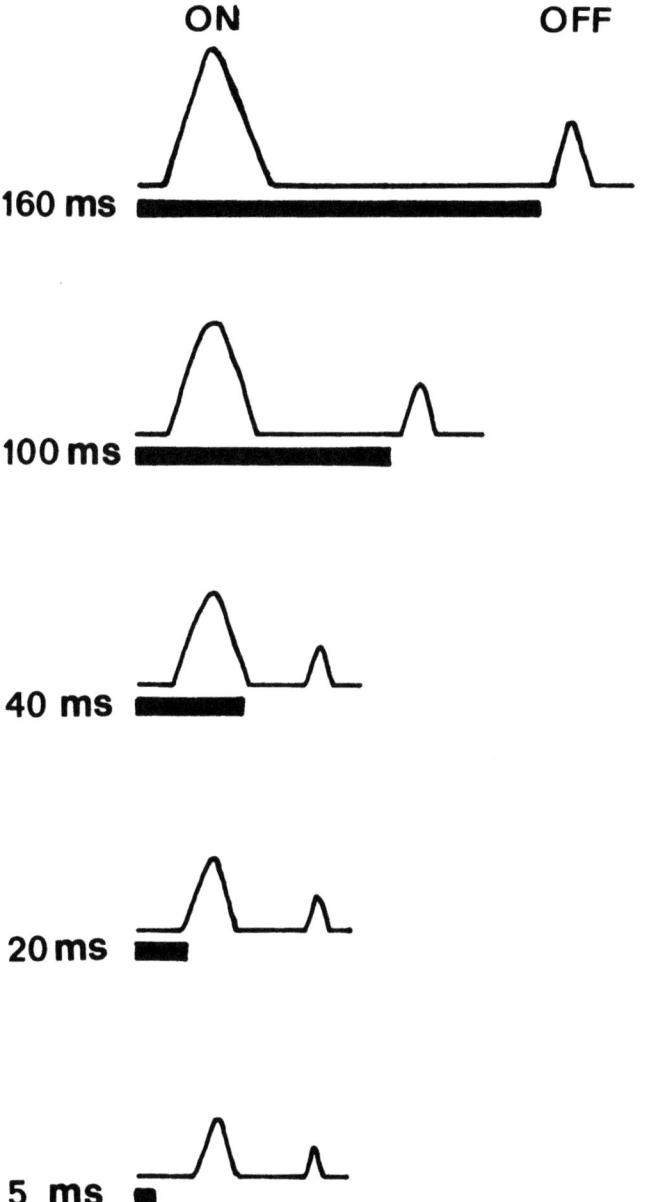

Figure 12. Réponses «ON» et «OFF» évoquées par des éclairs lumineux de 160, 100, 40, 20 et 5 millisecondes, au niveau du nerf optique d'un chat anesthésié. Les traits noirs représentent les stimulus. (Schéma réalisé d'après les données de Efron, 1973).

lumineux de faible luminosité ne s'interrompent pas avant 50 à 70 millisecondes. Ces deux types de données apparaissent bien complémentaires.

Modèles de mécanismes présidant au « seuil du temps »

Les manifestations électrophysiologiques décrites ci-dessus semblent toucher de près le problème du « seuil du temps ». On peut penser que l'incompressibilité de certaines réponses centrales rend compte du fait que les phénomènes perçus restent indifférenciés — donc rangés dans la catégorie de l'instantanéité ou de la simultanéité — en deçà d'une limite temporelle déterminée. Pour qu'entrent en jeu les nuances du « durable » et du « successif », il faut que les réponses centrales, décharges unitaires ou activités globales, puissent être modulées en fonction des caractéristiques temporelles du stimulus. Efron (1967) a développé l'idée qu'un stimulus quelconque est perçu après un délai déterminé pendant lequel les informations dérivant des récepteurs impliqués doivent être intégrées; c'est la « période de traitement » de l'information (« *processing period* »), dont la durée avoisinerait 60 millisecondes. On sait par exemple que les temps de réaction répondant à des éclairs lumineux de 20 ou 40 millisecondes n'accusent aucune différence significative; il est vraisemblable que l'un et l'autre éclairs ne sont perçus qu'au terme d'une période de traitement de durée identique. Trop brève, une stimulation cessera avant même que ne soit terminée la période de traitement; dans ce cas, discriminer la fin du début de la stimulation devient impossible, et aucune perception de durée ne peut avoir lieu. De même, deux stimulus successifs ne seront perçus comme tels que si le second stimulus survient après la fin de la période de traitement déclenchée par le premier.

Comme nous l'avons vu au chapitre 2, les expériences de Hirsh et Sherrick (1961) ont indiqué que l'intervalle nécessaire pour percevoir l'ordre de présentation de deux stimulus successifs variait peu quelles que soient les caractéristiques des stimulus utilisés. Ces résultats laissent à penser que la perception de l'ordre temporel dépend plutôt d'un mécanisme central que de mécanismes sensoriels spécifiques. On a donc postulé l'existence d'une sorte de « centre de simultanéité » qui desservirait toutes les modalités sensorielles, et dans lequel les stimulus seraient confrontés; d'aucuns vont jusqu'à imaginer sa localisation au niveau de l'hémisphère cérébral dominant (Efron, 1963 a, b; Corwin et Boynton, 1968). Les limites de ce mécanisme central, mesurables, sur le plan du comportement, par le seuil perceptif de la succession, pourraient provenir de deux sources. La première relèverait directement du fait que l'attention, selon une hypothèse capitale dans le contexte des théories relatives au traitement de l'information (voir chapitre 7), est censée se focaliser sur un seul « canal » à la fois : les informations dérivant de plusieurs canaux ne pouvant être simultanément admises par le système, toutes les informations des canaux non privilégiés sont sacrifiées, jusqu'à ce que l'attention s'y porte (Kristofferson, 1967). La limitation vient donc du temps nécessaire au transfert de l'attention d'un canal à un autre, ce transfert dépendant lui-même d'un processus périodique : il s'écoule entre chaque transfert possible une « quantité de temps » (*time quantum*) irréductible. Dans cette optique, les stimulus sont classés sur deux bases seulement ; ils sont jugés « simultanés » ou « successifs », la qualité du jugement dépendant du fait que l'attention a pu, ou non, se tourner successivement, en temps voulu, vers les canaux contenant les informations relatives à chacun des stimulus à confronter. Au niveau perceptif, il n'existe aucun degré différent dans la simultanéité. Ce modèle s'adapte également à la discrimination des durées brèves (Allan et al., 1971) [2]. La seconde cause possible de limitation du mécanisme central fait référence au concept de « moment perceptuel » (Stroud, 1956) : il n'y a pas de restriction à l'admission de l'information convoyée par différents canaux, mais le temps est mesuré sur la base d'un échantillonnage périodique : par conséquent, deux informations différentes ne seront dotées d'aucun indice d'ordre si elles font partie du même échantillon.

Ce type de modèles repose sur la présomption que les canaux par lesquels se transmet l'information sont indépendants (« *independent-channels theory* » — voir par exemple Sternberg et Knoll, 1973), en ce sens qu'il n'existe aucune interférence entre les informations contenues dans chaque canal [3]. Dans le cas du jugement d'ordre temporel, le cours des événements peut, en définitive, être schématisé comme suit : un signal est d'abord détecté, après une *latence d'arrivée* aléatoire, dépendant essentiellement de ses caractéristiques propres, et peut-être de certains critères de détection particuliers. L'information dérivée est transmise par un canal [4] particulier au site cérébral adéquat, qu'elle atteint après un certain *temps d'arrivée*. La différence entre les temps d'arrivée de deux informations au niveau central, différence en partie liée aux hypothétiques mécanismes d'attention sélective et d'échantillonnage périodique dont nous venons de parler, détermine le jugement d'ordre temporel. A ce niveau, certains postulent l'intervention d'une *règle de décision* : à chaque différence de temps d'arrivée correspondrait, selon une *fonction de décision* que l'on peut formuler mathématiquement, une certaine probabilité de décision quant à l'ordre des stimulus perçus.

Le moment perceptuel

Les notions avancées ci-dessus — période de traitement, échantillonnage périodique, transfert cyclique de l'attention d'un canal à un autre — se réfèrent toutes plus ou moins explicitement au concept de *moment psychologique* (encore appelé *moment perceptuel*, ou *quantum temporel*). Les valeurs attribuées à ce « moment » sont, le plus souvent, 20, 60 ou 100 millisecondes, sur base des intervalles irréductibles que mettent en évidence les recherches relatives aux seuils psychophysiques. On rencontre aussi, dans le contexte du quantum temporel, la période de 700 millisecondes, correspondant à l'intervalle d'indifférence — nous y reviendrons plus loin.

Ainsi donc, il existerait une unité de temps psychologique, une base de temps insécable à partir de laquelle se construiraient toutes nos évaluations de durées. La présence d'au moins trois candidats à ce titre — les valeurs présentées ci-dessus n'épuisent pas la liste, elles ne sont que les plus fréquentes (voir Pöppel, 1976) — pose problème dès l'abord, mais la question doit néanmoins être examinée de près. Prenons en particulier la période de 100 millisecondes, sur laquelle l'hypothèse du moment psychologique a plus spécialement été bâtie. Lorsqu'on produit des interférences au cours de l'audition d'une série de mots que le sujet est chargé de restituer, en coupant l'émission ou en la masquant à intervalles réguliers, la compréhension du message n'est perturbée qu'en deçà de 10 interruptions par seconde; une cadence plus rapide n'entraîne aucun déficit, toute l'information utile étant apparemment conservée (Miller et Licklider, 1950). Cette expérience, parmi d'autres, sert de base à la démonstration de Stroud (1956), pour lequel toute l'information traitée par le système nerveux à l'intérieur d'une période de 100 millisecondes environ (la marge admise est de 50 à 200 millisecondes) est intégrée en un seul échantillon. Cette hypothèse a également été défendue par White (1963) quelques années plus tard. Si le temps physique peut se morceler en une infinité de moments, il n'en irait donc pas de même du temps psychologique. Le quantum temporel serait à la base du fonctionnement de l'horloge interne. Dans cette optique, Wiener postulait en 1958 que le « tic-tac » de l'horloge correspondait aux ondes régulières assez lentes (8 à 12 c.p.s.) constituant le rythme alpha de l'électro-encéphalogramme, ce rythme corrélatif de l'état de veille diffuse. Beaucoup de chercheurs ont tenté de vérifier cette hypothèse, avec un succès mitigé (voir plus loin). Elle semble avoir perdu une bonne part de son crédit à l'heure actuelle. Même confirmée, elle laisserait d'ailleurs irrésolue une question importante : que devient l'horloge interne lorsque le rythme alpha disparaît, par exemple lorsqu'il se « désynchronise » pour faire place aux ondes rapides du rythme bêta, qui caractérise l'état de veille attentive ? Le moment perceptuel en est-il modifié, ou l'horloge est-elle mise temporairement hors-circuit ? On saisit mal l'utilité d'une horloge qui s'arrête ou change de cadence... Mais nous verrons que Lindsley (1952) a trouvé le moyen de tourner cette difficulté (cf. p. ...).

Depuis quelques années, c'est plutôt à la valeur d'environ 20 millisecondes que revient la majorité des suffrages dans l'hypothèse du quantum temporel, cette valeur étant proche de celles qui sont supposées nécessaires à l'accomplissement de certains processus de traitement de l'information. Des données issues de champs de recherche divers — psychophysique du temps, temps de réaction, prise d'information visuelle — reflètent indubitablement l'existence de périodicités particulières. Mais l'origine de ces périodicités n'est peut-être pas toujours physiologique. Vroon (1974) a montré, en simulant sur ordinateur certaines des expériences qui avaient précédemment fourni des données favorables à la notion de quantum temporel, et en analysant les techniques utilisées dans ce contexte, que des pics apparaissent presque immanquablement dans la distribution des données, lorsque celle-ci comprend un nombre de classes relativement restreint. Pour éviter l'apparition de l'un ou l'autre pic, donc rendre les fluctuations parfaitement aléatoires, il faut prévoir un si grand nombre de classes que l'expérience correspondante est tout simplement irréalisable, sauf si l'on pouvait demander aux sujets de travailler plusieurs jours sans interruption. Voilà qui porte un coup fatal à l'hypothèse du moment psychologique — quoique, à bien y réfléchir, démontrer la présence de périodicités artificielles n'équivaut pas à réfuter l'existence de tout autre quantum temporel dans les données analysées.

Si l'on retient malgré tout l'hypothèse de base, on pourrait concilier les différents « moments » proposés en admettant que leurs interactions mêmes, et leur combinaison avec d'autres périodicités organiques de toutes origines, constituent un système d'horloge général. Ainsi, Goody (1958) dénombre au sein de l'organisme une multitude de périodicités qu'il regroupe selon deux origines. Les premières concernent le tissu non nerveux : il s'agit par exemple du rythme cardiaque, du rythme respiratoire, des cycles glandulaires et autonomes. Les secondes concernent le système nerveux central; son activité est fondamentalement rythmique, liée aux phénomènes de transmission «tout ou rien» de l'influx nerveux; il est, de plus, le médiateur ultime de toutes les périodicités organiques, nerveuses ou non. Le système nerveux constitue donc une sorte de système d'horloge («*clockform*») résultant de l'intégration de ces innombrables bases de temps. On trouve dans l'électro-encéphalogramme un signe tangible de la sommation et de l'intégration des activités nerveuses. Grâce au moyennage réalisé à partir d'une infinité d'activités, l'organisme dispose en définitive d'un système d'horloge stable, fondé sur le taux de décharges et de conduction d'influx (globalement, le taux d'activité sensori-motrice) associé à chacun de nos comportements habituels.

Ce système est infiniment souple — nous choisissons donc, parmi un lot considérable de bases de temps, celles dont la combinaison judicieuse s'adapte à chaque situation particulière. Mais Gooddy ne nous dit rien des mécanismes qui président au choix et à la combinaison congrue. Comment quantifier les phénomènes observés? Comment progresser dans l'explication des processus en jeu? L'impression que ce type d'hypothèse peut être assez proche de la réalité s'accompagne d'un sentiment d'insatisfaction lié à la difficulté du passage à l'expérimentation. D'ailleurs, admettre une infinité de bases de temps et d'interactions possibles entre elles, n'est-ce pas en définitive rejeter la notion même d'horloge interne, vider ce vénérable concept de toute utilité pratique?

Les bases de temps potentielles

La recherche d'éventuelles bases de temps organiques s'est focalisée sur trois plans; on s'est interrogé sur le rôle des périodicités viscérales, sur l'importance des indices proprioceptifs, sur l'intervention des mécanismes nerveux à l'échelle globale ou unitaire. Nous envisagerons successivement ces trois niveaux d'analyse.

1. Une base de temps viscérale?

La recherche d'une base de temps viscérale montre ses prémices dès le début du siècle, mais c'est probablement dans les années soixante qu'elle connaît sa plus grande vogue. Elle ne semble plus avoir le vent en poupe de nos jours, ayant, de toute évidence, fourni des résultats trop mitigés pour soutenir l'intérêt des expérimentalistes.

Les périodicités cardio-vasculaire et respiratoire ont été prises comme cibles privilégiées dans ce type d'investigations. On a suggéré qu'un accident répétitif, caractéristique de l'un ou l'autre cycle — qui présentent d'ailleurs des interactions — pouvait être décodé par le système nerveux central de façon à faire office de base de temps; l'ensemble de l'activité sensori-motrice se distribuerait temporellement en référence à cet indice. Ainsi, dès 1929, Emery a établi que les réflexes médullaires accusaient des fluctuations périodiques liées à la phase du cycle cardiaque pendant laquelle on provoquait leur apparition. Depuis, des constatations analogues ont été faites à différents niveaux, sur base du schéma général suivant : on enregistre pendant toute la séance l'électrocardiogramme du sujet, et l'on choisit comme repère l'une des ondes qui se succèdent à l'intérieur de chaque cycle; l'onde R, qui est la plus ample et correspond à la systole, est souvent favorite. On recueille alors diverses mesures — réflexes, temps de réaction, évaluation de durées — qui vont se répartir, *a priori* de façon aléatoire, à travers les cycles cardiaques successifs; après coup, on vérifie si la distribution des résultats accuse quelque tendance systématique en synchronie avec l'onde R. Une autre technique, un peu plus complexe, consiste à se servir de l'onde R pour le pilotage des signaux : un dispositif électronique permet de déclencher ceux-ci — qu'il s'agisse de la stimulation électrique ou

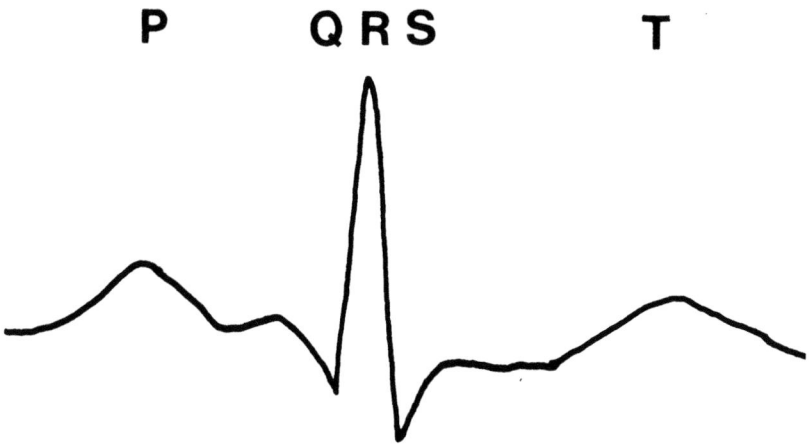

Figure 13. Représentation schématique des ondes cardiaques.

mécanique qui produit le réflexe étudié, ou des stimulus visuels ou auditifs généralement utilisés pour induire le temps de réaction ou délimiter les intervalles à évaluer — à chaque apparition de l'onde R, ou avec un retard bien déterminé par rapport à elle. On a montré ainsi à différents niveaux l'existence de tendances systématiques. Le réflexe achilléen et le réflexe de Hoffmann, respectivement produits par la stimulation du tendon d'Achille et du creux poplité, diminuent d'amplitude 350 à 375 millisecondes après l'onde R, puis encore, quoique plus discrètement, vers 675 millisecondes (Coquery et Re-

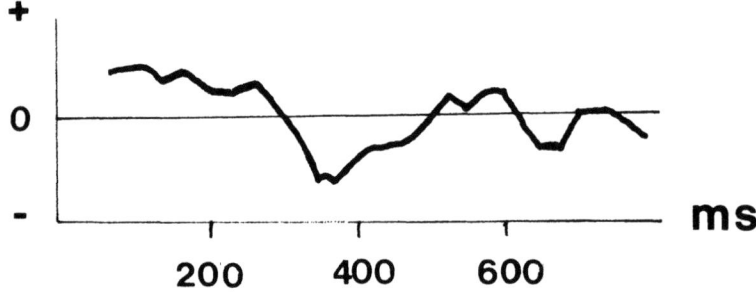

Figure 14. Evolution du réflexe achiléen en fonction de sa position dans le cycle cardiaque. L'amplitude relative est en ordonnée (le niveau de base est situé au zéro de l'ordonnée; + = augmentation; − = diminution); le temps en millisecondes est en abscisse (le zéro de l'abscisse correspond à l'onde R de l'électrocardiogramme). (Schéma réalisé d'après J.-M. Coquery et J. Requin, 1964. Influence du cycle cardiaque sur l'excitabilité réflexe médullaire chez l'Homme. *C.R. Soc. Biol.*, Soc. Biol., Paris, France.)

quin, 1964). Dans une épreuve de temps de réaction, le meilleur niveau de performance s'observe lorsque le signal impératif survient avant l'onde R, plus précisément au moment de l'onde P (Birren et al., 1963; Requin, 1965). Dans une tâche de reproduction de durées où le sujet doit mettre fin à un stimulus auditif lorsqu'il juge sa durée égale à celle du stimulus standard, on constate une tendance à la surestimation ou à la sous-estimation relatives selon que le début et la fin du signal standard (et le début du signal test) sont délivrés soit immédiatement après, soit 3 à 400 millisecondes après l'onde R (Requin et Granjon, 1968). La durée de l'intervalle standard choisi dans cette étude était équivalente à deux périodes cardiaques, cette mesure étant déterminée pour chaque sujet avant le début de la série expérimentale. Des différences inter- et intra-individuelles notables marquent cependant les résultats, expliquant sans doute qu'ils n'aient pu être reproduits de façon satisfaisante par les auteurs, au cours d'une investigation ultérieure qui n'apportait cependant que des modifications minimes à la méthode utilisée (Granjon et Requin, 1970).

L'évolution de l'activité motrice spontanée au cours du cycle cardiaque a également été examinée de près. On pouvait aisément prendre comme indice la distribution des réponses d'appui sur une presselle ou un levier. Chez l'homme, les données sont contradictoires. Dans l'étude de Callaway (citée par Requin et Bonnet, 1968), les sujets ont pour consigne d'appuyer à leur convenance sur une presselle, qu'ils doivent relâcher lorsque 5 secondes se sont à leur avis écoulées. Une tendance significative apparaît chez certains sujets du groupe : la fréquence des appuis et relâchements décroît au moment du complexe d'ondes QRS de l'électrocardiogramme. Mais aucune tendance de cet ordre n'est relevée par Requin et Bonnet (1968) dans une situation de tempo spontané, où les sujets doivent actionner une presselle selon une cadence qu'ils choisissent eux-mêmes. Les auteurs soulignent deux points importants. D'abord, le nombre de données recueillies dans ce type d'expériences est souvent trop faible pour garantir la pleine légitimité des traitements statistiques utilisés. On ne peut toujours exclure l'éventualité que la distribution des réponses, en fait parfaitement aléatoire, ne présente momentanément une hétérogénéité alléchante, qui disparaîtrait si l'expérience était prolongée et le nombre des sujets accru. Mais, si l'on admet que l'effet rapporté par Callaway dans son épreuve de production de durées est véridique et reproductible, peut-être alors faut-il supposer que les dimensions spécifiquement temporelles de la situation ont favorisé, chez certains sujets en tout cas, l'utilisation d'une base de temps liée au cycle cardio-vasculaire, utilisation que n'exigerait vraisemblablement pas une épreuve de tempo spontané. Cette hypothèse est séduisante; elle indiquerait que des bases de temps *ad hoc* peuvent se constituer pour jouer un rôle temporaire, lorsque la situation en marque la nécessité.

Des résultats positifs ont, par ailleurs, été obtenus chez le singe, dans un programme de conditionnement à composante temporelle (Forsyth, 1966). Il s'agit d'un programme d'évitement de Sidman : l'animal doit appuyer sur un levier dans un délai maximum de 10 secondes pour éviter de recevoir un choc électrique. Sa pression sanguine et son rythme cardiaque sont enregistrés pendant toute l'expérience. On constate que les appuis spontanés sur le levier sont moins fréquents environ 150 millisecondes après le début de l'élévation de pression sanguine consécutive à la systole, relativement aux autres phases du cycle cardio-vasculaire. Ces données sont intéressantes, et auraient mérité, si possible, d'être étendues : elles ne sont fondées que sur un seul animal, ce qui en limite malheureusement la portée. On peut s'étonner qu'aucune confirmation ultérieure n'ait été tentée — à notre connaissance, du moins — malgré les intentions avouées de l'auteur. Changement d'intérêt, ou obtention de résultats malencontreusement négatifs par la suite ?

Chez le chat, une tentative analogue est restée sans succès (Macar, 1970). Les animaux étaient soumis à un programme DRL impliquant deux appuis consécutifs de la patte sur deux leviers (A et B) voisins. Entre le premier et le second levier, un délai de 5 à 6 secondes devait être respecté. Observée en fonction du cycle cardiaque simultanément enregistré, la distribution des réponses sur les deux leviers se révèle parfaitement aléatoire. Mais un autre phénomène, digne d'attention, apparaît pendant l'intervalle séparant les appuis. Systématiquement, la réponse sur le levier A est suivie d'une tachycardie prononcée, qui ne se résorbe qu'après la réponse en B. Ce qui est troublant, c'est la relation qui s'établit entre l'importance de cette tachycardie et la précision de la régulation temporelle obtenue de l'animal : si la réponse en B est trop précoce, l'accélération cardiaque est particulièrement prononcée ; si elle est, au contraire, trop tardive, le rythme cardiaque n'est que légèrement plus rapide. On peut, dès lors, imaginer l'intervention d'une base de temps cardiaque, dans la mesure où les fluctuations du rythme se traduisent par l'obtention d'un nombre plus ou moins grand de battements cardiaques par unité de temps. Si les intervalles A-B trop courts sont concomitants d'une tachycardie très marquée, alors que les intervalles trop longs sont marqués par une accélération cardiaque moindre, il s'ensuit que, au cours des intervalles A-B, le nombre de battements cardiaques par unité de temps est toujours approximativement égal. Ce raisonnement est confirmé, *grosso modo*, par l'analyse des résultats. On est donc tenté d'admettre que les fluctuations du rythme cardiaque ont une influence sur les régulations temporelles. Mais une autre possibilité existe : c'est l'intervention d'un troisième facteur, déterminant à la fois les fluctuations des indices viscéraux et celles du niveau de performance... Si c'était le cas, les modulations du rythme cardiaque, pour systématiques qu'elles soient, perdraient beaucoup de leur intérêt.

Dans un programme DRL impliquant, chez l'homme cette fois, deux réponses d'appui séparées par un délai de 60 secondes minimum, Doehring et ses collaborateurs (1964) ont également relevé, chez certains sujets du moins, la présence de modifications systématiques du rythme cardiaque dans les essais suffisamment précis pour être renforcés: le rythme s'accélère d'autant plus que le délai touche à sa fin. L'analyse n'a malheureusement pas été tentée sur le point de savoir si l'importance de la tachycardie était en relation avec le degré de précision de la régulation temporelle.

L'obtention de résultats ambigus, si elle ne satisfait pas le chercheur, a au moins le mérite de lui poser des problèmes et d'aiguillonner son désir d'élaborer des hypothèses adéquates. Stimulés sans doute, autant que déçus, par la progression quelque peu déroutante de leurs expériences, Granjon et Requin (1970) ont fait le tour des interprétations qui leur semblaient vraisemblables quant à l'impact des facteurs cardio-vasculaires dans l'activité sensori-motrice, avant de se tourner vers des terrains de recherche plus gratifiants. Trois hypothèses sont retenues. La première est certainement la plus attrayante, mais ne s'appuie, de l'avis des auteurs, que sur des faits bien fragiles; elle propose d'admettre l'existence d'une base de temps cardiaque constituée par l'un ou l'autre événement particulier du cycle cardio-vasculaire. La deuxième éventualité est de supposer le rythme cardiaque à l'origine d'un mécanisme d'échantillonnage indéfiniment répété: les activités sensori-motrices seraient systématiquement postposées jusqu'au moment le plus propice du cycle. Enfin, la troisième hypothèse admet seulement que les phénomènes cardio-vasculaires ne font qu'entacher de perturbations périodiques le cours des processus sensori-moteurs, en y insérant une variance notable, sans signification fonctionnelle particulière.

Le problème a récemment rebondi sous l'impulsion de Lacey et Lacey (1977, 1978). Dans la période préparatoire de durée fixe précédant le signal impératif auquel doit répondre un temps de réaction, on observe, typiquement, une décélération cardiaque. Or, les auteurs montrent que cette bradychardie est plus ou moins forte selon la phase du cycle cardiaque pendant laquelle le signal impératif est délivré. Elle est plus prononcée lorsque le signal survient dans une phase précoce; s'il survient tardivement, c'est la période cardiaque suivante qui s'allonge en conséquence. Peut-être les modifications du rythme cardiaque jouent-elles décidément un rôle dans la régulation du comportement? Cette éventualité est encore suggérée par des données récoltées dans un programme de conditionnement temporel: on trouve chez des sujets humains soumis à un DRL 15 secondes, avec LH de 4 secondes, une relation entre rythme cardiaque et distribution des réponses d'appui sur la presselle dans les essais corrects. L'appui tombe d'autant plus tard dans un cylce cardiaque que le cycle immédiatement précédent est plus court.

Le déterminisme physiologique de ces phénomènes doit être recherché dans le corps des connaissances relatives au contrôle du cœur par le nerf vague, connaissances réunies grâce à l'expérimentation animale. On sait que la stimulation du nerf vague entraîne un allongement de la période cardiaque. Si la stimulation a lieu au début du cycle, c'est celui-là même qui est affecté; si elle est plus tardive, l'allongement se produit au cycle suivant (voir par exemple, Dong et Reitz, 1970; Levy et Zieske, 1972). Cet effet provient du fait que la stimulation vagale déclenche la libération d'acétylcholine, qui agit sur le nœud sinoatrial (Levy et al., 1970). On sait aussi que l'excitation des barorécepteurs sino-carotidiens, comme celle des afférences vago-aortiques, a des conséquences inhibitrices sur le système nerveux central (Heymans et Neil, 1958; Gahéry et Vigier, 1974), et imprime ses effets à des niveaux variés; on voit notamment certains réflexes et mouvements spontanés diminuer d'amplitude (Koch, 1932; Pinotti et Granata, 1954). Or, les barorécepteurs sont stimulés par l'augmentation de pression sanguine contemporaine de chaque systole. On pourrait peut-être en déduire qu'en dehors de la phase systolique, l'activité réduite des barorécepteurs risque d'avoir des effets facilitateurs sur les activités sensori-motrices (Lacey et Lacey, 1978). Si cette hypothèse insiste sur la signification fonctionnelle des interactions qui semblent exister entre processus cardio-vasculaires et comportement, elle n'en dit pas long sur le rôle que pourrait jouer une éventuelle base de temps cardiaque. Mais il est certain, compte tenu des possibilités d'adaptation du système nerveux, que de telles interactions peuvent vraisemblablement se doter tôt ou tard d'une fonction spécifique, quand bien même elles seraient, à l'origine, tout à fait fortuites. L'avenir fournira peut-être matière à plus ample discussion sur ce point.

Diverses activités nerveuses et mouvements spontanés se distribuent également de façon hétérogène dans le cycle respiratoire. On a donc suggéré, comme sur le plan cardiaque, que l'accroissement périodique de l'activité respiratoire entraînait la répétition cyclique d'une phase d'inhibition motrice. Ainsi, il y aurait réduction des performances motrices au moment de l'inspiration — d'où une amélioration du temps de réaction (Callaway et Buchsbaum, 1965) et une plus haute fréquence d'apparition de divers indices électro-encéphalographiques et comportementaux (Poole, 1961) pendant l'expiration. Mais il n'est pas rare de trouver dans la littérature scientifique des résultats inverses, ou simplement une absence de variations significatives.

D'autres auteurs ont enfin tenté d'établir un lien stable entre indices viscéraux et comportementaux en vérifiant à ces deux niveaux l'impact d'un troisième facteur. Malgré l'existence de résultats résolument négatifs (Schaefer et Gilliland, 1938; Ochberg et al., 1964; Ochberg et Treister, 1970), cette méthode a parfois porté ses fruits. Certaines drogues, connues pour leur effet «stimulant» ou «calmant», affectent à la fois les périodicités cardio-vasculaire et respiratoire, et les jugements temporels récoltés par la méthode de production, pour des durées comprises entre 0,5 et 4 secondes (Hawkes et al., 1962). Un intervalle de 15 secondes est reproduit avec une meilleure précision lorsque le rythme du pouls et celui de la respiration traduisent un niveau d'éveil plus haut, l'expérience étant répétée à différents moments de la journée afin de pouvoir comparer des niveaux d'éveil distincts (Adkins, 1964). Enfin, à l'encontre de la relation positive qui apparaît le plus fréquemment entre niveau d'éveil et temps subjectif, il semble qu'une durée de 14 secondes soit sous-estimée davantage lorsque le pouls est particulièrement rapide que lorsqu'il se ralentit, l'accélération du pouls étant produite par un exercice physique préliminaire à la série expérimentale (Curton et Lordahl, 1974). Ce type de technique s'assortit néanmoins d'une objection de poids. Une drogue agit à plusieurs niveaux sur l'organisme; le degré d'activation influe sur de multiples facteurs. Où sont les causes réelles des effets comportementaux obtenus? Nulle preuve n'existe qu'elles résident dans les manifestations végétatives enregistrées.

Pour conclure, soulignons qu'il est, dans ce champ de recherche, une observation fréquente qui ouvre des possibilités intéressantes. Si les variations interindividuelles y sont de règle, il arrive que l'on obtienne, chez un ou deux sujets d'un groupe, des résultats très consistants, comme si l'existence d'une base de temps était en effet probable, mais seulement dans certains cas particuliers. Cette observation suggère à nouveau que la constitution d'une base de temps adaptée aux exigences de chaque situation est, en quelque sorte, une affaire personnelle. Il semble que de multiples indices, de diverses natures, puissent acquérir une fonction à cet égard, selon les circonstances. Dans cette optique, il n'existerait bien évidemment pas de base de temps unique, mais plutôt une infinité de mécanismes susceptibles d'en faire office. Et si vraiment les bases de temps ne sont constituées que lorsque le besoin s'en fait sentir, il faut admettre qu'elles n'ont aucune permanence, aucune préexistence dans l'organisme. La caractéristique fondamentale de ce système de structuration temporelle serait, en définitive, une infinie souplesse.

2. *Les indices proprioceptifs*

Un moyen simple d'améliorer le jugement temporel, c'est de recourir au comptage : compter les secondes, ou, si l'on veut, toute autre durée suffisamment brève pour être utilement choisie comme unité de temps. L'efficacité de cette technique est depuis longtemps établie (Gilliland et Martin, 1940), et semble d'ailleurs avoir suscité trop peu de doutes dans l'esprit des chercheurs pour les inciter à entreprendre de nombreuses vérifications expérimentales. L'étude de Gilliland et Martin indique pourtant que l'effet du comptage n'a rien d'inconditionnel : il aide surtout les sujets qui n'ont pas l'air d'éprouver pour la tâche temporelle un intérêt passionné; les autres, plus attentifs, n'en ont apparemment pas besoin — ce qui explique qu'on puisse rencontrer çà et là, dans cette littérature assez maigre, des résultats négatifs (par exemple, Lhamon et Goldstone, 1956).

Le problème est de savoir si le comptage a pour effet de potentialiser des indices sur lesquels s'appuie en toute occasion l'évaluation de la durée — en les rendant plus manifestes, en y associant des signaux complémentaires, en attirant sur eux l'attention du sujet — ou s'il met en jeu des processus fondamentalement différents. La seconde hypothèse serait étayée par le fait que l'on n'observe généralement aucune corrélation entre les résultats récoltés avec et sans comptage. De plus, on constate la présence d'effets séquentiels dans les intervalles produits en série après la présentation du délai standard, le sujet se basant sur sa dernière évaluation et essayant apparemment de la corriger, alors que ce type d'effet est toujours absent lorsque le comptage intervient (Vroon, 1976). Vroon suggère que l'intervalle fait l'objet d'une représentation directe sur un continuum subjectif dans le premier cas; dans le second, il est stocké, non pas intégralement, mais en tant que multiple de quelque unité temporelle subjective, dont le sujet ne se rappelle pas nécessairement la valeur. Il s'agit bien là de processus distincts. Le fractionnement en intervalles courts a ses avantages, puisque la variance des durées produites décroît en fonction du nombre des subdivisions (Getty, 1976).

Mais peut-être le comptage (à haute voix, du moins) ne fait-il qu'accentuer le rôle des mécanismes proprioceptifs [5] dans l'évaluation de la durée, en ce qu'il implique l'intervention du langage. C'est à une conclusion de cet ordre qu'aboutit par exemple l'étude de Goldstone et de ses collaborateurs (1958) chez l'enfant. Ils s'intéressent à une question très spécifique : celle de l'acquisition de la notion de seconde. Même si la seconde est une unité arbitraire, cette notion n'est nullement mineure, puisqu'elle facilite la calibration de l'expérience temporelle. Avant 8 ans, les jugements relatifs à la seconde révèlent une variabilité intra-individuelle très prononcée. Entre 8 et 14 ans, cette variabilité décroît peu à peu, car le concept se stabilise; les jugements temporels sont comparables à ceux de l'adulte. La tendance générale est à la sous-estimation. Mais le niveau de performance s'améliore considérablement, dès l'âge de 8 ans, si l'on demande à l'enfant de compter les secondes mentalement ou à haute voix. La seconde subjective s'allonge davantage avec le comptage à haute voix, donc, semble-t-il, lorsque l'investissement musculaire est plus important. Fait amusant, et peut-être lourd de signification, les enfants les plus jeunes sont souvent incapables de compter mentalement sans remuer les lèvres ou taper du doigt, comme si la notion temporelle nécessitait d'autant plus l'intervention des indices proprioceptifs que son développement est moins achevé.

On a toujours soupçonné la part que la proprioception pouvait prendre dans l'expérience temporelle. Woodrow (1951) remarque que cette dernière s'accompagne parfois d'une sensation de tension dans les mains, les bras, les muscles respiratoires, les organes vocaux. Fraisse (1967a) rapporte qu'une bonne façon de contrôler si deux stimulations hétérosensorielles sont simultanées ou successives, c'est d'associer à chacune d'elles une réponse motrice: deux coups sur la table (main gauche répondant au son, main droite à la lumière, par exemple) facilitent la discrimination, car une simultanéité motrice presque parfaite — à quelques millisecondes près — peut être atteinte. Or, l'importance des afférences proprioceptives dans ce type de mouvement ne fait aucun doute, même si elles ne constituent qu'une partie d'un ensemble de régulations sensori-motrices complexes (Paillard, 1976). Synchroniser des frappes digitales ou des «tops» verbaux à deux stimulus successifs aide également à apprécier le délai qui les sépare.

Une hypothèse est née de ces observations: les propriocepteurs renseigneraient l'organisme sur l'état de tension musculaire corrélatif de l'expérience temporelle, ou, si l'on veut, des situations d'attente dont cette expérience est issue. On pourrait tenter de mesurer cet état de tension en enregistrant l'électromyogramme des sujets occupés à évaluer la durée. Saslow (1968), qui emploie cette technique dans une expérience de temps de réaction chez le singe, rejette l'hypothèse d'une régulation d'origine périphérique. Cette étude apparaît comme une exception dans une littérature scientifique dont l'indigence, sur cette question particulière, ne peut que surprendre; faut-il en conclure que les expériences restent à faire, ou qu'elles ont été enterrées aussitôt réalisées, n'ayant produit que des résultats négatifs? En fait, les indices électromyographiques, s'ils existent, sont probablement trop subtils pour être décelés par les techniques d'enregistrement courantes. La psychophysique, nous l'avons vu, n'a rassemblé que des données assez inconsistantes sur l'effet de la tension musculaire, en exigeant du sujet qu'il pousse plus ou moins fort sur une clé, qu'il soulève des poids, qu'il se couche ou se tienne debout, qu'il actionne un dynamomètre, ... Une variante de cette dernière tâche permet des conjectures intéressantes: il s'agit de pousser de la main droite un mobile sur une distance de 60 centimètres, qui doit être couverte en 2 secondes, tandis que la main gauche doit maintenir une pression fixe sur un dynamomètre (Parker, 1973). Selon les séries expérimentales, les pressions diffèrent; elles sont définies comme 25, 50 ou 75 % de la force maximale dont le sujet s'est montré capable lors des mesures préliminaires. La performance temporelle la plus précise correspond au niveau de tension de 50 %. Or, c'est le niveau pour lequel le travail au dynamomètre requiert le plus d'attention, car il nécessite un ajustement délicat; à 25 ou 75 %, la tension est presque nulle ou presque maximale, par conséquent facile à repérer. Il semble donc légitime de conclure que plus le sujet tient compte des indices proprioceptifs, plus son jugement temporel s'affine. La compatibilité des deux tâches est d'autant plus frappante que l'usage concomitant des deux mains à des fins différentes et la division de l'attention que celles-ci supposent suggéraient *a priori* une compétition préjudiciable à la réussite globale. Si l'on admet (voir chapitre 7) que l'attention, processus limité, ne peut se focaliser sur une tâche qu'au détriment des tâches d'autres natures, on en vient à conclure que les deux versants du protocole expérimental comportent un élément d'unification fondamental, que l'on peut apparemment situer au niveau proprioceptif.

C'est encore au contexte proprioceptif que se rattache l'ensemble des travaux relatifs au «*timing*» mis en œuvre dans les épreuves d'habileté motrice, où il s'agit en général de prévoir la position future d'un mobile pour pouvoir y adapter une réponse ou une séquence de réponses particulières. Dans la vie quotidienne, le timing est d'usage courant: essayez d'être bien placé pour rattraper la balle de tennis que votre adversaire vous envoie, ou de prévoir exactement le point de chute de la crêpe que vous venez de projeter dans les airs — vous faites du timing. Certaines situations courantes ont d'ailleurs inspiré les chercheurs, témoin le travail de Tyldesley (1975) sur les joueurs de ping-pong. Trois théories distinctes tentent de rendre compte de la précision et de la rapidité remarquables auxquelles satisfont ces processus d'anticipation; elles insistent sur le rôle des mécanismes soit périphériques, soit centraux. La première suppose que le déclin, dans la mémoire à court terme, d'une trace proprioceptive résultant d'une réponse donnée, sert de signal à la réponse suivante, et ainsi de suite dans toute la séquence motrice (*decay hypothesis*). Présentée par Adams et Creamer (1962a) au début des années soixante, cette thèse a fait l'objet de raffinements récents (Adams, 1977), en particulier sur la question des récepteurs articulaires qui seraient à la base du feedback proprioceptif. La seconde théorie, élaborée par Schmidt et Christina (1969), admet l'utilisation directe des influx proprioceptifs dérivant d'un mouvement pour l'initiation des éléments suivants de la chaîne (*input hypothesis*), sans faire mention des traces laissées par ces influx dans la mémoire à court terme. La troisième enfin, défendue notamment par Keele (1968), ne reconnaît que l'intervention du système nerveux central dans le pilotage de la séquence motrice : celle-ci serait exécutée, du début à son terme, en fonction d'un programme central (*preprogramming hypothesis*). De ces trois théories, seules les deux premières supposent donc une régulation périphérique, grâce à un feedback proprioceptif dont l'ampleur dépendra notamment des paramètres de tension ou d'amplitude que la tâche met en œuvre. Corollaire évident, qui doit permettre de tester la validité des hypothèses : si l'on accroît le feedback, le niveau de performance s'améliore. Bon nombre d'expériences ont été menées pour vérifier cette assertion. Les résultats vont dans le sens attendu si l'on accroît la force requise dans une tâche de « poursuite » (« *tracking* ») visuelle, dans laquelle il s'agit de manoeuvrer une poignée qui règle les mouvements d'un mobile sur un écran, de façon à maintenir ledit mobile entre deux lignes lumineuses qui surgissent régulièrement à gauche puis à droite du champ (Adams et Creamer, 1962b). L'hypothèse est également confirmée sous le rapport de l'amplitude du mouvement, s'il s'agit de pousser un mobile le long d'un rail afin qu'il couvre en 2 secondes exactement une distance de 2,5 ou de 65 centimètres (Ellis et al., 1968). Mais ce type d'expériences prête le flanc à la critique, car les modifications des conditions de force ou d'amplitude concernent directement le membre impliqué dans la tâche ; peut-être l'amélioration du niveau de performance résulte-t-elle seulement d'éventuels effets mécaniques, l'épreuve étant facilitée quand on change les paramètres du mouvement requis. De plus, on ne parle ici que de feedback proprioceptif, oubliant que les mouvements volontaires dont celui-ci dérive impliquent nécessairement tout un jeu d'efférences motrices ; pourquoi ne pas imaginer que les indices indispensables au timing découlent des messages transitant des centres nerveux vers les muscles ? Il ne faut pas oublier qu'un mouvement volontaire, même très simple, repose toujours sur une régulation temporelle fine dans la mesure où il implique la coordination de groupes musculaires antagonistes. On peut supposer que le système neuromoteur comprend des mécanismes de timing tout à fait indépendants des processus de feedback (Jones, 1972, 1974).

Une seule solution pour lever ces objections: dissocier les mouvements générateurs de feedback des mouvements impliqués dans le timing, et s'assurer que les premiers sont uniquement passifs. C'est ce qu'ont fait Quesada et Schmidt (1970). Leur méthode consiste à imposer au bras gauche du sujet un déplacement passif; 2 secondes après la fin de celui-ci, un signal apparaît, et le sujet doit tenter d'en prévoir le moment exact pour relâcher à cet instant la presselle qu'il maintient appuyée, grâce à son index droit, depuis le début de l'essai. On constate que le timing est plus précis et plus stable en présence du mouvement passif que sans lui. Schmidt et Christina (1969), par ailleurs, comparent l'effet d'un mouvement plus ou moins ample du bras gauche sur la précision du timing de la main droite. Ici encore, l'addition du mouvement gauche a un effet positif, mais l'interprétation se complique du fait que les meilleurs résultats correspondent au mouvement le moins ample. Ceci tendrait à infirmer la théorie de l'*input proprioceptif* défendue par les auteurs, s'il n'apparaissait, après mûr examen, que les mouvements amples sont empreints, bien plus que les mouvements ténus, d'une grande variabilité intra-individuelle; or, la théorie en cause prédit aussi que le feedback proprioceptif doit être consistant si l'on veut que le sujet ait quelque chance d'en faire usage pour réguler les maillons suivants de la chaîne motrice. Sans cette consistance, aucun lien efficace ne peut s'établir. On arrive donc, en définitive, à confirmer indirectement l'hypothèse de l'*input*. L'expérience de Ellis (1969), qui s'appuie sur le feedback proprioceptif issu du larynx et du diaphragme, plaide aussi en sa faveur: le sujet épelle des mots de 2, 3 ou 4 lettres pendant un intervalle de 2 secondes, sans disposer du feedback auditif, qui est masqué par un bruit blanc; on constate que plus le mot est long, plus le timing est précis.

Il faut dire toutefois qu'il n'est pas toujours facile de départager l'hypothèse de l'*input* de celle du *decay*, car plusieurs prédictions de l'une valent aussi bien pour l'autre — l'exigence relative à la consistance du feedback proprioceptif en est un exemple. Pour s'assurer que l'indice décisif réside dans le déclin de la trace proprioceptive et non dans les influx proprioceptifs eux-mêmes, il faut supprimer ceux-ci pendant l'intervalle de timing en s'assurant que le sujet reste aussi immobile que possible. Le plan expérimental de Quesada et Schmidt, décrit ci-dessus, répond à cet impératif; c'est, à ce jour, la confirmation la moins contestable qu'ait reçu la théorie du déclin; elle compense les résultats négatifs obtenus par Christina (1970) dans une situation assez proche, mais critiquable sous l'angle de la consistance des mouvements impliqués dans le feedback. Une autre prédiction spécifique à la théorie du déclin est relative au timing statique, dans lequel la séquence motrice comporte des pauses entre mouvements successifs. La trace est supposée décliner plus rapidement peu de temps après sa formation que plus longtemps après: le déclin suit une courbe exponentielle; il est donc plus facile à discriminer au début. Il s'ensuit logiquement que plus la pause est longue, plus le timing doit se dégrader. Cette prédiction a été confirmée (Adams et Xhignesse, 1960; Adams et Creamer, 1962a) dans des travaux qui n'échappent malheureusement pas à la critique formulée ci-dessus: feedback et timing y sont confondus au niveau du même membre. On attend sur ce point des arguments plus décisifs.

Reste, enfin, la théorie centrale: selon la *preprogramming hypothesis*, le feedback proprioceptif n'est nullement nécessaire. Le timing des différents maillons de la séquence motrice est réglé dans un programme moteur qui, une fois déclenché, se poursuit jusqu'à son terme. Le programme est sélectionné par les centres nerveux supérieurs et exécuté sous leur contrôle par des centres situés plus bas dans la hiérarchie. Les tenants de cette hypothèse considèrent notamment que la cadence des corrections de mouvements exécutés dans les tâches de poursuite visuelle est trop rapide pour laisser à un feedback proprioceptif le temps d'intervenir: tout doit donc être programmé à l'avance. Mais si l'on sait que le feedback ne doit pas nécessairement être perçu pour entraîner une réponse du sujet (Henry, 1953), on conviendra que ce type de régulation puisse être extrêmement rapide. De fait, le délai d'apparition de l'activité électromyographique répondant à un stimulus moteur serait seulement de 30 à 40 millisecondes, d'après les travaux récents (Evarts, 1973); on l'avait cru longtemps supérieur à 100 millisecondes (Chernikoff et Taylor, 1952). Une autre ligne d'argumentation favorable à la programmation centrale a perdu de son crédit depuis peu; elle se réfère aux expériences de déafférentation. Les volte-face interprétatives se succèdent, dans ce domaine, depuis la fin du siècle dernier. On a d'abord soutenu que les mouvements volontaires devenaient impossibles après section des voies sensorielles desservant les membres impliqués, soulignant par là le rôle crucial du feedback sensoriel dans la régulation du mouvement (Mott et Sherrington, 1895). Quelque vingt ans plus tard, Lashley (1917), frappé de la relative précision avec laquelle un malade, privé de sensations dans les jambes après une blessure par balle ayant atteint la moelle épinière, arrivait encore à positionner celles-ci, proclame au contraire l'origine centrale du contrôle moteur. Cette hypothèse est confirmée à plusieurs reprises, principalement sur la base d'expériences de déafférentation chez le singe, qui concluent à la persistance du mouvement en l'absence d'influx sensoriels (voir la synthèse de Taub, 1977); par exemple, l'animal peut apprendre à mouvoir le bras dans un sens bien déterminé, en réponse à un signal auditif, pour éviter de recevoir un choc électrique, même après déafférentation de ses membres antérieurs qui sont, de plus, dérobés à sa vue (Taub et al., 1965). Mais une brèche vient d'être ouverte dans l'édifice théorique construit sur ce type de travaux. La technique de déafférentation classique est fondée sur la loi de Bell et Magendie, qui date du siècle dernier et suppose une séparation nette, au niveau de la moelle épinière, entre les afférences sensorielles et les efférences motrices; les premières gagnent la moelle par les racines dorsales, les secondes la quittent par les racines ventrales. Il suffit donc de sectionner la zone rachidienne dorsale qui correspond au membre visé pour priver ce dernier de ses influx sensoriels. C'est du moins ce qu'on pensait jusqu'à ce qu'on découvre, au niveau des racines ventrales, la présence de fibres sensorielles dont certaines concernent indubitablement les membres (Coggeshall et al., 1975; Clifton et al., 1976). La persistance du mouvement après section rachidienne dorsale peut donc s'expliquer par la sauvegarde d'un feedback proprioceptif partiel. La thèse de la programmation centrale vacille sous le coup. C'est en tout cas l'avis d'Adams (1977); mais Kelso (1978) s'insurge contre cette assertion: selon lui, la vitesse de conduction de l'influx nerveux dans les fibres afférentes des racines ventrales est beaucoup trop lente pour assurer un tel feedback. Il faut, par ailleurs, reconnaître que d'autres données viennent accréditer la thèse centraliste. Ainsi, on peut supprimer tout feedback afférent par injection de curare, qui provoque une paralysie complète; chez le rat soumis à ce traitement, Koslovskaya et ses collaborateurs (1973) ont réussi à modifier par conditionnement le niveau d'activité d'un nerf moteur de la patte.

Théories centraliste et périphériques restent donc face à face. Entre elles, les auteurs les plus conciliants refusent de choisir: on peut très bien imaginer la prédominance des contrôles centraux dans certains types de séquences motrices, celle des mécanismes de feedback dans d'autres (Schmidt, 1971). La tendance actuelle semble bien être de puiser aux deux sources, en condamnant tout radicalisme excessif (Kelso, 1978).

Signalons enfin que quelques expériences ont été réalisées chez l'animal dans un cadre interprétatif identique. Elles sont généralement passibles des mêmes critiques que celles menées chez l'homme : il n'est pas exclu que seuls des effets mécaniques soient responsable des modifications qu'accuse le niveau de performance. Leur intérêt ne fait néanmoins aucun doute, et on peut déplorer qu'elles ne soient pas plus nombreuses à ce jour. Deux d'entre elles nous paraissent spécialement représentatives de ce courant de recherche. Chez le rat entraîné à appuyer de la patte sur un levier, sans discontinuer, pendant 1,6 seconde au minimum, pour obtenir un renforcement, on constate que la force de l'appui montre au cours du délai des oscillations importantes, dont la régularité est en relation positive avec le niveau de performance (Fowler et al., 1972). Y aurait-il utilisation du feedback proprioceptif à des fins de régulation temporelle ? S'agit-il de conduites collatérales ? Celles-ci, nous l'avons vu, sont parfaitement compatibles avec une interprétation proprioceptive, mais s'insèrent également dans d'autres cadres théoriques (celui de l'inhibition comportementale, par exemple). Une au-

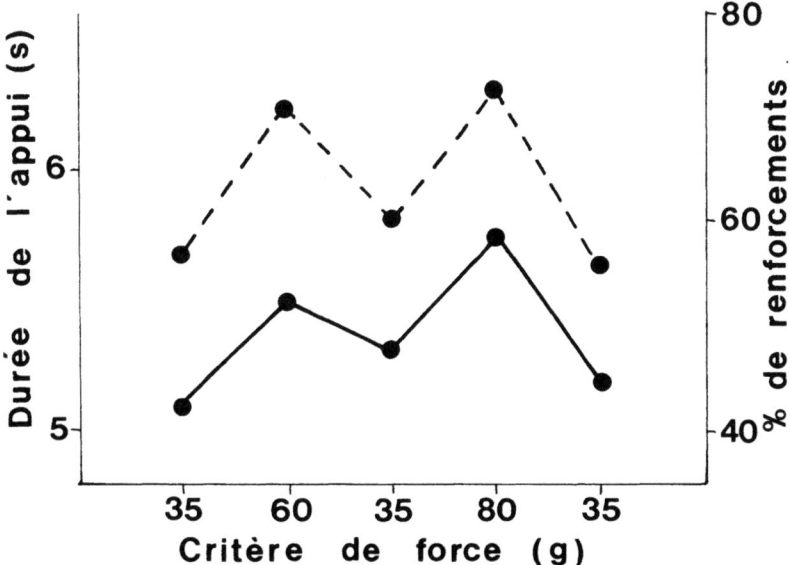

Figure 15. Expérience de Greenwood (1977) chez le chat. Durée de l'appui sur le 1er levier (trait plein; ordonnée de gauche, en secondes) et pourcentage de renforcements obtenus (pointillés; ordonnée de droite) pour chaque critère de force (abscisse, en grammes). Il s'agit de moyennes calculées sur les 10 dernières sessions expérimentales de l'animal qui présente une relation positive entre force et durée de l'appui. La durée minimale renforcée était de 5 secondes. (Graphique réalisé d'après les données de Greenwood, 1977.)

tre étude, réalisée chez le chat (Greenwood, 1977), apporte à l'hypothèse proprioceptive un support mitigé. Les animaux doivent appuyer sur un levier pendant une période déterminée, variant individuellement entre 0,5 et 6 secondes, puis actionner un second levier qui déclenche l'arrivée d'un renforcement alimentaire. La force d'appui requise sur le premier levier est fixée successivement à 35, 60, 35, 80 et 35 grammes, chacune de ces valeurs étant testée au cours d'une douzaine de sessions expérimentales. Sur quatre chats, un seul tire profit des variations du critère de force : il allonge sa durée d'appui sur le premier levier lorsque la force exigée augmente, ce qui lui vaut une augmentation du pourcentage de réussites. On ne note aucune relation significative entre le critère de force — donc l'ampleur du feedback proprioceptif — et le niveau de performance chez les autres animaux. Par ailleurs, deux chats sur quatre (notamment celui qu'influence le critère de force) adoptent des conduites collatérales stéréotypées pendant l'appui sur le premier levier. De tels résultats favorisent l'hypothèse que nous avons suggérée dans la discussion du *mediating behavior* (chapitre 4) : chaque animal semble choisir inconsciemment la stratégie qui lui convient ; l'un tire parti des indices proprioceptifs disponibles, un autre néglige tout indice observable, facilitant la discrimination d'éventuels signaux internes d'une autre nature par une réduction efficace des messages sensoriels perturbateurs.

Le rôle des indices proprioceptifs chez l'animal a encore été évoqué dans d'autres contextes : celui des études de lésion des structures cérébrales — nous en parlerons bientôt — et celui des recherches psychopharmacologiques. Ainsi Richelle et ses collaborateurs (1962) ont-ils soulevé cette hypothèse à propos des déficits observés, chez le chat et le rat soumis à des programmes de conditionnement temporel, après injection de chlordiazepoxide, produit dont on connaît les propriétés myorelaxantes. L'étude de Cook et Kelleher (1961), qui compare les effets de substances à action centrale ou périphérique et reconnaît aux premières un pouvoir perturbateur plus marqué dans les conditionnements temporels, paraît cependant peu favorable à cette interprétation.

Un appel à la prudence s'impose, pour conclure, en ce qui concerne l'interprétation des études relatives au timing moteur. Expérience temporelle et timing moteur sont tranquillement assimilés dans une bonne partie de la littérature actuelle, ce qui ne va pas sans agacer certains auteurs (cf. Tyldesley et Whiting, 1975). Il n'est pas sûr qu'une telle assimilation soit illégitime, et que les processus intervenant dans l'un et l'autre cas soient fondamentalement différents ;

mais, à défaut de preuves, elle est à tout le moins prématurée. Si le rôle du feedback proprioceptif dans le timing moteur est un jour démontré sans conteste, il restera à en établir la généralité pour ce qui est de l'expérience temporelle au sens large. Il faut, à nouveau, souligner que la diversité des phénomènes temporels à travers la sphère biologique rend tout à fait plausible la coexistence d'une pluralité de mécanismes bien distincts.

3. *Le rôle du système nerveux central*

Même si l'avenir établissait que l'existence d'indices proprioceptifs ou viscéraux est indispensable à l'élaboration des jugements temporels, il faudrait encore expliquer comment ces indices sont intégrés, décodés, organisés. Le rôle des structures centrales à cet égard est vraisemblablement crucial. Cela ne signifie nullement que le système nerveux central est indispensable au « sens du temps » en général; on a vu que celui-ci n'était pas l'apanage des organismes les plus évolués, et qu'un conditionnement temporel, par exemple, pouvait s'établir dès la cellule même. Mais, là où les structures centrales existent, il est raisonnable de supposer qu'elles ont pris le contrôle de ce type de phénomènes.

Ce contrôle ne semble dépendre d'aucune structure particulière. Au niveau cérébral, tout indique au contraire qu'il s'agit d'une action d'ensemble, et que, si un site déterminé se trouve hors d'état de fonctionner, d'autres prennent le relais. Aucune lésion cérébrale précise n'a jamais amené la disparition globale et définitive du « sens du temps » — les manifestations de celui-ci sont, de toute évidence, beaucoup trop diverses pour que cela soit possible. Pourtant, certaines structures cérébrales semblent avoir un rôle privilégié dans l'une ou l'autre de ces manifestations, quand bien même ce rôle n'a rien d'exclusif.

Les informations concernant cette question proviennent, en priorité, de l'examen des déficits consécutifs au dysfonctionnement ou à l'inactivité complète d'une structure cérébrale. On dispose de deux sources d'informations. La première est d'utilisation difficile, puisqu'il s'agit des troubles causés, chez l'homme, par les lésions accidentelles; les comparaisons entre cas différents sont délicates, non seulement parce que l'étendue de la lésion est rarement identique, mais aussi parce qu'on connaît généralement mal l'histoire individuelle avant l'accident. Comment apprécier l'atteinte des processus d'évaluation des durées brèves, par exemple, si l'on ignore de quelle précision le malade était auparavant capable ? La seconde source d'informations tente de pallier ces inconvénients; on pratique des lésions ou des ablations cérébrales aussi comparables que possible chez un groupe d'animaux dont on a bien cerné l'histoire, au moins dans le cadre du programme de conditionnement qui doit permettre d'observer l'évolution des comportements temporels. Les animaux sont conditionnés avant ou après l'opération, selon que l'on s'intéresse à la rétention ou à l'acquisition des conduites en question.

A. *Données obtenues après lésion des structures cérébrales*

● L'apport de la pathologie humaine

Chez l'homme, les lésions du lobe occipital droit provoquent fréquemment des troubles de l'évaluation des durées. Elles induisent en outre des impressions curieuses quant à l'écoulement du temps et à la vitesse de déroulement des phénomènes, et peuvent supprimer la capacité qu'ont certaines personnes de s'éveiller à l'heure qu'ils ont choisie (Lehmann, 1967; Goody, 1969). Les régions temporales ont aussi attiré l'attention; une des raisons en est le célèbre cas du malade de Scoville et Milner (1957), identifié dans la littérature scientifique par les initiales H.M.; ce malade a subi il y a plus de vingt ans une ablation bilatérale du cortex médio-temporal, opération motivée par le fait qu'il souffrait de crises épileptiques graves. Il présente depuis des troubles mnésiques qui ont fait l'objet de multiples investigations. S'il a conservé le souvenir de nombreux faits anciens, il ne reconnaît pas le visage de la personne qu'il a rencontrée une heure plus tôt. Soumis à une tâche de reproduction de durées, il ne présente pas de déficit apparent pour une gamme d'intervalles relativement brefs; au-delà de 20 secondes, cependant, il tend à sous-estimer considérablement la durée objective. Ainsi, un délai de 5 minutes est réduit par lui à moins de 1 minute (Richards, 1973). L'atteinte du lobe temporal, qu'il soit siège d'une lésion, d'une tumeur ou de foyers épileptiques, peut aussi susciter une haute fréquence d'apparition du phénomène du « déjà vu ». Cette impression, que chacun est susceptible de ressentir à l'une ou l'autre occasion, a des dimensions temporelles; passé et présent semblent s'y confondre, puisqu'on s'imagine revivre une situation déjà vécue, ou se trouver dans un lieu déjà familier, contre toute logique apparente. On sait, enfin, que les hémiplégiques ayant subi des accidents cérébro-vasculaires à l'hémisphère droit peuvent avoir des difficultés à apprécier l'ordre de succession de deux stimulus auditifs si le premier est délivré à l'oreille gauche, correspondant à l'hémisphère malade — les voies sensorielles étant croisées — puis le second à l'oreille droite. Leur niveau de performance reste satisfaisant dans le cas inverse. Il semble qu'il y ait retard du traitement de l'information relative à l'hémisphère malade (Belmont et Handler, 1971). On a signalé d'autres cas d'altérations de la durée subjective consécutives aux lésions vasculaires ou néoplastiques ayant pour effet de perturber la synchronisation normale entre les deux hémisphères.

Certains auteurs (notamment Efron, 1963c) considèrent que l'hémisphère gauche serait plus précisément dévolu au traitement de l'information temporelle, tandis que l'hémisphère droit serait d'abord investi par les messages concernant les dimensions spatiales des stimulus. La distinction est traditionnelle, mais probablement trop schématique pour rendre compte de la complexité des faits. Plusieurs noyaux sous-corticaux bilatéraux ont, par ailleurs, un rôle vraisemblable dans les phénomènes temporels. Les noyaux thalamiques [6] sont en tête de liste; ils sont en connexion avec de multiples sites corticaux et sous-corticaux, et le réseau nerveux ainsi constitué fournit un support propice aux processus temporels. La lésion bilatérale de certains noyaux thalamiques produit des confusions temporelles, rassemblées en clinique humaine sous le terme de *chronotaraxie* (Spiegel et al., 1956). Le malade ne se rappelle plus la date, l'heure du jour ou même la saison; il ne sait combien de temps il est resté à l'hôpital, ni quel âge il a exactement. Il faut noter que toutes ces estimations mettent en jeu des processus complexes, impliquant surtout l'intervention de la mémoire; l'évaluation de la durée elle-même serait plus clairement mise en cause dans des épreuves psychophysiques, mais on dispose de peu de données à cet égard. Dans les cas de chronotaraxie, on voit souvent le malade tenter de corriger ses premières impressions par une démarche intellectuelle: il pense avoir été opéré 2 jours auparavant, mais étant donné l'état de la cicatrisation, le nombre de visites qu'il a déjà reçues, etc., il en déduit qu'il s'agit plus vraisemblablement d'une bonne semaine. Les noyaux thalamiques dorso-médians, et leurs connexions avec le lobe frontal, semblent particulièrement impliqués dans ces troubles. Ces noyaux sont connus pour leur fonction essentiellement associative; ils sont en relation avec les zones associatives du cortex cérébral, où les fibres nerveuses de toutes natures entrent en interaction. Les noyaux thalamiques antérieurs, qui font partie des noyaux de relais sensoriels, pourraient aussi avoir un rôle dans les processus temporels (Spiegel et Wycis, 1968). Pourtant, Riklan et collaborateurs (1969) n'ont pu mettre au jour aucun déficit particulier chez des patients atteints de lésions thalamiques à différents niveaux, avec une batterie de tests perceptifs et cognitifs incluant notamment des épreuves à composante temporelle (rythme de frappe spontané ou précipité, production d'un intervalle de 15 secondes). Pour les auteurs, si les structures lésées ont un rôle quelconque dans les conduites analysées, il est clair en tout cas que ce rôle peut être également rempli par d'autres sites cérébraux.

Deux limitations sont à signaler en ce qui concerne les problèmes de chronotaraxie. D'abord, celle-ci n'affecte pas tous les malades présentant des lésions thalamiques analogues; lorsque c'est le cas, la gravité des symptômes, tout autant que la direction des erreurs commises (surestimation ou sous-estimation du temps), varient interindividuellement. Ensuite, les troubles sont toujours transitoires, et disparaissent après quelques jours ou, au pire, quelques mois. Le rôle d'autres circuits cérébraux est donc assez clairement indiqué par ce type d'observations. D'ailleurs, il est impossible de dissocier la chronotaraxie des troubles d'autres natures, et notamment des troubles mnésiques; on la rencontre, par exemple, dans le syndrome de Korsakoff. Le problème qui se pose est donc, d'abord, celui de la spécificité.

● L'apport de l'expérimentation animale

- Les problèmes

On a tenté de vérifier et d'étendre, au laboratoire, les quelques indications apportées par la pathologie humaine. Les techniques lésionnelles appliquées à l'animal ont amené une riche moisson de faits, et nous avons déjà indiqué leurs avantages; néanmoins, il serait naïf de croire qu'elles ne traînent pas avec elles leur cargaison de problèmes. Le but recherché est de produire une lésion circonscrite au niveau d'un site cérébral bien déterminé, afin de provoquer des modifications mesurables dans le comportement de l'animal, et plus spécifiquement dans son niveau de performance à l'intérieur d'un programme de conditionnement déterminé. La technique classique consiste à descendre une électrode dans la structure choisie, pour y envoyer un courant électrique qui détruit les tissus nerveux avoisinant la pointe de l'électrode. Mais il faut s'assurer que les tissus situés sur son passage ne sont pas eux-mêmes lésés, et que l'on n'a pas malencontreusement interrompu quelque faisceau de fibres nerveuses qui traversait la structure visée dans son trajet vers des sites plus ou moins éloignés. Une telle éventualité pourrait entraîner le dysfonctionnement d'autres régions cérébrales, et il faudrait alors prouver que les altérations comportementales observées ne dépendent pas précisément de ces atteintes non sélectives. Voilà pour ce qui est des principaux problèmes techniques. Admettons à présent que la lésion est pratiquée, qu'elle est parfaitement «propre», qu'elle offre toutes les garanties requises, et qu'elle a des conséquences manifestes: l'animal se révèle incapable de satisfaire aux impératifs du programme de conditionnement dans lequel il montrait un niveau de performance stable et satisfaisant avant l'opération; ou, si celle-ci précède les séances d'apprentissage, il n'acquiert que péniblement, voire pas du tout, le niveau de performance d'un animal intact. Peut-on en conclure sans autres que la structure lésée joue un rôle crucial dans les régulations temporelles? Ce serait trop simple. En fait, le déficit temporel peut être secondaire à un trouble d'un autre ordre, éventuellement très général. Il peut aussi n'être que transitoire, ce qui signifie que d'autres structures nerveuses suppléent à la fonction que remplissait auparavant le site détruit, que l'animal s'appuie dorénavant sur des mécanismes différents pour atteindre le critère de performance ou encore qu'il subsiste une quantité suffisante de tissu nerveux intact au niveau de la structure lésée pour sauvegarder son intégrité fonctionnelle.

- Les résultats

Il est deux structures cérébrales dont le rôle dans les régulations temporelles est très fortement suspecté. Il s'agit du septum et de l'hippocampe. Cet ensemble de noyaux sous-corticaux est généralement rattaché à la configuration de structures connues sous le nom de *système limbique*, système impliqué au premier chef dans les dimensions motivationnelles et affectives du comportement. C'est dire que l'interprétation des déficits septaux et hippocampiques est délicate.

Le grand favori des programmes de conditionnement utilisés dans le contexte des expériences lésionnelles, généralement pratiquées chez le rat, est le programme DRL. Cela se comprend, puisque la régulation temporelle y est, comme nous l'avons vu (chapitre 4), la condition *sine qua non* de l'obtention du renforcement. L'altération du niveau de performance est immédiatement détectée par le truchement de deux indices: le pourcentage de renforcements, d'abord, qui tombe au-dessous de la normale, et la distribution des réponses au cours du délai, qui révèle typiquement une augmentation relative des réponses trop précoces. Ainsi, l'animal a apparemment des difficultés à «attendre» suffisamment longtemps pour obtenir un renforcement. A la limite, la répartition des réponses pendant le délai devient tout à fait aléatoire. Des constatations analogues peuvent être faites dans le programme FI, où elles se traduisent par un raccourcis-

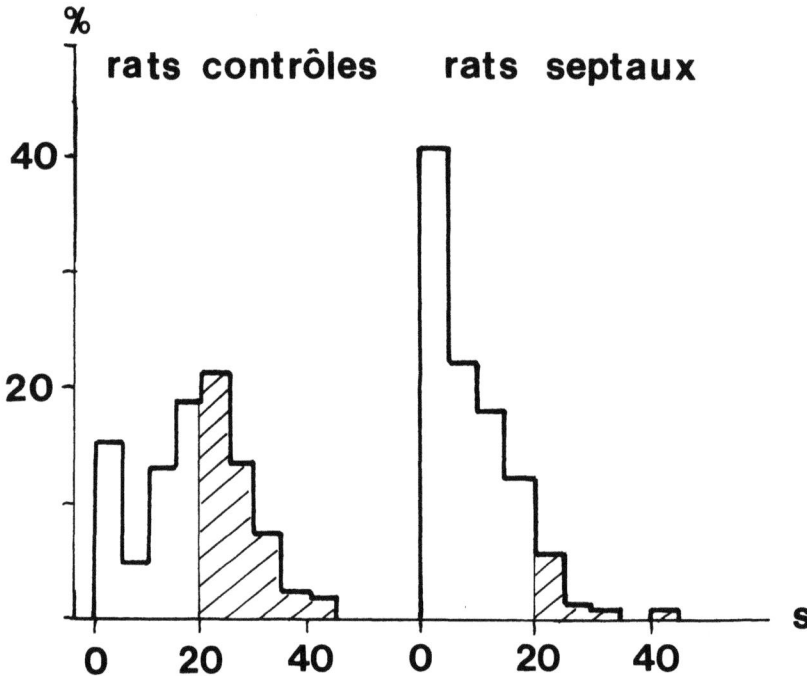

Figure 16. Distribution des intervalles inter-réponses (IRT) après plus d'un mois d'apprentissage en DRL 20'' chez un groupe de rats contrôles (sans lésions) et un groupe de rats porteurs de lésions septales. Les IRT (en secondes) sont en abscisse, les pourcentages de réponses en ordonnée. La zone hachurée correspond aux réponses renforcées. (D'après P. Ellen, A.S. Wilson et E.W. Powell, 1964. Septal inhibition and timing behavior in the rat. *Exp. Neurol.* Academic Press, New York, U.S.A.)

sement de la pause post-renforcement. Souvent aussi, dans les deux programmes, le taux global de réponse croît.

On est donc en présence d'un syndrome typique, auquel de multiples confirmations expérimentales ont donné une assise solide. Il s'agit maintenant de l'interpréter. Et là, les choses se compliquent. Car si l'animal n'«attend» plus, c'est peut-être que la lésion a provoqué une augmentation de son niveau de motivation, à tel point qu'il en est désormais incapable. Etant donné les fonctions classiquement reconnues aux structures en cause, cette hypothèse est à envisager en tout premier lieu. Ou alors, il est possible que cette incapacité nouvelle provienne d'une altération spécifique des processus d'inhibition comportementale. Enfin, on peut imaginer que les indices sur lesquels reposait la performance conditionnée échappent aux capacités discriminatives de l'animal, soit que celles-ci aient été spécifiquement altérées par la lésion, soit que le déficit ait porté, plus généralement, sur les processus attentionnels. Les hypothèses sont avancées, voyons maintenant les arguments.

— L'hypothèse du déficit affectivo-motivationnel

On sait depuis longtemps que l'atteinte du septum produit un ensemble de réactions à dominante agressive, que l'on a qualifiées de « rage septale » : l'animal peut adopter des conduites d'attaque, son poil se hérisse ; bref, certaines manifestations claires incitent le spectateur éventuel à ne pas l'approcher de trop près. Ces symptômes signent incontestablement l'impact de la lésion sur les mécanismes affectifs et motivationnels. Dans le même ordre d'idées, nombre d'auteurs s'accordent à penser que l'une des fonctions du septum est d'assurer l'équilibre entre l'ingestion de nourriture solide et liquide. L'hippocampe pourrait aussi intervenir dans ces régulations, quoiqu'on lui prête avant tout un rôle décisif dans les processus mnésiques. Plusieurs études confirment que l'atteinte septale, en tout cas, exacerbe la soif des animaux dont on restreint l'alimentation liquide pour les besoins du conditionnement. Le taux de réponses émises en programme FI, classiquement augmenté dans le syndrome septal, peut être partiellement ou totalement ramené à la normale chez des rats à qui l'on offre une ration d'eau supplémentaire avant la session expérimentale (Beatty et Schwartzbaum, 1968 ; Harvey et Hunt, 1965).

Pourtant, plusieurs observations ne cadrent pas avec l'hypothèse d'une altération des facteurs motivationnels après lésion septale ou hippocampique. Par exemple, dans les programmes temporels avec renforcement alimentaire, l'accroissement anormal du taux de réponses peut très bien subsister quel que soit le besoin apparent de l'animal vis-à-vis de la nourriture (Beatty et Schwartzbaum, 1968) ou quelles que soient les altérations de saveur que l'on fait subir au renforcement (Pubols, 1966). Par ailleurs, une analyse détaillée des distributions de réponses émises par des rats assoiffés, dans un programme DRL avec renforcement liquide, permet de conclure qu'elles se distinguent sans peine des distributions obtenues après lésion septale (Carey, 1967).

— L'hypothèse du déficit inhibiteur

L'hypothèse relative à la perturbation des fonctions inhibitrices résiste-t-elle mieux à l'examen ? L'hyperactivité est d'observation courante après atteinte septale ou hippocampique, tant dans les comportements spontanés que dans le cadre plus étroit des programmes de conditionnement. Or, il est certain que, dans le programme DRL, l'inhibition motrice est une condition essentielle de réussite; même si l'animal est capable de discriminer la durée imposée, encore faut-il qu'il « s'empêche » d'appuyer sur le levier, si l'on peut dire, pour avoir un niveau de performance acceptable. L'échec peut donc relever d'un défaut d'inhibition comportementale autant que d'un déficit des processus temporels; pour trancher, il faudrait pouvoir comparer les indices de performance propres au DRL avec ceux que fourniraient des programmes de discrimination de durées, dont toute composante d'inhibition motrice serait absente. Malheureusement, on ne peut que constater la carence presque totale des programmes de discrimination dans le contexte des recherches lésionnelles. Les rares études disponibles (voir, par exemple, Rosenkilde et Divac, 1976) ne suffisent pas à la confrontation.

Le déficit des capacités inhibitrices de l'animal pourrait se traduire par une augmentation de la résistance à l'extinction des réponses acquises en programme à renforcement continu (CRF). Dans ce programme, chaque réponse conditionnée entraîne l'obtention du renforcement. Etant donné sa simplicité, le programme CRF induit un conditionnement rapide; il est généralement imposé à l'animal avant l'adoption de contingences de renforcement plus complexes. Or, il favorise une cadence de réponses accélérée, puisque plus l'animal émet de réponses dans un certain laps de temps, plus il obtient de renforcements. On peut supposer qu'après atteinte des régions septo-hippocampiques, régions dont on connaît l'implication dans l'inhibition somato-motrice (voir, par exemple, la revue de question de Mc Cleary, 1966), l'extinction du pattern de réponses induit par le programme CRF est plus difficile à assurer chez l'animal qui doit ensuite s'adapter aux impératifs, dans une certaine mesure contradictoires, du programme DRL. On trouve confirmation de cette hypothèse dans le fait que, si l'on supprime l'apprentissage préliminaire en CRF, des rats hippocampectomisés réussissent à atteindre un pourcentage de renforcements normal, dans un programme DRL 20 secondes, quoique leur taux global de réponses reste trop élevé (Schmaltz et Isaacson, 1966). L'atteinte cérébrale favoriserait donc, en définitive, l'apparition de conduites persévératives (Schwartzbaum et al., 1964). Mais cette tendance à la persévération est sélective; elle concerne avant tout les activités liées à la proximité d'un renforcement manifeste, comme si celui-ci induisait une nette augmentation du niveau d'éveil (Jackson et Gergen, 1970).

Il est probable aussi que l'obligation de suspendre pendant un certain temps la réponse conditionnée, obligation inhérente au programme DRL, possède des propriétés aversives (Caplan, 1970). Ainsi, lorsqu'il manque de peu le renforcement, en appuyant un rien trop tôt sur le levier, le rat émet souvent une volée de réponses d'appui en succession rapide; en termes tout à fait anthropomorphiques, on jurerait qu'il «s'énerve», qu'il est «frustré» (Stamm, 1964). Or, ces volées de réponses sont plus fréquentes chez les rats septaux, et augmentent davantage chez eux que chez les rats intacts si l'expérimentateur a l'idée sournoise de supprimer de temps en temps le renforcement mérité (Caplan, 1970). Il semble donc que les propriétés aversives associées à la restriction forcée de la réponse d'appui soient encore plus marquées pour l'animal lésé, conduisant à une augmentation du niveau d'éveil.

On trouve enfin dans le contexte du *mediating behavior* un argument de plus en faveur de l'hypothèse du déficit inhibiteur. On l'a vu (chapitre 4), l'une des causes probables de l'action bénéfique de ce dernier en programme DRL, c'est qu'il permet la dérivation des processus d'excitation, là où l'inhibition comportementale joue un rôle important. Précisément, les conséquences de la destruction septale peuvent être atténuées si l'on donne aux rats la possibilité de grignoter des morceaux de bois et de carton pendant la session expérimentale; plus on trouve de matériel rongé, plus le niveau de performance est élevé; enfin, ce niveau chute brusquement lorsqu'on débarrasse la cage du matériel à grignoter (Slonaker et Hothersall, 1972).

La thèse de l'inhibition sort donc consolidée d'une analyse approfondie. Néanmoins, elle a ses limitations; on peut la retenir à condition de spécifier qu'il ne s'agit pas d'une incapacité totale et indifférenciée d'inhibition motrice. Non seulement l'incapacité n'est flagrante que dans la proximité temporelle du renforcement, mais elle dépend de la longueur du délai choisi (Ellen et Braggio, 1973). Elle peut être réduite par certaines manipulations expérimentales (Ellen et al., 1977) et par de judicieuses modifications touchant les étapes habituellement prévues dans le déroulement du conditionnement: la suppression du passage préliminaire en programme CRF, ou encore l'adoption d'une méthode plus progressive pour amener les animaux au délai définitif du programme DRL (Caplan et Stamm, 1967).

— L'hypothèse du déficit discriminatif ou attentionnel

Reste la troisième hypothèse: l'animal n'arriverait plus à discriminer les indices sur lesquels repose le comportement conditionné. Il faut d'abord déterminer la nature de ces indices. Il peut s'agir des bruits divers qui accompagnent le déroulement de la session expérimentale : déclics produits par le déclenchement du dispositif automatique commandant la distribution du renforcement alimentaire, par les appareils d'enregistrement, etc. A moins d'être intentionnellement supprimés par l'examinateur, tous ces bruits, même ténus, n'en sont pas moins présents. Et justement, lorsqu'ils sont supprimés, le déficit septal en programme DRL s'aggrave encore : aucune trace de régulation temporelle, si imparfaite soit-elle, ne peut plus être décelée dans la répartition des réponses au cours du délai (Ellen et Aitken, 1971). Si la disponibilité du renforcement est indiquée par un signal externe, par exemple une lampe qui s'allume au terme de la période d'attente [7], le niveau de performance des rats septaux paraît normal (Ellen et Butter, 1969). Des rats entraînés dans ces conditions après l'opération peuvent ensuite apprendre à se passer de la lampe sans trop de peine, à condition toutefois que celle-ci soit graduellement atténuée au cours de plusieurs sessions expérimentales consécutives ; si elle est supprimée d'emblée, les troubles septaux se manifestent (Ellen et al., 1977).

Les indices externes, sonores ou visuels en particulier, semblent donc avoir une certaine importance. Mais ce ne sont probablement pas les seuls : les conditions particulières du programme DRL, alternant périodes d'attentes et réponses motrices d'appui sur un levier, suggèrent aussi l'importance des indices proprioceptifs. En définitive, il est possible que l'animal tienne compte d'indices de toutes natures, et que le déficit porte, non pas sur tels ou tels mécanismes discriminatifs particuliers, mais, d'une façon plus générale, sur les mécanismes attentionnels. Dans cette hypothèse, l'animal ne serait plus capable d'accorder à des indices ténus l'attention que nécessite leur discrimination correcte. C'est à ce type d'interprétation que conduit l'expérience d'Ellen et collaborateurs (1977) : atténuer progressivement un signal lumineux avant qu'il ne disparaisse complètement, c'est notamment attirer l'attention sur le signal et sur l'information qu'il est susceptible d'apporter ; c'est un procédé secourable, face à une attention déficiente. Mais l'hypothèse est fortifiée surtout par les données indiquant l'effet destructeur de la distraction sur la performance conditionnée. Ainsi, il est plus facile de conditionner des rats hippocampectomisés en programme DRL si on les rend aveugles en sectionnant leurs nerfs optiques (Schmaltz et Isaacson, 1968) ; or, cette méthode supprime indubitablement une bonne part des messages sensoriels qui atteignent l'animal, et le distraient peut-être du programme en cours. Le rôle perturbateur peut aussi être rempli par des stimulations internes, comme celles qui proviennent de la distension stomacale consécutive à l'ingestion de nourriture. L'expérience de Aitken et de ses collaborateurs (1975) montre à ce propos que le fait de nourrir les animaux avant la session expérimentale produit des résultats divergents chez les animaux septaux et chez les normaux; l'influence des stimulations viscérales semble prédominer chez les premiers, entraînant une amélioration de la performance parce que, compatibles en cela avec les exigences du programme, elles tendent à réduire le taux de réponses conditionnées.

- Conclusion: un déficit composite

Déficit des mécanismes d'inhibition comportementale d'une part, déficit des mécanismes attentionnels nécessaires à la discrimination des indices disponibles d'autre part: voilà, semble-t-il, les deux conséquences cruciales des lésions du septum et de l'hippocampe. Elles sont compatibles avec les fonctions que les neurophysiologistes reconnaissent classiquement à ces deux structures. Celles-ci, pour ce qui concerne en particulier leur implication dans les mécanismes d'inhibition somato-motrice, feraient partie d'un vaste réseau nerveux, dont la composition exacte est source de désaccord dans le milieu scientifique. Certains auteurs tracent un circuit qui réunirait l'hippocampe antérodorsal, le fornix médian (qui est le principal faisceau de fibres nerveuses de l'hippocampe) et le noyau septal médian; d'autres relient plutôt l'hippocampe postérieur, le fornix latéral et les noyaux latéraux du septum. Mais, sur le plan du comportement, la détérioration partielle de l'un ou l'autre de ces circuits peut produire des troubles analogues (Johnson et al., 1977). Faut-il donc croire qu'ils s'enchevêtrent, qu'ils ne constituent en fait qu'un seul et même ensemble fonctionnel, ou encore qu'ils sont mal tracés? Il faut dire aussi que, malgré un consensus assez général, certains auteurs hésitent à admettre que le septum et l'hippocampe soient en relation si étroite, et jouent un rôle comparable dans le contrôle des mécanismes inhibiteurs. Pour Ellen et ses collaborateurs (1964), par exemple, l'hippocampe est loin d'avoir à cet égard la fonction qu'assument les structures septales, en interaction avec d'autres sites cérébraux (les noyaux mamillaires en particulier).

L'une des sources de ces difficultés, c'est qu'on ne peut jamais totalement exclure le fait que des expériences visant, en principe, à explorer l'activité d'un même site cérébral atteignent en réalité des faisceaux de fibres investis d'un rôle fonctionnel distinct. L'âge des animaux, leur histoire expérimentale, l'étendue de la lésion pratiquée, la méthode utilisée, peuvent différer d'une étude à l'autre et limiter les possibilités de comparaison. Il est vraisemblable qu'une même structure cérébrale soit, en définitive, plus ou moins impliquée dans le contrôle d'une activité déterminée, comme celle qu'induit tel ou tel programme de conditionnement, selon les étapes mêmes de l'apprentissage réalisé : passage préliminaire en programme CRF ou présentation directe du programme DRL, allongement progressif du délai ou adoption immédiate du délai final, etc. A cela s'ajoute l'hétérogénéité fonctionnelle de structures dont l'importance quantitative diminue, proportionnellement au reste du cerveau, lorsqu'on grimpe l'échelle phylogénétique; ainsi, la destruction de l'hippocampe paraît avoir des conséquences beaucoup plus dramatiques sur les régulations temporelles des rongeurs que sur celles des primates (on peut comparer à ce propos les études de Clark et Isaacson, 1965, et de Jackson et Gergen, 1970, respectivement menées chez le rat et le singe en programme DRL).

Il est quand même un point sur lequel les expérimentateurs se rejoignent sans problème, c'est celui de la valeur du délai choisi dans le programme DRL. La grande majorité des données ont été récoltées avec des délais de 20 secondes. La raison en est simple : les déficits lésionnels sont manifestes avec un délai de cet ordre. En deçà de 8 secondes, par contre, les troubles sont minimes (voir, par exemple, Caplan, 1970); on peut éventuellement constater l'accroissement classique du taux global de réponses conditionnées, mais la régulation temporelle s'instaure néanmoins. Cette observation cadre avec les dimensions inhibitrices comme attentionnelles des déficits septo-hippocampiques. On comprend que l'inhibition motrice devienne de plus en plus difficile à mesure que le temps passe; et l'on sait qu'il est impossible de conserver longtemps un niveau d'attention élevé et stable. Si l'on postule plus spécifiquement qu'il s'agit pour l'animal de consacrer son attention à la discrimination des indices proprioceptifs, on se souviendra que l'hypothèse du déclin de la trace proprioceptive (hypothèse issue des recherches relatives au timing moteur chez l'homme — voir p. 171) admet que la trace est plus difficile à discriminer après un certain laps de temps qu'immédiatement après l'acte moteur. On aperçoit donc, ici encore, les conséquences détériorantes de l'allongement du délai.

Pour aller plus loin dans l'analyse des déficits septo-hippocampiques chez l'animal conditionné, et déterminer le poids respectif des facteurs d'attention et d'inhibition comportementale, il faudrait d'abord pouvoir confronter les données obtenues en programme DRL avec les résultats qu'apporteraient les programmes de discrimination de durées. Comme nous l'avons déjà signalé, ces programmes n'ont apparemment pas la faveur des chercheurs; il y a là un vide à combler d'urgence. En attendant, si l'on veut bien dépasser le cadre des méthodes de conditionnement, l'on conviendra que les processus d'inhibition comportementale et d'attention paraissent indissociablement liés aux conduites temporelles, dans la grande majorité de leurs expressions. Nous avons déjà eu l'occasion de les évoquer dans d'autres contextes, en parlant de l'inhibition dans l'expérience de l'attente, ou des fluctuations de l'attention dans les études psychophysiques. A présent, une question se pose, et elle est fondamentale. Dire que l'atteinte septo-hippocampique est de nature inhibitrice et attentionnelle, est-ce conclure qu'elle n'est pas spécifiquement temporelle? On peut admettre seulement que l'expression des processus de mesure du temps est inséparable de celles des mécanismes d'inhibition comportementale et d'attention, ou bien en arriver, plus radicalement, à réfuter l'existence de mécanismes proprement temporels. Le choix de la réponse dépend du statut que l'on accorde au temps lui-même: nous aurons l'occasion de revenir sur ce point.

- Le rôle éventuel d'autres sites cérébraux

Pour conclure cet examen des données lésionnelles, disons un mot rapide des autres structures cérébrales que l'on pourrait considérer comme médiatrices des régulations temporelles. Rapide, parce que les arguments en leur faveur sont moins convaincants; certains résultats sont inconsistants, indiquant tantôt un déficit après lésion, tantôt l'absence de conséquences visibles — voire même une amélioration; les lésions du cortex frontal, en particulier, fournissent des données conflictuelles, surtout chez le singe (déficit léger en programme DRL pour Glickstein et al., 1965; amélioration pour Stamm, 1963). En outre, le trouble lésionnel, lorsqu'il est constaté, est souvent temporaire, ce qui semble indiquer au moins que les structures atteintes ne sont pas les plus critiques dans le contrôle du comportement étudié; ou bien encore, le trouble est suspect en ce sens qu'il paraît plutôt avoir des causes motivationnelles ou sensori-motrices. Par exemple, l'hypothalamus est impliqué de façon si probante dans la détermination des conduites affectives et motivationnelles qu'il est difficile d'exclure l'influence de mécanismes de ce type dans les altérations consécutives à sa destruction complète ou partielle: on comprend que le niveau de performance de l'animal soit affecté si sa motivation baisse. Une grande partie des noyaux thalamiques ont une fonction sensorielle et activatrice cruciale; c'est donc à une atteinte de cet ordre qu'il faut tout d'abord penser lorsqu'on examine les conséquences lésionnelles. Cependant, la destruction des noyaux thalamiques associatifs, moins concernés que les autres à cet égard, produit en programme DRL et FI (où les résultats sont cependant plus controversés) des perturbations qui peuvent être interprétées en termes d'inhibition; les noyaux latéraux et dorso-médians du thalamus ont des connexions avec les structures septales (voir la synthèse de Delacour, 1971). L'atteinte de ces sites thalamiques a des conséquences distinctes selon le programme de conditionnement utilisé; la structure particulière du programme doit être analysée de près si l'on veut saisir les mécanismes en jeu (voir à ce propos Lejeune, 1977).

On a enfin, avec un succès plus ou moins mitigé, pratiqué lésions et ablations au niveau de différents sites corticaux et sous-corticaux apparentés, de près ou de loin, au système limbique : citons en particulier le complexe amygdalien (dont on reconnaît généralement l'influence dans les processus émotionnels), son équivalent fonctionnel chez le pigeon, l'archistriatum, les corps mamillaires (qui font partie des structures hypothalamiques) et enfin le noyau caudé et les structures extrapyramidales (régissant au premier chef les conduites motrices). De toute évidence, aucun de ces sites cérébraux ne peut rivaliser avec le complexe septo-hippocampique quant à l'importance qui leur est concédée dans le déterminisme des régulations temporelles acquises.

B. Données obtenues par stimulation des structures cérébrales

La méthode de stimulation implique, comme la méthode lésionnelle, de localiser une électrode dans une structure cérébrale déterminée; mais, cette fois, le courant électrique qui la traverse doit être suffisamment faible pour provoquer l'excitation, non la destruction de la structure. Cette méthode prête le flanc à une critique de poids : les caractéristiques spatiales et temporelles de la stimulation électrique n'ont pas grand-chose à voir avec celles du stimulus physiologique; dans ces conditons, quelle est la validité des conclusions tirées sur le fonctionnement normal du système ? Pour pallier cette objection, on adopte de plus en plus volontiers, à l'heure actuelle, des méthodes de stimulation chimique, qui se rapprochent davantage des mécanismes naturels.

Comparés à la pléthore de résultats apportés par les techniques de lésion, les données obtenues par stimulation sont maigres; cette méthode n'a apparemment pas grande vogue dans le milieu des psychophysiologistes travaillant sur l'animal conditionné. Elle a cependant amené quelques conclusions intéressantes quant au rôle du système nerveux central dans les phénomènes temporels.

Ainsi, il est établi que l'on peut induire un conditionnement stable en choisissant les stimulus conditionnel et inconditionnel dans le champ des activités cérébrales, plutôt que de les extraire du contexte comportemental comme à l'accoutumée. Considérons par exemple la situation type du conditionnement pavlovien : on présente à un chien un signal sonore, suivi d'un choc électrique appliqué à une patte ; la flexion de la patte, d'abord consécutive au choc électrique, apparaît bientôt dès l'émission du son. On peut, avec autant d'efficacité, remplacer le son par la stimulation électrique d'une aire cérébrale déterminée ; celle-ci peut donc devenir stimulus conditionnel. Elle sera stimulus inconditionnel dans d'autres cas : par exemple, on stimule le cortex moteur pour provoquer une flexion de la patte ; un son précédant systématiquement cette stimulation finit par entraîner lui-même la réponse de flexion (voir sur ces questions la synthèse de Doty, 1961). Finalement, il est même possible d'exclure tout stimulus périphérique : on produira des mouvements stéréotypés de la tête par stimulation du cortex occipital, après association avec l'excitation de l'aire de représentation corticale congrue (Giurgea, 1955).

Les caractéristiques temporelles de la stimulation cérébrale peuvent suffire à instaurer un conditionnement discriminatif. Dans l'expérience de Weinberg (1968), deux patterns de stimulation corticale, différant par la fréquence des impulsions électriques composantes, sont appliquées en ordre aléatoire, chez le rat ; le premier pattern est toujours suivi d'une brève électrification de la cage où l'animal est enfermé, le second est sans conséquence. On constate bientôt que la présentation du premier pattern de stimulation induit une accélération cardiaque systématique, tandis que le second n'entraîne aucune modification particulière à ce niveau. La discrimination des patterns temporels reposerait-elle donc sur des mécanismes neurogènes ? Si c'était le cas, s'agirait-il de mécanismes limités à certains sites cérébraux bien définis, ou serait-on en présence d'une propriété générale du système nerveux central ?

En ce qui concerne l'exploration des sites sous-corticaux, il était logique d'accorder une attention toute particulière au septum et à l'hippocampe, étant donné les résultats récoltés à ce niveau par les méthodes de lésion. La stimulation continue de l'aire septale chez le rat produit, en programme DRL, les mêmes effets que sa destruction : augmentation du taux de réponses et perturbation de la régulation temporelle acquise (Kaplan, 1965). Si elle est suffisamment puissante, une décharge électrique appliquée aux structures hippocampiques peut aussi affecter gravement la performance conditionnée ; Flynn et ses collaborateurs (1961) l'ont vérifié chez le chat avec deux techniques pavloviennes à composante temporelle, le conditionnement de trace et le conditionnement différé. En fait, les niveaux de stimulation utilisés dans ce type d'études conduisent à penser qu'il y a interférence avec l'activité normale de la structure visée, et non pas simplement activité accrue de celle-ci. La recherche de Brady et Conrad (1960), qui échappe à cette remarque, suggère que la stimulation du globus pallidus — structure impliquée avant tout dans la régulation des activités motrices — a un effet spécifique sur le comportement conditionné en programme DRL: le délai à respecter (en l'occurrence 20 secondes) est réduit de moitié chez le singe dans ces conditions.

Ces quelques données soulèvent les mêmes hypothèses que les résultats des méthodes lésionnelles; on y soupçonne d'une part le rôle des mécanismes d'inhibition somato-motrice, d'autre part celui des mécanismes d'attention nécessaires à la discrimination des indices appropriés.

C. *Données obtenues par enregistrement de l'activité cérébrale*

La méthode d'enregistrement a l'avantage de ne pas interférer avec le fonctionnement normal des structures soumises à investigation, à condition toutefois que les électrodes implantées ne produisent aucune détérioration du tissu nerveux. Elle a fourni d'assez abondants résultats.

- *Lindsley et quelques autres: le rythme alpha sur la sellette*

Parmi les hypothèses qui ont guidé les investigations, la plus féconde, si l'on considère le nombre d'études qui ont été élaborées pour ou contre elle, est sans doute celle de Lindsley (1952). Pour cet auteur, la multitude de stimulations sensorielles qui assiègent sans arrêt l'organisme serait organisée et codée par le « cycle d'activité alpha ». Ce cycle, qui a des liens étroits avec le rythme alpha, l'indice électro-encéphalographique typique de l'état de repos vigile, constitue cependant un phénomène beaucoup plus général, puisqu'il est censé dériver du rythme d'activité fondamental, métabolique ou respiratoire, de toute cellule cérébrale. Il serait donc en permanence présent, ne donnant naissance au rythme alpha qu'en cas d'activités cellulaires synchrones sur une grande échelle. En accord avec cette interprétation, Brazier (1957) a pu montrer que l'activité alpha subsistait même lorsqu'il était impossible de la repérer sur le tracé EEG. Il semble que, dans ce dernier cas, elle soit le plus souvent masquée ou contaminée par des activités d'origines diverses[8].

Selon Lindsley, les caractéristiques du cycle alpha détermineraient donc, à chaque instant, la probabilité, pour une stimulation donnée, d'amener une réponse nerveuse. Il se pourrait aussi qu'une telle régulation concerne plutôt, ou en même temps, les influx moteurs, puisqu'il s'avère que certains mouvements présentent une distribution hétérogène dans telle ou telle phase du rythme alpha (Ellingson, 1956). Vers la même époque, d'autres auteurs ont proposé des hypothèses apparentées. Ainsi, Walter (1950) suggère l'existence de mécanismes qui scruteraient en permanence le champ sensoriel pour en extraire l'information (« *scanning mechanism* »), et place le rythme alpha à la base de ce processus. Quant à Wiener (1958), il assimile le rythme alpha à une horloge cérébrale. Ces interprétations s'accordent avec la théorie du « moment perceptuel » : 100 millisecondes, c'est en effet la durée moyenne d'un cycle alpha.

- Les tentatives de vérification

Ce type d'hypothèses a soulevé nombre de controverses. Beaucoup d'auteurs ont tenté d'établir une relation entre les phases du rythme alpha et la distribution temporelle de l'activité sensorimotrice ou, plus spécifiquement, la précision du jugement temporel. L'ambiguïté de certains résultats — ou, parfois, leur caractère franchement négatif (Walsh, 1952; O'Hare, 1954; Lansing, 1957, ...) — peut éventuellement s'expliquer par le fait que le rythme alpha, comme l'a spécifié Lindsley, n'est qu'une manifestation particulière du cycle d'excitabilité postulé, lequel échapperait à l'enregistrement chaque fois que la proportion des activités neuroniques synchrones serait insuffisante. Mais, dans cette optique, il devient difficile de tester une hypothèse dont le principal objet défie l'observation. Néanmoins, il existe des résultats résolument positifs. Ainsi, le temps de réaction à un signal visuel est, en moyenne, plus ou moins long selon que le signal est délivré dans telle ou telle phase du rythme alpha (Callaway et Yeager, 1960). Dans des tâches plus complexes, où il s'agit d'apprendre par cœur des syllabes sans signification (Obrist, 1950; Thompson et Obrist, 1964) ou d'écrire à la main un certain nombre de mots par seconde (Denier van der Gon et van Hinte, 1959), il y a augmentation de fréquence de l'alpha pendant l'apprentissage, et ce d'autant plus que le sujet écrit ou mémorise rapidement.

Surwillo (1970) a abordé le problème sous l'angle de ses rapports avec les processus de vieillissement. Cherchant les raisons physiologiques du ralentissement général que la sénescence amène au niveau du comportement, il remarque que la période du rythme alpha augmente en moyenne de 4 millisecondes par décade; comme il avait, en outre, établi dans plusieurs expériences l'existence d'une relation entre le temps de réaction et la période du rythme alpha enregistré entre le stimulus et la réponse, l'auteur retient la possibilité que les oscillations du rythme alpha jouent un rôle dans les mécanismes temporels. On peut imaginer qu'elles servent à organiser dans le temps, à dater le flux incessant des stimulations, à la façon d'un pendule, par exemple. L'une des façons de tester cette hypothèse est de montrer que l'altération expérimentale du rythme alpha produit des modifications correspondantes du temps de réaction. L'emploi d'une technique de «photic driving» assure l'effet électrophysiologique souhaité : on sait depuis longtemps que le rythme alpha peut être «entraîné» par des stimulations répétitives de fréquences proches; ainsi, il se synchronisera par rapport à une séquence d'éclairs lumineux intermittents présentés au rythme de 6 par seconde. Surwillo aura, en fait, beaucoup de difficulté à obtenir une synchronisation claire pendant la tâche de temps de réaction; mais, chez les quelques sujets qui présentent le phénomène recherché, il observe une corrélation positive entre temps de réaction et période de l'alpha. Fort de tous ces résultats, l'auteur émet l'hypothèse que le ralentissement du temps objectif qui, selon l'opinion consacrée, accompagne le processus de vieillissement, pourrait découler du ralentissement du rythme alpha. Mais, sur ce point, les vérifications expérimentales entreprises — il s'agissait, pour un groupe de sujets jeunes (maximum 35 ans) et âgés (minimum 70 ans), différant par la fréquence moyenne de leur rythme alpha, de produire une durée de 30 secondes en appuyant sur une presselle — n'indiquent aucune relation entre fréquence de l'alpha et jugements temporels. Bien plus, les sujets âgés ne montrent aucune tendance particulière à surestimer l'intervalle proposé, découverte qui est confirmée par une étude subséquente avec des durées de 30, 60 et 180 secondes. L'accélération du temps avec l'âge, si elle est réelle, ne concernerait donc que les périodes assez longues [9].

Peut-être l'intervalle de 30 secondes utilisé par Surwillo était-il trop long pour mettre au jour une relation avec le rythme alpha ? C'est ce que suggère l'expérience de Werboff (1962), qui obtient des résultats plus encourageants avec des durées de 2 et 8 secondes, toujours sur la base de la méthode de production. Il constate que les sujets dont l'électro-encéphalogramme (EEG), préalablement enregistré au repos, les yeux fermés, comporte plus de 50 % d'ondes alpha, jugent le temps plus long que les autres. L'altération de l'indice électro-encéphalographique par la présentation de stimulations photiques constantes ou intermittentes n'a, sur le jugement temporel, que des effets minimes, qui peuvent d'ailleurs s'expliquer simplement par référence aux données psychophysiques : on sait qu'un intervalle ne paraît pas identique selon qu'il contient telles ou telles stimulations. Cette critique peut, en fait, s'appliquer à toutes les études analysant l'effet du « photic driving » dans le domaine temporel (voir, par exemple, Holubar, 1960). Cependant, Werboff obtient de faibles corrélations entre les fluctuations du jugement temporel et le nombre d'ondes électro-encéphalographiques par seconde, comptabilisé dans chaque intervalle produit : lorsque la fréquence des ondes augmente, la durée produite est plus courte. Cahoon (1969) collecte des résultats concordants en mesurant la fréquence dominante de l'alpha, le sujet devant estimer verbalement un intervalle de 36 secondes, ou marquer des frappes rythmiques à la cadence de 1 par seconde. Avec une gamme d'intervalles compris entre 0,5 et 8 secondes, Legg (1968) ne relève, pour sa part, aucun lien entre le jugement temporel et le taux de rythme alpha mesuré lors d'un contrôle préliminaire. Néanmoins, on retrouve chez quelques sujets une corrélation significative entre fréquence de l'alpha et durée subjective. Ces données poussent l'auteur à conclure qu'il peut exister une relation fiable, quoique certainement ténue, entre indices électro-encéphalographiques et jugement temporel; il récuse, en tout cas, le modèle théorique trop simple qui attribue au rythme alpha une fonction d'horloge subjective. Enfin, c'est à une dissociation nette entre rythme alpha et jugement temporel qu'aboutit l'étude de Adam et de ses collaborateurs (1971), qui s'attache à vérifier sur ces deux plans les effets de l'inhalation d'anesthésiques à faible concentration : les sujets soumis à ce traitement surestiment une durée produite de 20 secondes, sans pour autant que leur rythme alpha soit affecté, non plus, d'ailleurs, que leur rythme respiratoire ou leur température corporelle.

Une recherche ancienne de Jasper et Shagass (1941) avait mis en évidence une dissociation intéressante entre les jugements temporels — le sujet devant appuyer sur une pressele pour marquer un intervalle égal à l'intervalle standard de 9,4 secondes présenté à chaque essai — et le conditionnement temporel du blocage de l'alpha. Ce blocage (ou « désynchronisation » du rythme alpha) est le signe classique de l'« éveil attentif » : il apparaît lorsque le sujet quitte l'état de repos vigile et manifeste une attention particulière à la situation présente. Cette « réaction d'éveil » est susceptible de conditionnement, comme Durup et Fessard l'ont découvert, par hasard, en 1935, dans une étude qui est devenue un des grands classiques de l'électrophysiologie. Jasper et Shagass, sur la base des techniques pavloviennes — conditionnement de trace, périodique et différé — montrent que les réactions électrophysiologiques conditionnées sont plus précises

stimulation

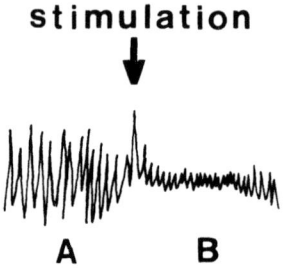

A   B

Figure 17. Rythme alpha (A) et blocage du rythme alpha (B) enregistrés chez l'homme.

et moins variables que les réponses comportementales. Les auteurs postulent l'existence de mécanismes temporels internes, indépendants des processus conscients. Néanmoins, Fraisse et Voillaume (1969), répétant à peu de choses près la même expérience, font état, au contraire, d'une relation positive entre les deux indices choisis; ils admettent par conséquent l'existence d'un même mécanisme d'alerte, déclenché par un système commun de régulation temporelle. Seuls les processus de contrôle seraient spécifiques à chaque type de phénomènes analysé.

Certains auteurs, enfin, ne se limitent pas à vérifier l'existence de relations éventuelles entre le rythme alpha et le jugement temporel; ils prennent en compte tout le pattern EEG. Celui-ci semble sans lien avec le niveau de performance obtenu dans une épreuve de reproduction de durées comprises entre 0,5 et 4 secondes, même dans le cas d'EEG pathologiques (Dureman et Edström, 1964). Même conclusion si l'on examine le spectre de l'EEG chez des sujets priés de reproduire un intervalle de 3 secondes, qu'ils soient dans leur état normal ou soumis à l'influence activatrice d'une dose de méthamphétamine (Vroon, 1972). Enfin, chez le singe, Ross et ses collaborateurs (1962) ont tenté, sans succès, de repérer dans le tracé EEG des indices spécifiquement associés avec les comportements conditionnés distincts induits soit par un programme DRL 21 secondes, soit par un programme d'évitement dans lequel un choc électrique est délivré toutes les 20 secondes, à moins d'être postposé par un appui sur le levier. L'EEG ne reflète, dans les deux cas, que l'état d'alerte de l'animal, et se différencie sur ce point du tracé obtenu pendant les périodes de pause entre programmes. De plus, l'administration de drogues qui modifient le tracé EEG n'altère gravement le niveau de performance qu'en programme DRL, non en programme d'évitement.

Si l'on tente un bilan de ces diverses études, il semble bien que le rythme alpha, considéré en particulier, ait davantage de chances que le pattern EEG global de présenter une relation stable avec la durée subjective. Pourtant, la recherche de Ross (1968) fournit une explication générale dans laquelle l'alpha a sa place. Si l'on en croit l'auteur, qui s'appuie sur la technique de « driving », non seulement photique, mais aussi auditif, le facteur décisif serait le degré de synchronisation qu'accusent les ondes EEG. Lorsque le tracé est essentiellement synchrone, le sujet tend à surestimer l'intervalle qu'il produit en appuyant sur un bouton 10 secondes après un signal donné. On sait qu'un tracé EEG synchrone, riche en ondes alpha, traduit un niveau d'éveil plus bas qu'un tracé désynchronisé; conformément à cette observation, le ralentissement du temps subjectif dont témoignent de telles surestimations pourrait provenir d'une diminution du niveau d'éveil, comme le postule le modèle de Treisman (voir chapitre 7). Les résultats de Anliker (1963) accréditent cette hypothèse, en ce qu'ils montrent une relation entre l'allongement de la durée subjective, sensible dans une épreuve de frappe rythmique, et la réduction du voltage moyen de la fréquence dominante de l'alpha, effets découlant tous deux d'une chute marquée du niveau de vigilance : l'expérience était suffisamment longue et monotone pour que les sujets finissent par s'assoupir.

- D'autres activités nerveuses à retenir

Les structures hippocampiques reviennent sur la scène temporelle par le truchement du pattern d'activité particulier baptisé « ondes thêta hippocampiques », que l'on a mis en rapport avec la régulation du mouvement ou, dans un autre ordre d'idées, avec les processus d'apprentissage et de mémoire. Il s'agit d'ondes rythmiques lentes, dont la fréquence est d'environ 4 à 7 c.p.s. Chez le rat conditionné à appuyer sur un levier pour « s'autostimuler » — une technique mise au point par Olds et Milner (1954) et fondée sur le fait que la stimulation de certaines régions cérébrales, par électrodes implantées, possède apparemment des propriétés renforçantes — Buño et Velluti (1977) ont établi l'existence d'une synchronisation entre ces ondes et les mouvements d'appui; ces derniers surviennent préférentiellement dans une phase particulière de l'activité thêta. En accord avec une partie de la littérature scientifique, ces faits suggèrent la participation de l'activité thêta dans les mécanismes régissant la durée et la séquence des mouvements. Ajoutons que le septum est lui-même important pour l'élaboration des ondes thêta hippocampiques, en particulier par ses projections antéro-médianes (Donovick, 1968).

Le rythme thêta hippocampique a peut-être un rôle dans le déterminisme physiologique des ondes « hypersynchrones » que l'on peut enregistrer au niveau cortical, avec une fréquence de 3 à 5 c.p.s. On a spécialement remarqué la présence de ces ondes au cours de l'intervalle qui, dans la situation typique du conditionnement pavlovien, sépare le stimulus conditionnel du stimulus inconditionnel, ce qui a conduit certains auteurs à voir dans ces ondes corticales un indice des processus d'inhibition interne que postulait Pavlov. On les trouve dans les délais des conditionnements temporels. Bon nombre d'auteurs pensent qu'elles interviennent dans les processus d'apprentissage et de mémoire, mais on cherche toujours, à l'heure actuelle, le moyen de préciser cette séduisante interprétation.

Rappelons enfin que Popov (1944) a mis au jour, il y a plus de 30 ans déjà, une importante propriété du système nerveux central, qu'il a baptisée « cyclochronie » : travaillant sur le cortex strié du lapin, il s'est aperçu que son activité rythmique pouvait être « entraînée » par des stimulations photiques intermittentes, et que, dans la plupart des cas, la cadence imposée persistait pendant quelques cycles après interruption de la stimulation visuelle. Le système nerveux central est donc capable de reproduire une activité cyclique déterminée en respectant ses caractéristiques temporelles. Des études récentes ont retrouvé à un autre niveau, celui des potentiels évoqués, des phénomènes analogues : le potentiel cortical évoqué par un stimulus externe présenté répétitivement apparaît au moment où devait être délivrée la stimulation même si celle-ci est occasionnellement omise; on parle dans ce cas de « potentiel émis » (voir, par exemple, Weinberg et al., 1970). Il est possible que ces potentiels reflètent les processus de traitement de l'information et les processus mnémoniques; on les a associés notamment aux mécanismes de remémoration de la trace mnésique.

Pour tous ces phénomènes, on peut dire que la dimension temporelle est d'une incontestable importance. Mais il est plus difficile d'admettre qu'ils sont directement en relation avec les processus d'évaluation de la durée. Il faudrait au moins, pour cela, montrer que leurs caractéristiques varient en fonction des paramètres temporels d'une situation donnée. On connaît pourtant, à l'heure actuelle, un indice électrophysiologique qui répond partiellement à cette exigence : il s'agit de la *« contingent negative variation »* (CNV), découverte en 1964 par Grey Walter et ses collaborateurs du Burden Institute de Bristol, en Angleterre.

- La CNV: un indice prometteur ?

La CNV doit son nom à sa dépendance par rapport aux paramètres de stimulation — le mot «*contingent*» signifiant notamment, en anglais, «relatif» ou «conditionnel» à quelque chose. Elle se présente comme une déviation systématique de la ligne de base de l'EEG, de polarité négative, qui apparaît dans les situations d'attente, à condition que l'on ait une certaine idée du moment où va se produire l'événement attendu. Prenons, pour décrire ce phénomène, la situation typique de temps de réaction avec période préparatoire, qui fixe clairement les limites de la période d'attente: le signal préparatoire est suivi, 2 secondes plus tard par exemple, du signal impératif qui doit amener le plus rapidement possible la réponse motrice. La CNV se développe dans l'intervalle inter-stimulus. Chez l'homme, son amplitude peut atteindre 15 à 20 microvolts lorsqu'elle est enregistrée sur le scalp. On la détecte également dans diverses structures profondes, lorsqu'on a l'occasion d'effectuer des enregistrements intracérébraux (Mc Callum et al., 1973). Elle existe chez le singe, le chat, le chien, et probablement dans bien d'autres espèces, mais l'animal a été jusqu'ici assez peu exploité dans ce type de recherche, comparativement à l'abondance des travaux qui ont fleuri chez l'homme depuis une quinzaine d'années.

La forme et la durée de la CNV varient en fonction des paramètres expérimentaux; en règle générale, elle présente une latence de 200 à 500 millisecondes par rapport au stimulus préparatoire, et peut durer plusieurs dizaines de secondes. Au-delà de 4 secondes, cependant, on distingue deux composantes différentes — dites «précoce» et «tardive» parce qu'elles culminent respectivement en début et en fin d'intervalle — qui sont confondues dans les délais plus courts; la CNV apparaît donc, en fait, comme un phénomène hétérogène composé d'au moins deux ondes dont la distribution corticale, et probablement la signification fonctionnelle, sont spécifiques. Jusqu'à une époque récente, cependant, l'immense majorité des études relatives à la CNV impliquaient des intervalles inter-stimulus de 2 ou 3 secondes maximum, et traitaient la CNV comme une entité homogène. Plusieurs faits indiquent que les paramètres expérimentaux dont on a vérifié l'impact sur des délais de cet ordre affectaient en priorité la composante «tardive» de la CNV, et l'on peut considérer que celle-ci est plus particulièrement visée lorsqu'on parle de «la CNV» sans précision supplémentaire (Weerts et Lang, 1973). Il est possible d'ailleurs que, si les relations entre CNV et indices comportementaux n'ont pas toujours été aussi claires que l'auraient souhaité les chercheurs, la responsabilité, du moins partielle, de cet état de cho-

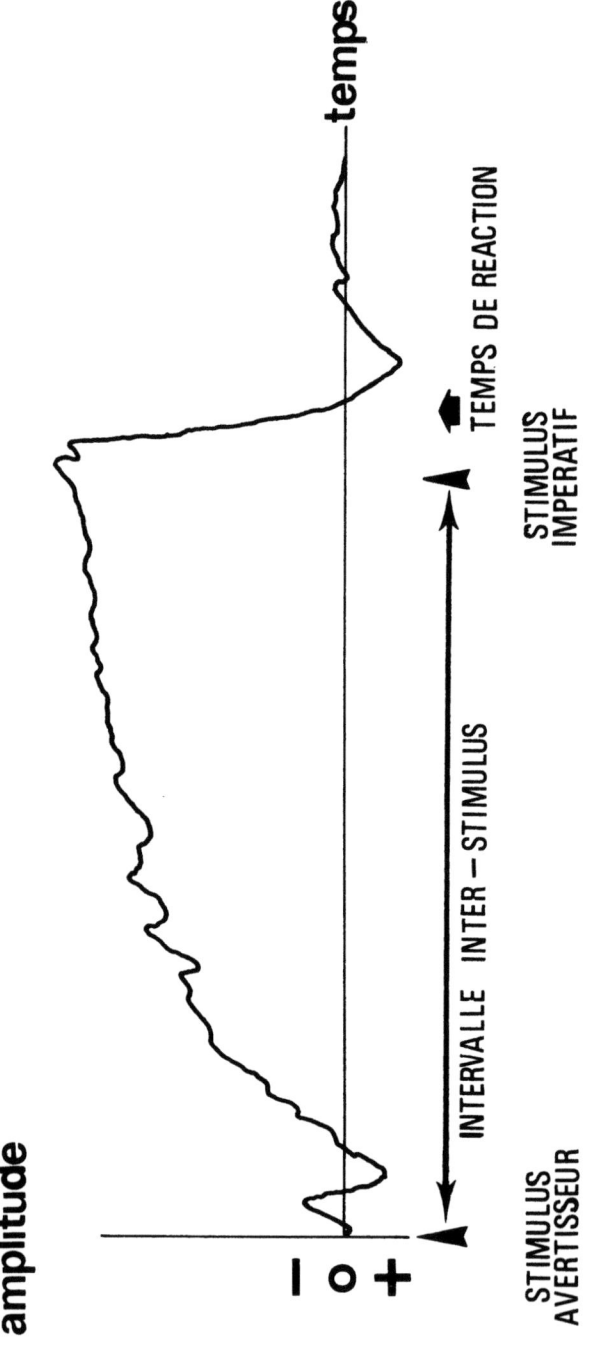

Figure 18. Exemple de CNV enregistrée sur le scalp pendant l'intervalle inter-stimulus dans une situation de temps de réaction simple.

ses doive être attribuée à la confusion qui a si longtemps persisté entre deux composantes dont le rôle et l'origine ont peut-être peu de rapports. Mais une autre éventualité se présente, c'est que la CNV constitue, en fait, un phénomène fondamentalement différent selon la durée de la période pendant laquelle elle est enregistrée. Ceci concorderait bien avec le fait que l'évaluation d'un intervalle de 1 ou de 4 secondes, par exemple, implique vraisemblablement des mécanismes psychophysiologiques distincts.

Depuis sa découverte, la CNV a suscité une bonne demi-douzaine d'interprétations différentes. On l'a notamment mise en rapport avec les processus d'attention, de motivation, d'éveil, de préparation motrice ... Il est utile de préciser que, bien qu'ayant avec les potentiels moteurs corticaux (en particulier le «*Bereitschaftspotential*»[10] ou «potentiel de préparation») des caractéristiques communes, elle se distingue de ceux-ci en ce qu'elle existe même en l'absence de mouvement; si l'on demande au sujet, non pas d'appuyer sur une presselle, mais d'exécuter un calcul mental en réponse au signal impératif, la CNV est toujours visible dans l'intervalle inter-stimulus, bien que son amplitude soit généralement faible dans ces conditons. L'interprétation de cet indice électrophysiologique n'est pas un problème facile à résoudre, quinze années de débats scientifiques sont là pour en témoigner. Le principal écueil auquel se heurtent les expérimentalistes réside dans l'imprécision des concepts avancés (attention, motivation, ...) et dans le fait que les processus de ce type sont extrêmement difficiles, voire impossibles à dissocier dans le cadre d'une situation particulière. Considérons, par exemple, les manipulations expérimentales destinées à altérer le niveau d'attention du sujet; au cours de l'un ou l'autre essai, on prévoit des interférences diverses: conversations, musique, bruits d'appareils. L'effet de la distraction sur la CNV est clair: elle diminue d'amplitude, parfois même disparaît complètement (Mc Callum, 1969; Tecce et Scheff, 1969). On admettra, bien entendu, que les stimulus perturbants provoquent une diminution de l'attention; mais il n'est pas exclu pour autant que la motivation du sujet pour la tâche, ou encore les processus préparatoires à la réponse soient aussi fortement altérés chez la personne qui reconnaît tout à coup quelque fragment d'un opéra de Wagner alors qu'elle est sur le point d'exécuter un temps de réaction dans le cadre sévère du laboratoire.

Dès lors, pourquoi supposer que la CNV puisse avoir un lien quelconque avec les mécanismes d'évaluation de la durée? Une interprétation de ce type n'échappe pas aux difficultés que nous venons d'évoquer: on peut comparer les jugements temporels sur la base de leur relative précision, et voir comment évolue la CNV en fonction de ce critère, mais il restera toujours malaisé d'écarter les notions d'attention, d'éveil, de motivation : si le sujet fait preuve d'une précision remarquable à tel ou tel essai, c'est peut-être qu'il est alors spécialement attentif, motivé, etc. Nonobstant cet inévitable problème, une revue critique de la littérature amène plusieurs arguments à l'appui de l'hypothèse temporelle (Macar, 1977). La CNV se développe peu à peu au cours des premiers essais de la série expérimentale, à mesure que le sujet se familiarise avec les divers paramètres de la situation : ce développement progressif semble refléter, en particulier, la vitesse avec laquelle le sujet apprend à évaluer avec une certaine précision la durée de l'intervalle inter-stimulus. Chez l'animal, cet apprentissage est beaucoup plus lent, comme l'est le développement de la CNV au cours des essais, et l'onde cérébrale n'atteint son amplitude maximale que lorsque la performance conditionnée approche de son niveau optimum (Macar et Vitton, 1980). Il semble que le paramètre décisif, pour que naisse la CNV, soit l'existence d'une liaison temporelle entre deux événements — par exemple, entre signal préparatoire et signal impératif dans la situation de temps de réaction, ou entre début et fin de la période à évaluer dans une tâche d'estimation temporelle. Cette liaison temporelle est inhérente à tout protocole expérimental destiné à susciter la présence d'une CNV ; on pourrait d'ailleurs croire que son inéluctabilité même l'a fait échapper à l'attention des chercheurs, qui ont souvent préféré analyser des facteurs plus problématiques. On compte, en effet, bien peu de travaux consacrés à l'analyse des aspects temporels de la situation expérimentale. Pourtant, la seule présence d'une liaison temporelle, sans même que le sujet ait à effectuer une tâche déterminée, suffit à induire l'indice électrophysiologique : ainsi Faidherbe et ses collaborateurs (1969) ont-ils réussi à obtenir des « déflexions lentes négatives » analogues à la CNV en administrant à leurs sujets une séquence de stimulations tactiles se suivant à cadence régulière. Dans une telle situation, d'où toute réponse motrice est absente, il est clair que les mécanismes d'évaluation de la durée interviennent, puisque la régularité du rythme permet d'évaluer à quel moment va se produire chaque stimulation. Rares sont les auteurs qui ont fait choix d'un protocole d'évaluation temporelle proprement dit. Néanmoins, Ruchkin et ses collaborateurs (1977) ont montré que les tracés électrophysiologiques obtenus dans une situation expérimentale impliquant un mouvement du doigt, effectué soit spontanément, aux moments choisis par le sujet, soit pour marquer la fin d'un intervalle jugé identique à un intervalle standard de 900 millisecondes, diffèrent essentiellement par la présence d'une CNV dans le second cas, le seul qui implique l'intervention d'un jugement temporel. De plus, le moment auquel la CNV se termine est en relation, chez la plupart des sujets, avec la durée de l'intervalle reproduit.

Lorsqu'on suit l'évolution de la CNV d'un bout à l'autre d'une expérience d'évaluation de durée, on observe deux tendances distinctes. En début d'expérience, son amplitude croît progressivement à mesure que la performance s'améliore; mais, lorsque cette dernière atteint son niveau optimum et se stabilise, la CNV décline peu à peu, allant éventuellement jusqu'à disparaître. Des résultats de ce type ont été obtenus chez l'homme dans une tâche de production d'une durée de 1,5 seconde (Mc Adam, 1966), et chez le chat soumis à un programme de conditionnement temporel exigeant, pour l'obtention du renforcement, l'appui sur un levier 5 à 7 secondes après le début d'une stimulation lumineuse (Macar et Vitton, 1979). Dans cette dernière étude, on note l'existence d'une relation positive entre la précision des régulations temporelles obtenues pendant la phase d'apprentissage et l'amplitude de la CNV : si l'on répartit les réponses en trois catégories selon qu'elles ont été émises pendant la période renforcée, avant ou après celle-ci (définissant donc des réponses « correctes », « précoces » ou « tardives »), c'est bien à la classe des réponses « correctes » que correspondent, en moyenne, les plus amples des CNV recueillies pendant l'expérience. Comme dans l'étude de Ruchkin et collaborateurs, on constate également l'existence d'une

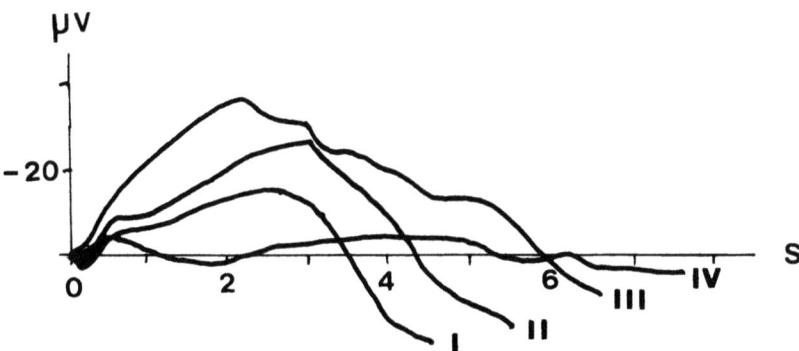

Figure 19. CNVs enregistrées chez le chat pendant le délai d'un programme de conditionnement temporel. Le délai est signalé par un stimulus visuel qui dure 7 secondes; il débute au point zéro de l'abscisse, qui marque l'écoulement du temps (en secondes). En ordonnée, l'amplitude des phénomènes (en microvolts). Les CNVs précèdent des réponses effectuées 4 à 5 s (I), 5 à 6 s (II), 6 à 7 s (III) et 7 à 8 s (IV) après le début du stimulus. Les réponses (II) et (III) ont été suivies du renforcement.

relation entre le moment où se termine la CNV et celui où la réponse est émise. De plus, si l'on analyse les fluctuations du niveau de performance (basé sur le pourcentage de renforcements récoltés) à travers les sessions successives, on s'aperçoit qu'une amélioration de celui-ci s'accompagne d'une amplification de la CNV, tandis que toute chute ou stabilisation se traduit au contraire par une diminution d'amplitude de l'indice électrophysiologique.

Ces faits indiquent l'obligation de considérer deux phases successives dans le déroulement de l'apprentissage. La première phase, nécessitant l'intervention des mécanismes attentionnels, est la phase d'apprentissage proprement dit; l'évaluation de l'intervalle devient de plus en plus précise, ce qui se traduit par une augmentation continue du pourcentage de réponses correctes. Suit une phase où la performance devient automatique, sans plus requérir un degré d'attention élevé: la performance se stabilise à son niveau optimum. Tout se passe comme si la phase d'acquisition aboutissait à la constitution d'une référence interne stable, adaptée à la situation présente — en d'autres mots, une base de temps interne, dont le sujet peut ensuite faire usage de façon automatique. On peut supposer que seule la première phase repose sur l'activité des structures impliquées dans les mécanismes d'attention sélective. La distinction entre ces deux phrases, décelables au niveau du comportement conditionné grâce à l'indice que constitue la courbe d'apprentissage, se reflète également, au niveau électrophysiologique, dans l'évolution de la CNV: celle-ci croît en amplitude tant que l'apprentissage progresse, mais se met à décliner dès qu'il atteint son niveau de stabilisation. La CNV apparaît donc comme un indice de la première phase, celle qui correspond à l'élaboration progressive d'une base de temps interne appropriée. Elle reflèterait les mécanismes « actifs » (par opposition à « automatiques ») de mesure de la durée.

Jusqu'à présent, notre analyse n'exclut cependant pas que la CNV puisse être considérée comme un indice des processus attentionnels. Bien que cette hypothèse soit favorisée par bon nombre d'investigateurs, certaines données de la littérature indiquent qu'il s'agit là d'une interprétation trop peu restrictive, et qu'il est utile de préciser sur quelle matière se porte l'attention. L'expérience de Weinberg et collaborateurs (1976) dissocie nettement les effets du traitement de l'information temporelle et non temporelle. On y compare, notamment, une situation de temps de réaction simple, dans laquelle les signaux préparatoire (S 1) et impératif (S 2) sont des stimulus sonores immuables dans toute la série expérimentale, et une situation de temps de réaction de choix dans laquelle S 1, variable d'un essai à l'autre, indique au sujet, muni de deux presselles, laquelle doit être actionnée en réponse à S 2 — à chaque essai, le sujet optera pour l'une si S 1 est constitué par un cercle, pour l'autre si c'est un triangle. Dans la première situation, le sujet n'a pas à s'interroger sur la nature d'un S 1 toujours identique; pendant l'intervalle inter-stimulus, qui dure 1,5 seconde dans tous les cas, il s'occupera seulement de traiter l'information temporelle disponible, qui lui permet de préparer adéquatement sa réponse motrice. La seconde situation implique une discrimination visuelle, donc un traitement de l'information apportée par S 1, en plus de l'information temporelle. On s'aperçoit que la CNV est pleinement développée dans la première situation, alors que, dans la seconde, son amplitude est fortement réduite en début d'intervalle, c'est-à-dire au moment où le sujet traite l'information liée à S 1. On peut penser que ce traitement nécessite un degré d'attention supplémentaire, et déduire de ces données que l'amplitude de la CNV n'est pas en relation positive avec le niveau d'attention, ou avec la quantité d'information à traiter. Dans la situation de temps de réaction de choix, il semble que le traitement de l'information non temporelle interfère avec celui de l'information temporelle: le sujet néglige cette dernière dans la mesure où il est obligé de consacrer son attention à la discrimination visuelle. Si l'on admet qu'elle reflète les processus d'évaluation de la durée, la CNV ne peut qu'être altérée par la tâche de discrimination. D'une manière plus générale, une synthèse des résultats relatifs à l'étude de la CNV suggère que les manipulations expérimentales qui perturbent l'information temporelle fournie au sujet tendent à retarder son développement ou à affecter son amplitude et ses caractéristiques morphologiques, tandis que celles qui accroissent la quantité d'information temporelle disponible ou attirent l'attention du sujet sur les paramètres temporels de la situation ont un effet inverse (Macar, 1977).

L'hypothèse selon laquelle la CNV constituerait un indice électrophysiologique des processus d'évaluation de la durée doit être précisée et nuancée dès sa formulation. D'abord, nous avons admis à plusieurs reprises que de tels processus n'étaient probablement pas identiques pour des durées d'ordre différent; on a de bonnes raisons de suspecter, par ailleurs, que la CNV n'est pas une entité homogène et indivisible — tout dépend, sur ce plan également, de l'intervalle considéré. Dans l'état actuel des recherches, l'hypothèse que nous proposons doit être restreinte aux périodes relativement brèves, comprises approximativement entre 0,5 et 15 secondes; on ne dispose d'aucune donnée au-delà de ces limites. Ensuite, parler de la CNV comme d'un indice ou d'un corrélat de certains processus ne revient, en aucune manière, à lui attribuer une fonction causale : si la CNV traduit l'intervention de mécanismes temporels, elle n'en est certes pas l'origine, et son altération sélective, si elle était possible, n'aurait peut-être aucun impact sur les mécanismes en question. La CNV est la traduction globale, au niveau électro-encéphalographique, d'activités nerveuses multiples, dont l'origine, vraisemblablement diversifiée, n'est pas encore totalement élucidée à l'heure actuelle. C'est tout le problème des relations entre EEG et activité cellulaire ; il est bien difficile de mettre en rapport, par exemple, une différence de potentiel de polarité positive ou négative enregistrée sur le scalp ou à la surface du cortex, avec un pattern stable de décharges unitaires (réduction ou augmentation de l'activité au sein d'une population de neurones). Il semble que l'EEG soit plus directement lié aux potentiels post-synaptiques qu'aux décharges d'influx que recueillent les microélectrodes, la relation entre ces deux types de phénomènes unitaires étant elle-même complexe.

- L'enregistrement unitaire

On a également découvert au niveau cellulaire des corrélats possibles des mécanismes d'évaluation de la durée. L'étude de Watanabe (1976) en témoigne. L'auteur effectue des enregistrements unitaires au niveau du cortex préfrontal dorso-latéral, et du cortex cingulaire antérieur, chez le singe soumis à un programme de conditionnement temporel. La tâche consiste à appuyer sur un levier pendant quelques secondes, jusqu'à ce qu'un bouton s'illumine en face de l'animal ; celui-ci doit alors maintenir son appui pendant 2 secondes supplémentaires, puis toucher le bouton. Si toute la séquence est correctement effectuée, il obtient un renforcement alimentaire. On repère sur les tracés trois types de patterns d'activité unitaire, dont l'un semble en relation avec les caractéristiques temporelles de la performance : il s'agit d'une augmentation d'activité de certains neurones, qui débute après l'illumination du bouton pour prendre fin juste avant le relâchement du levier, quel que soit le moment où celui-ci survient. L'activation persistera donc plus longtemps si le levier est plus longtemps maintenu. Il est possible, comme le suggère Watanabe, que les neurones présentant une activité de ce type soient impliqués dans les mécanismes d'évaluation de la durée ; cependant, il faudrait, avant de l'admettre, déterminer la part qui revient aux mécanismes de préparation motrice. Même si l'animal relâche le levier à des moments divers, on peut penser qu'il s'y prépare dès que le bouton s'illumine, et il est difficile, dans la situation expérimentale utilisée, de dissocier les processus préparatoires des mécanismes spécifiquement temporels.

Rappelons par ailleurs que les neurones sont susceptibles de conditionnement temporel; il est possible, par exemple, de provoquer une augmentation ou une diminution de leur activité en employant les techniques du conditionnement classique (voir, par exemple, Mednikova, 1975). Des phénomènes de ce type ont été observés au niveau de sites cérébraux divers, corticaux comme sous-corticaux. On a même réussi à conditionner à la durée les fluctuations des potentiels membranaires de certains neurones corticaux (Voronin, 1971); c'est donc dès le niveau de la membrane cellulaire qu'il est possible d'instaurer une liaison conditionnée. Voilà qui rappelle l'hypothèse, évoquée dans le cadre des études chronobiologiques, selon laquelle la mesure du temps s'effectuerait dès le neurone même.

Notes

[1] Des valeurs plus faibles ont également été rapportées (cf. chapitre 2).

[2] Les durées utilisées dans cette étude sont de 50 et 150 millisecondes, le sujet devant décider à chaque essai si le stimulus présenté est «long» ou «court», selon une méthode de choix forcé. Le modèle repose notamment sur le fait que la variance des données obtenues est la même pour les deux durées testées, observation que ne permettrait vraisemblablement pas le choix de durées plus longues et d'une méthode différente. La pertinence du modèle est donc, jusqu'à plus ample informé, limitée à ces conditions particulières.

[3] La théorie des canaux indépendants est étayée par des données expérimentales diverses, extraites des recherches concernant les jugements d'ordre temporel comme des situations classiques de temps de réaction (Sternberg et Knoll, 1973). Ces dernières, cependant, ont aussi produit des arguments franchement défavorables au modèle général. Ainsi, on sait que le temps de réaction est affecté si le signal impératif est immédiatement précédé ou suivi d'un stimulus quelconque, sans rapport avec la tâche: il y a donc interférence (Smith, 1967; Bernstein et al., 1970). Cette interférence existe aussi sur le plan électrophysiologique; les aires corticales associatives sont notamment le siège de mécanismes inhibiteurs entre modalités sensorielles différentes (Thompson et al., 1963). La théorie des canaux indépendants est quelque peu ébranlée par des faits de ce genre, sauf si l'on considère que les interactions peuvent avoir lieu à un stade du traitement de l'information plus tardif que ceux impliqués dans les jugements d'ordre temporel.

[4] Notons qu'il ne faut pas confondre canal et modalité sensorielle; en fait, les théoriciens conservent quelque incertitude sur la définition qu'il faut accorder au canal d'information. Deux canaux sont considérés comme distincts, par exemple, si les signaux qu'ils détectent ont des latences d'arrivée distinctes, ou ne peuvent simultanément bénéficier des processus d'attention sélective.

⁵ On entend par *proprioception* l'ensemble des sensations relatives à la position du corps et de ses segments dans l'espace, aux forces et aux pressions qui s'exercent sur lui, à l'état de tension de la musculature, enfin aux mouvements, qui produisent spécifiquement les sensations regroupées sous la détermination plus étroite de *kinesthésie*. Dans l'acception actuelle, la proprioception comprend donc la kinesthésie, alors que les deux termes étaient originellement confondus. Les *propriocepteurs*, spécialisés dans la réception des messages proprioceptifs, sont essentiellement situés dans les muscles, les tendons et les articulations.

⁶ Le thalamus est un ensemble de noyaux (structures composées essentiellement de corps cellulaires), parmi lesquels on distingue trois groupes principaux ayant leurs fonctions propres: les noyaux de *relais sensoriels*, les *noyaux associatifs* et les *noyaux intrinsèques*. Il est localisé à l'extrémité supérieure du tronc cérébral.

⁷ Les auteurs baptisent «DRL signalé» le programme ainsi modifié; mais pour qui admet que la performance conditionnée, dans un programme DRL classique, repose sur des mécanismes internes de régulation temporelle, il est clair que l'adjonction d'un signal externe fait plus que modifier la tâche: elle la transforme radicalement. Dès lors, le maintien de la dénomination DRL ne nous paraît pas s'imposer.

⁸ Le tracé EEG traduit des activités de plusieurs sources; la régulation des processus d'éveil dépend, en particulier, de l'action conjuguée de trois grands systèmes: le système réticulaire activateur du tronc cérébral, le système thalamo-cortical diffus et le système de projection thalamique spécifique.

⁹ Et, si cette accélération subjective découlait de modifications métaboliques, sensori-motrices, etc., il resterait à expliquer comment ce type de phénomènes se traduirait au plan du temps psychologique, et pourquoi les habitudes sociales seraient impuissantes à le corriger. C'est ce que fait remarquer Fraisse (1967a), qui, s'appuyant sur les analyses de William James et de Guyau, suggère une autre hypothèse: l'impression du vieillard provient du fait que sa vie comporte peu de changements objectifs et subjectifs: son décor et ses habitudes sont bien réglés, changeant à peine d'un jour à l'autre, et l'occasion se présente rarement de découvrir des choses nouvelles. Toutefois, cette interprétation rend mal compte du fait que l'accélération du temps subjectif devient sensible chez l'adulte dès la trentaine, sinon plus tôt, et paraît indépendante du type d'activité ou du mode de vie du sujet: les périodes de vacances n'en sont pas plus exemptes que les périodes de travail intensif. L'impression surgit peut-être pour des raisons différentes dans chaque cas, mais elle n'est pas moins présente. On pourrait invoquer le rôle des facteurs motivationnels: l'enfant est impatient de grandir, et le temps lui paraît sans doute d'autant plus long qu'il voudrait le raccourcir davantage; au contraire, pour l'adulte, et plus encore pour le vieillard qui voit se rapprocher le terme de sa vie, le temps passe plus vite qu'il n'est souhaitable. Autre possibilité, qui concerne en particulier l'estimation des périodes se chiffrant en années: la durée subjective serait proportionnelle à la durée totale de la vie; une année représente 1/10 de la vie pour l'enfant de 10 ans, mais 1/20 pour l'adulte de 20 ans et 1/80 pour le vieillard de 80 ans ... Cette théorie, proposée déjà par Pierre Janet (1877) à la fin du siècle dernier, conserve des adeptes à l'heure actuelle, au prix de quelques remaniements parfois (Lemlich, 1975).

¹⁰ Le «Bereitschaftspotential» a été découvert par Kornhuber et Deecke en 1965. Il s'agit, comme pour la CNV, d'une déviation de la ligne de base de l'EEG, de polarité négative, qui débute environ 850 millisecondes avant tout mouvement rapide, de la main ou du pied en particulier.

Chapitre 7
Les hypothèses

Face à toutes les données, à toutes les questions qu'amène l'étude de l'évaluation de la durée, divers auteurs ont proposé leur conception des mécanismes en jeu. Une vue d'ensemble de ce vaste champ interprétatif y distingue deux courants fondamentaux : schématiquement, on peut opposer l'hypothèse « sensorielle » à l'hypothèse « cognitive ». La première suppose l'existence d'une ou plusieurs bases de temps internes et parle plus ou moins explicitement de « sens du temps ». Cette position n'implique pas nécessairement la présence d'organes sensoriels spécialisés dans la réception des messages temporels, quand bien même les promoteurs de l'hypothèse sensorielle l'ont parfois, dans le passé, poussée jusqu'à ce point extrême. Si l'on suit Michon (1975), on peut convenir que les intervalles trop brefs pour susciter l'intervention de la mémoire à long terme sont perçus comme des sensations en ce sens que, investissant la mémoire précatégorielle, ils induisent des jugements temporels plus émotionnels qu'analytiques. Pas de récepteur temporel donc — cette éventualité s'étant révélée de plus en plus improbable à mesure que progressait la physiologie sensorielle — mais cinq « organes » essentiels dont la description peut s'inspirer du langage de l'informatique (Michon, 1967) : une *base de temps*, d'occurrence périodique dans son acception la plus simple, fournissant répétitivement des signaux cumulatifs ; un *compteur* additionnant les signaux, lui-même assorti d'un *mécanisme de déclenchement* piloté par le début et la fin des intervalles à évaluer — en quelque sorte, une porte ouverte et refermée aux moments adéquats; une *mémoire* permettant le stockage temporaire du contenu du compteur, indispensable s'il s'agit de comparer deux ou plusieurs intervalles successifs; enfin, un *mécanisme de décision* déterminant le jugement final, dont dépendra la réponse du sujet. Ces cinq «organes» forment la base de bon nombre de modèles. C'est dans ce cadre conceptuel que s'insère la recherche du «quantum temporel» comme celle de l'horloge interne proprement dite. Nous l'avons vu, divers processus physiologiques et chimiques ont été considérés comme candidats possibles à la fonction de base de temps. On a examiné dans ce sens les périodicités viscérales, les mécanismes moteurs et proprioceptifs, l'activité du système nerveux central, à un niveau global et unitaire. Les données relatives à l'influence de la température, des drogues, de l'état d'anxiété, du degré de motivation du sujet, ont par ailleurs mis en évidence l'impact du niveau d'activation physiologique sur ces bases de temps possibles. Comme le suggère Treisman (1963), on peut penser que le niveau d'éveil règlerait, en quelque sorte, la cadence d'émission des signaux temporels internes; ses fluctuations pourraient donc expliquer en partie les distorsions courantes de la durée subjective [1].

L'hypothèse sensorielle repose sur un postulat fondamental: le temps existe en-dehors de nous: il nous faut disposer de mécanismes proprement chronométriques si nous voulons l'appréhender. Dans l'approche cognitive, le temps n'existe au contraire qu'à partir du moment où nous mettons en relation les événements qui se succèdent dans notre environnement. Dans cette optique, la recherche d'une ou plusieurs horloges internes ne peut que se révéler vaine. Les processus qui sous-tendent la durée subjective n'ont pas de statut indépendant; ils font partie des processus généraux de traitement de l'information. A ce point de la discussion, deux positions se détachent. Ou bien l'on considère que la durée subjective se construit sur la base d'informations par essence non temporelles: le nombre de changements perçus (Fraisse, 1957), le nombre moyen d'événements déterminant la quantité du contenu mental (Frankenhaeuser, 1959), le nombre et la complexité des événements, influant sur la façon dont ils sont stockés (Ornstein, 1969). Ou bien l'on considère qu'il existe des informations de nature temporelle, au même titre que les informations non temporelles, les unes et les autres étant accessibles aux mêmes processus de traitement (Michon, 1979).

Cette seconde interprétation rétablit, en fait, un trait d'union entre approches sensorielle et cognitive. Celles-ci ne nous paraissent donc pas incompatibles. Mais elles laissent dans l'ombre un problème capital. Le temps ne constitue pas seulement une des dimensions des événements externes : il est aussi dimension de nos conduites mêmes. Ce statut particulier du temps apparaît clairement à travers les conduites de régulation temporelle; les expériences de conditionnement, amenant l'animal à échelonner adéquatement ses réponses dans le temps, sont particulièrement congruentes à cet égard, et ont mis en pleine lumière les processus d'inhibition somato-motrice, qui jouent ici un rôle majeur. Oublier que la durée est inhérente à chacun de nos actes, c'est nier ce qui distingue de façon décisive l'expérience temporelle des expériences sensorielles en général. Cette remarque explique la place que nous accorderons, au terme de cet ouvrage, aux processus d'inhibition comportementale. Mais, tout d'abord, il nous faut donner un aperçu de quelques-unes des thèses importantes qui marquent la psychologie du temps.

Le rôle des changements perçus

D'après Fraisse, il existerait une relation entre le nombre de changements perçus et l'appréciation de la durée : « plus le nombre de changements remarqués est grand, et plus le temps paraît long » (Fraisse, 1967a, p. 237). Plusieurs facteurs interviennent pour déterminer la quantité des changements perçus dans une situation particulière. En premier lieu, des indices objectifs liés à la nature de la tâche : la quantité de travail effectué, par exemple, peut servir de repère. L'unité ou le morcellement relatifs de la tâche sont d'une extrême importance. Plus une tâche est unifiée pour le sujet, plus le nombre de changements est réduit; il s'ensuit une diminution de la durée subjective. Inversement, le manque d'organisation produit une augmentation du nombre de changements perçus, donc de la durée subjective. On voit ici l'influence décisive des facteurs d'attention et de motivation : l'attitude du sujet envers la tâche interfère avec le nombre de changements qu'elle comporte, elle en règle la « densité ». Fraisse distingue deux types de motivation : on peut être captivé par le travail en cours, on peut aussi aspirer à s'en délivrer au plus vite; dans ce cas, nous nous sentons frustrés par le présent, qui ne nous intéresse pas, nous répugne, ou nous sépare d'un futur plus ou moins proche qui a pour nous plus d'attrait. Le sentiment de frustration contribue à allonger la durée subjective. Le niveau d'attention, par ailleurs, influe directement sur l'unité de la tâche; on a vu notamment son rôle crucial lorsqu'il s'agit de déterminer l'extension du présent psychologique.

L'appréciation de la durée se fait donc sur la base d'un ensemble d'informations de diverses natures, et l'on peut imaginer entre elles tout un réseau d'interactions. Certaines sont antagonistes, d'autres ont une influence convergente; quelques-unes peuvent être objectivement absentes de la situation analysée, ou sont négligées dans le mécanisme perceptif. Rappelons cependant que, pour Fraisse, les diverses variables en cause remplissent toujours leur fonction par l'intermédiaire d'un facteur fondamental: le nombre des changements perçus pendant le délai à évaluer.

La prise en compte privilégiée des facteurs subjectifs, inhérente à cette interprétation, lui assure un champ d'application très étendu. Bon nombre des données relatives aux effets du nombre de stimulations contenues dans l'intervalle peuvent être portées à son actif. Pourtant, il ne paraît pas toujours indispensable de faire le détour par le nombre de changements perçus pour expliquer les effets de l'attention et de la motivation sur le jugement temporel; d'ailleurs, plaider une thèse de façon trop systématique oblige souvent à louvoyer acrobatiquement à travers les faits. Cette difficulté n'a pas échappé à la sagacité de l'auteur, puisqu'il conclut, après une analyse détaillée, que « il n'y a pas proportionnalité simple entre le nombre de changements perçus et la durée estimée » et que le nombre relatif des changements ne joue « qu'à titre tendantiel, en produisant un certain effet *de halo*[2], compensé par ailleurs par tous nos autres modes d'estimation de la durée » (Fraisse, 1967a, p. 241). Au cours de sa démonstration, Fraisse note un point fondamental, sur lequel il s'arrête trop brièvement à notre goût: corrélativement au nombre relatif des changements perçus entre en compte la durée de ceux-ci. Une même durée peut se composer de changements nombreux et courts, ou de peu de changements longs ... On en revient donc, de toutes façons, à l'appréciation de ce qui est long ou court, c'est-à-dire à l'évaluation de la durée elle-même, après avoir tenté d'y échapper par le recours au facteur numérique. Ainsi, une séance de projection de 64 secondes sera évaluée de façon sensiblement égale, qu'elle comporte 16 vues de 4 secondes chacune, ou 32 vues de 2 secondes (Fraisse, 1961).

La dimension du stockage

L'hypothèse des changements perçus préfigure en quelque sorte les courants théoriques qui, quelques années plus tard, ont poussé au devant de la scène temporelle les processus de traitement de l'information par le système nerveux central. Frankenhaeuser (1959) et

Treisman (1963) vont dans le même sens. La première suggère que la durée subjective est liée à la « quantité de contenu mental » par unité de durée, c'est-à-dire au nombre moyen d'événements appréhendés pendant l'intervalle à évaluer; le second postule l'intervention des processus d'éveil dans la régulation d'un *pacemaker* interne. En 1969, Ornstein raffinera l'image du « contenu mental » en évoquant à son tour la « dimension du stockage » (*storage size*). Rejetant la thèse des bases de temps internes, peu éclairante à son avis, il propose l'adoption d'une démarche purement cognitive. Selon lui, la durée subjective croît avec la dimension du stockage, métaphore qui désigne à la fois la quantité d'information disponible pendant le délai à évaluer et les mécanismes perceptifs et mnésiques grâce auxquels elle est prise en compte. La dimension du stockage est d'autant plus grande que le nombre ou la complexité des stimulus augmente. L'important, ce sont les processus de traitement qui ont été mis en œuvre, description inspirée en droite ligne de la théorie de l'information. On retrouve dans cette hypothèse l'importance accordée par Fraisse à l'organisation des événements perçus; la dimension du stockage dépend, bien entendu, de la quantité d'information, mais également de la façon dont celle-ci est stockée : une liste de chiffres prendra moins de place en mémoire si elle est codée d'une façon appropriée, et si elle permet des regroupements significatifs, que si elle est enregistrée telle quelle sans démarche organisatrice. La séquence 178915151830 posera sans doute quelque problème à qui tentera de la retenir sans code, mais un moyen efficace de faciliter l'exercice est de la décomposer en trois groupes évoquant respectivement la date de la révolution française, celle de la bataille de Marignan et celle de l'indépendance de la Belgique — on admettra, métaphoriquement, que le nombre d'espaces occupés en mémoire est ramené de 12 à 3. Ainsi, plus le codage est efficace, plus la dimension du stockage peut être réduite, et, donc, plus la durée subjective décroît.

Ornstein fonde sa démonstration sur un ensemble d'expériences fort bien agencées, impliquant des intervalles de 30 secondes à plus de 9 minutes, avec le support presque exclusif de la méthode de comparaison. Il en ressort que la durée subjective présente une relation positive avec la quantité de sons perçus, le degré de difficulté affectant le codage immédiat d'une série de stimulus visuels ou auditifs, le nombre d'articulations introduites par le sujet dans un film présentant des figures de danse moderne, nombre dépendant lui-même des « clés » apprises avant la projection, la quantité d'items remémorés une quinzaine de jours après un test mnémonique, etc. Disons quelques mots de cette dernière expérience, particulièrement ingénieuse puisque l'auteur parvient à dissocier la quantité d'information *restant en mémoire*, après deux semaines, de celle effectivement stockée au départ. Il utilise pour cela deux listes de mots; dans la première, chaque mot est associé à un son neutre, dans la seconde à un son discordant. Confronté à l'une ou l'autre liste selon le groupe dont il fait partie, le sujet doit s'entraîner pendant 6 minutes à mémoriser les associations, la liste étant répétée 7 fois, et chaque fois suivie du test de restitution. Puis il estime, tout de suite après cette tâche ou 15 jours plus tard (le hasard seul en décidant), la durée de la tâche de mémorisation, par comparaison avec celle d'un enregistrement partiel (5 minutes) de l'*Offrande musicale* diffusé en début d'expérience pour servir de délai de référence. Le sujet apprend toutes les associations, et le jugement temporel qu'il énonce directement après la tâche est du même ordre quelle que soit la liste impliquée; mais, plus tard, le pourcentage d'oubli est plus grand pour la liste comportant des sons discordants : on note dans ce cas une réduction de la durée subjective.

Ornstein tente d'appliquer son interprétation à une gamme de phénomènes très divers, incluant, par exemple, l'erreur de position temporelle, l'effet des stimulants et des tranquillisants sur le temps subjectif, et l'expérience de l'ennui. Au point de départ de sa démarche théorique, on trouve le rejet du temps en lui-même; le temps, n'existant qu'en fonction des événements qui se déroulent, n'est, en fait, qu'une construction mentale. Cette conception, comme celle de Fraisse d'ailleurs, s'inspire de celle du philosophe Guyau (1890), le premier, selon Ornstein, a avoir lié l'expérience du temps au traitement de l'information. Dans cette optique, nul besoin de partir à la recherche de mécanismes spécifiques qui sous-tendraient l'expérience temporelle : les mécanismes sont ceux de la perception, de la mémoire, de l'attention. Ce qui détermine la durée subjective, c'est «la quantité d'information enregistrée dans la conscience» (Ornstein, 1969, p. 38). Si une drogue stimulante peut induire l'impression que le temps passe plus vite, c'est parce qu'elle accroît le niveau d'éveil et l'attention aux stimulus, donc augmente le nombre d'informations stockées. L'intervention des processus mnésiques ne doit pas être négligée : mis à part le cas d'un intervalle extrêmement bref, le jugement temporel ne dépend pas seulement de ce qui est perçu, mais de ce qui reste en mémoire[3]. Il s'agit donc d'une hypothèse impliquant la mémoire à long terme. Sur le plan physiologique, Ornstein trouve dans les recherches de Pribram et de ses collaborateurs chez le singe et le chat (voir notamment Pribram, 1969a et b) des indications intéressantes sur le rôle du noyau amygdalien et du cortex associatif dans la régulation et le codage des influx: les champs réceptifs visuels, étudiés par l'intermédiaire de microélectrodes qui enregistrent l'activité neuronale à différents niveaux des voies optiques, changent de forme et de dimensions en réponse à la stimulation des aires corticales frontales ou plus postérieures. Il semble que la stimulation corticale affecte le niveau de redondance des informations traitées; or, souligne Ornstein, le traitement de l'information est plus rapide si la redondance est grande, ce qui, une fois encore, retentit sur le jugement temporel.

On trouve maintes occasions, dans la littérature psychologique, de soutenir la thèse de Ornstein. Les études invoquées en faveur de l'hypothèse des changements perçus peuvent d'ailleurs, en général, être portées à son crédit. C'est surtout lorsqu'on tente de cerner le rôle de la complexité du stimulus sur le jugement temporel que les prédictions de l'auteur sont difficiles à confirmer. Par exemple, si l'on propose au sujet des opérations arithmétiques, on s'aperçoit vite qu'il n'existe aucune relation simple entre le degré de difficulté des calculs effectués pendant un intervalle donné et la durée subjective de celui-ci (Wilsoncroft et al., 1978). On est alors obligé d'invoquer d'autres types d'hypothèses, de tenir compte des stratégies de réponse du sujet et de l'attention qu'il accorde respectivement aux informations de nature temporelle et non temporelle.

Temps = Information

La théorie de l'information a profondément marqué toute la psychologie moderne. La psychologie du temps n'a pas échappé à son emprise, comme on vient de le voir avec le modèle de Ornstein. Et c'est heureux, car, après l'enthousiame suscité par les premières découvertes, elle avait tendance à s'enliser, manquant de sang neuf pour vivifier ses hypothèses; jusqu'à la fin des années cinquante, date de publication de plusieurs ouvrages et articles importants, l'intérêt pour ce domaine complexe, où rien ne bougeait véritablement, s'était quelque peu émoussé. La psychologie du temps semblait constituer un ghetto bien à part, difficile à rattacher aux autres courants théoriques, et ne pouvait donc tirer parti des progrès réalisés ailleurs. Un postulat tout différent, plus ou moins explicitement exprimé, anime une proportion croissante de théories contemporaines: le temps constitue une *information* qui doit être captée, codée, stockée, par le système nerveux — en un mot, *traitée* — au même titre que les informations de toute nature avec lesquelles l'organisme est sans cesse confronté. C'est ce que Michon (1972) appelle le *postulat d'équivalence*. La durée peut servir de base à la discrimination de deux stimulations en tous autres points semblables, comme on pourrait le dire pour la couleur, la taille ou la tonalité. De plus, le temps est un déterminant fondamental du comportement, chez l'homme comme chez l'animal; les recherches psychobiologiques sont là pour le prouver.

Avant d'examiner de plus près la thèse proposée par Michon, il nous faut définir les grandes lignes de cette théorie de l'information qui s'attache à décrire les différentes étapes du traitement des messages sensoriels (pour plus de détails, voir par exemple Schneider et Shiffrin, 1977; Shiffrin et Schneider, 1977).

A son origine, on trouve en 1949 l'ouvrage capital de Shannon et Weaver sur la théorie mathématique de la communication. Il définit les concepts de base: dans un système de communication, le *message* capté est transformé en *signal* par un *émetteur,* et envoyé au *récepteur* par un *canal de communication*. La transformation suppose l'intervention d'un *processus de codage*. Les paramètres essentiels à mesurer, dans ce système, sont la *quantité d'information* traitée, la *capacité* du canal de communication et le niveau du *bruit* qui altère le signal au cours de la transmission (voir Weaver et Shannon, 1975). Dans son application à l'organisme vivant, la théorie postule que le stimulus capté demeure d'abord, pendant une période maximale d'environ 30 secondes, dans la *mémoire à court terme*; l'information est ensuite stockée dans la *mémoire à long terme* où elle est mise en rapport avec tout un ensemble d'éléments de signification. Notons que l'opposition entre ces deux types de mémoire — classique depuis une bonne vingtaine d'années, même si elle est récusée par certains — ne recouvre qu'une distinction purement fonctionnelle, sans aucun sous-bassement anatomique. Il faut dire d'ailleurs que la question du mode de transfert de l'information de l'une à l'autre mémoire n'est toujours pas résolue. Néanmoins, ce type de description s'ajuste à pas mal de données expérimentales. Quant aux modèles qui l'ont influencée, on peut les dépister dans la technologie de pointe: avec la mémoire «tampon» et la mémoire «permanente», les ordinateurs entrent dans le champ. On ne reprochera pas à ceux-ci de constituer pour le psychologue une source d'inspiration féconde, au contraire — à condition toutefois que les décalques de l'intelligence artificielle se gardent de tout monopole. A l'échelle humaine, d'autres types de mémoire pourraient bien exister.

Une autre distinction cruciale dans ce contexte théorique concerne le mode de traitement lui-même : il peut être *automatique*, ou *contrôlé* par l'attention. Automatique, cela veut dire que l'information est « immédiatement » traitée sans nécessiter d'« effort conscient » : ainsi en est-il de la phrase musicale jouée sans problème au piano, après de patientes répétitions. Le stade de l'apprentissage nécessite, lui, une intervention de l'attention sélective, comme a vite fait de s'en apercevoir tout novice dans la pratique de l'instrument. Il y aurait donc construction active d'un schème de réponse adéquat, lorsque l'organisme n'en dispose pas immédiatement; une fois construit, ce schème particulier est lui-même susceptible d'utilisation automatique, s'il fait l'objet d'un entraînement efficace.

Dans le cadre de la théorie de l'information, on parlera aussi de « canal unique », de traitement « sériel » ou « parallèle » (voir la synthèse de Welford, 1967). Ces notions se réfèrent au fait que l'organisme, dans bon nombre de circonstances, ne semble pas capable de traiter simultanément toute l'information qui se présente à lui. C'est ce qu'indique, par exemple, la méthode de la « tâche ajoutée » : on constate une chute du niveau de performance dans une tâche particulière lorsqu'une autre tâche est entreprise au même moment. L'organisme paraît obligé de sacrifier des informations concurrentes. A la base de cette réflexion théorique, on trouve les travaux de Broadbent (1958) sur l'audition dichotique. Les principes en sont simples, les implications capitales. Le sujet doit écouter, puis restituer une séquence de stimulations auditives (par exemple, des caractères alphabétiques) qui lui sont présentées à la cadence d'environ deux par seconde; dans cette séquence, certains stimulus sont transmis à l'oreille droite, les autres à l'oreille gauche. Lors de la restitution, on constate qu'au lieu de respecter l'ordre global de la série, le sujet regroupe tous les caractères sur la base de leur distribution latérale : ceux qu'il a entendus d'un côté sont donnés d'abord, ceux présentés à l'autre oreille ensuite. Les informations ont donc été sériées, du fait que la charge était trop lourde; certaines ont été traitées pendant que d'autres attendaient leur tour. On a beaucoup argumenté depuis pour savoir si la surcharge du système se situait au niveau perceptif ou dans les étapes centrales du traitement de l'information (Massaro et Kahn, 1973; Thomas et Cantor, 1978); la discussion sur ce point reste vive de nos jours. Mais certains contestent la notion même de surcharge, et estiment que les informations pourraient être traitées en parallèle dans des canaux différents (cf. Townsend, 1974).

Après cette brève incursion dans un système d'interprétation qui continue d'inspirer critiques et travaux décisifs, il nous faut revenir à la psychologie du temps, et, plus précisément, à une thèse qui prend ses racines dans ce contexte général.

Pour Michon (1979), l'important est d'étudier le réseau d'interactions qui relient l'organisme, siège de processus de traitement des informations de toute nature, à un environnement temporellement organisé: la structure temporelle de ces interactions, c'est la *temporalité*. Comment celle-ci se traduit-elle dans l'expérience consciente ? Dans ses grandes lignes, la démonstration de Michon distingue deux modes de traitement, selon que l'attention sélective intervient ou non: traitement contrôlé dans le premier cas, automatique dans le second. Cette distinction est en effet parfaitement valable s'agissant de l'information temporelle. La perception du rythme, comme l'adaptation de l'organisme aux périodicités multiples du milieu, sont des illustrations simples du mode de traitement automatique; l'une et l'autre suggèrent que l'organisme dispose de *schèmes* temporels (c'est-à-dire de représentations internes de la réalité) innés ou, à tout le moins, très précocement acquis. Le traitement contrôlé se manifeste, quant à lui, à travers les processus d'estimation temporelle, ou lorsqu'il s'agit, par exemple, de reconstruire le passé pour évaluer la durée de certains événements qui s'y sont déroulés; les mécanismes de base sont, alors, fondamentalement différents.

Le traitement automatique de l'information temporelle repose sur le mécanisme de *syntonisation*, ou *tuning* (Michon, 1978, 1979). L'organisme tente de s'adapter le plus précisément possible à la structure temporelle des événements qui le sollicitent. Il y va parfois de sa survie; dans d'autres cas, il se conforme à ce que l'on pourrait baptiser «principe d'économie»: il s'agit de réduire au minimum le nombre ou la complexité des mécanismes de traitement. Le processus de syntonisation a un rôle crucial dans la dynamique du présent psychologique. Michon s'appuie sur une expérience de Dooling (1974), analysant le rôle des accents toniques dans la compréhension des phrases anglaises, pour démontrer que les processus de traitement de l'information sont, en quelque sorte, structurés sur la base de la cadence présentée à l'auditeur. Si celui-ci se voir proposer, dans un environnement sonore assez bruyant, une dizaine de phrases du type:
«They are háppy péople»
où l'accent porte sur la première syllabe dans les deux derniers mots, puis est brusquement confronté avec une phrase du type:
«They are precíse accóunts»
comportant le même nombre de syllabes, mais une structure prosodique différente, son niveau de compréhension en souffre très nette-

ment. On sait que la distribution temporelle des accents dans la phrase est un phénomène très répandu dans l'éventail des langues inventées par l'homme. Cet exemple laisse entrevoir quel degré d'efficacité peut atteindre la structure temporelle de l'environnement lorsqu'elle agit comme principe d'organisation dans le traitement de l'information. Si le pattern de stimulations qui se présente à lui n'a apparemment aucune structure temporelle intrinsèque, le sujet l'y introduira d'ailleurs spontanément. C'est le phénomène de «rythmisation subjective» dont nous avons déjà parlé (cf. p. 58).

Lorsque les conditions nécessaires au traitement automatique de l'information ne sont pas réunies (en d'autres mots, lorsque les *schèmes* temporels de l'organisme sont insuffisants), l'attention doit intervenir: on parle alors de traitement contrôlé. L'information disponible, conservée pendant un temps limité dans la mémoire à court terme, est analysée, puis synthétisée par le système nerveux central. La mémoire s'affirme ici comme un intermédiaire indispensable, car il s'agit de comparer l'information nouvelle avec les traces d'informations antérieures dont l'organisme dispose. La durée est *estimée* et non plus *perçue*. L'intervention de la mémoire est bien indiquée par le fait que les souvenirs relatifs à la date d'événements passés subissent apparemment un processus de dégradation qui obéit aux mêmes lois que celui dont se ressentent diverses autres catégories de souvenirs: la dégradation de la trace est proportionnelle à la racine carrée du délai de rétention (Wickelgren, 1974, 1976).

L'information temporelle est donc traitée de la même façon que l'information non temporelle. Et, dans la mesure où la capacité totale de traitement est limitée, il peut y avoir concurrence entre les deux types d'information. Lorsque l'information non temporelle est traitée en priorité, l'autre est sacrifiée: on enregistre une réduction de la durée subjective. Ainsi, selon Michon (1979, p. 272), la vitesse d'écoulement de la durée subjective «dépend directement de la dose d'effort consacré aux relations temporelles entre les événements d'une série, comparativement à l'effort consacré aux propriétés et aux relations non temporelles». L'expérience quotidienne est en accord avec cette assertion, si l'on considère qu'«on ne voit pas le temps passer» lorsqu'on est absorbé dans une occupation quelconque. Traduite sur le plan expérimental, cette situation courante correspond à la méthode de la «tâche ajoutée», dont nous avons parlé plus haut.

Pour Michon, la variabilité de la durée subjective dépend essentiellement de l'application des processus de traitement de l'information, en général, à l'information temporelle en particulier. Cette interprétation met en pleine lumière une notion essentielle : celle de la fonction d'échange qui doit exister entre information temporelle et non temporelle, toutes deux candidates, au même titre, à bénéficier des processus d'attention sélective. Cette notion a été soigneusement discutée par Thomas et Cantor (1978). Selon eux, lorsqu'il y a compétition entre informations temporelles et non temporelles, celles-ci captent l'attention de façon prioritaire. Utilisant la méthode de la « tâche ajoutée », ils comparent les jugements temporels obtenus du sujet selon qu'il a pour consigne d'évaluer la durée, la taille, ou enfin la durée et la taille des stimulus présentés. Les deux premières conditions induisent des jugements temporels de même ordre, alors que la taille est jugée plus grande dans la condition « taille pure » que dans la situation « mixte ». L'attention semble donc captée d'abord par l'information non temporelle, qui existe aussi dans la condition « durée pure », même si elle ne doit faire l'objet d'aucun jugement explicite. On peut réconcilier sur la base de cette conception les données souvent divergentes qu'engendre l'étude comparée des intervalles pleins ou vides ; connaître le poids relatif des informations temporelles et non temporelles dans le traitement de l'intervalle plein permettrait de risquer une prédiction sur la surestimation ou la sous-estimation dont il doit faire l'objet. On peut même étendre cette règle aux intervalles vides, si l'on considère qu'il arrive à ceux-ci d'être « remplis » par des événements internes, ou externes d'ailleurs (l'attention pouvant toujours être attirée par tel ou tel stimulus de l'environnement). L'écueil réside dans le laxisme que cette démarche est susceptible de favoriser, tant que l'on ne s'est pas donné les moyens de mesurer rigoureusement la charge respective des informations en cause.

S'il paraît légitime d'admettre que la répartition de l'attention entre les dimensions temporelles et non temporelles de la tâche est, au premier chef, responsable de la variabilité du jugement de durée, il faut néanmoins reconnaître que cette variabilité existe, même si elle est moins prononcée, dès les intervalles suffisamment brefs pour faire l'objet des processus de perception. Or ceux-ci, selon Michon, sont traités sur un mode automatique, sans intervention de l'attention sélective. Le mécanisme de syntonisation, qui entre en jeu dans ce cas, doit donc posséder sa variabilité propre. Il reste à en clarifier les déterminants.

Chronomètres et compteurs internes

Les diverses théories qui viennent d'être discutées se rejoignent à plus d'un titre. Nulle mention n'y est faite d'une éventuelle horloge interne, ou d'une pluralité de mécanismes de ce type. Ce qui importe, c'est la façon dont l'information est captée et emmagasinée, les facteurs qui en modèlent le traitement. Les processus attentionnels sont résolument mis en exergue; leur impact se fait sentir dans le domaine du temps autant qu'ailleurs.

On est loin du « sens du temps » tel qu'il était envisagé il y a quelques dizaines d'années, loin aussi de l'horloge interne entendue au sens d'un mécanisme centralisateur présidant à l'évaluation des durées de tous ordres. La thèse de Ornstein en particulier fait fi de l'existence d'éventuelles bases de temps internes, de quelque nature que ce soit; les mécanismes régissant le traitement de l'information temporelle, selon lui, sont exactement les mêmes que ceux dont dépend tout traitement d'information. Si un certain nombre d'auteurs contemporains se rallient à cet avis, d'autres ont une position plus mitigée. Michon, tout en affirmant la communauté des mécanismes de traitement de l'information temporelle et non temporelle, parle de *schèmes* innés ou précocement acquis dans le cas du traitement automatique. D'autres invoquent l'existence de bases de temps fonctionnant à la façon d'un chronomètre, ou encore d'un compteur d'impulsions.

Ainsi, pour Thomas et Cantor (1975), le stimulus marquant le début de l'intervalle à évaluer déclencherait un chronomètre (*timer*) interne, dont la durée d'action déterminerait le jugement temporel du sujet. Supposons une tâche de discrimination dans laquelle il s'agit de décider si le délai proposé est long ou court. Avant chaque essai, une durée critique est définie. Deux cas peuvent se présenter. Le timer, déclenché par le début du délai, s'arrête dès que la durée critique est atteinte, à moins qu'il ne soit interrompu prématurément par la fin du délai : le premier cas induira la réponse « long », le second la réponse « court ». Ce modèle prend quelque distance par rapport à l'hypothèse des bases de temps internes en ce sens que le timer n'est pas supposé fonctionner avant le début du délai pour l'évaluation duquel il est requis. C'est donc bien un chronomètre, et non une horloge. La durée critique est modulable en fonction des conditions en cours; étant élaborée à chaque essai, on peut dire qu'elle répond aux nécessités du moment. Sa valeur dépendrait au premier chef des évaluations données par le sujet aux essais précédents. On a bien montré, en effet, l'existence d'effets séquentiels dans les jugements temporels (Baker, 1962; Michon, 1967), quoique cet aspect du problème de la durée n'ait pas reçu toute l'attention qu'il méritait.

De son côté, pour rendre compte des situations de discrimination temporelle, Creelman s'inspirait en 1962 d'une théorie classique, celle de la détection du signal, en postulant l'existence d'un compteur interne qui, pendant l'intervalle à évaluer, additionnerait des impulsions de sources diverses, émises au hasard. Le nombre total d'impulsions produites au cours de l'intervalle serait décisif dans la détermination du jugement final. L'origine stochastique des impulsions permet d'expliquer, dans le cadre de ce modèle, l'effet de facteurs divers — qui se ramènent, dans la plupart des cas, aux fluctuations du niveau d'éveil — sur la durée subjective. D'autre part, les signaux marquant le début et le terme de l'intervalle à évaluer peuvent être masqués par le bruit de fond du système, ce qui entraîne une variance importante au niveau du comptage — d'où l'imprécision du jugement temporel, résultant aussi du fait que la comparaison du nombre d'impulsions émises au cours des deux intervalles à comparer nécessite l'intervention de processus mnésiques dont on peut supposer l'imperfection. En ce qui concerne la nature des signaux stockés par le compteur, l'auteur estime qu'il pourrait s'agir de processus chimiques ou électriques — des influx nerveux circulant dans des circuits neuronaux réverbérants, par exemple.

Si Creelman se préoccupe ainsi de procurer à son modèle un soubassement physiologique, il faut reconnaître que peu d'auteurs s'aventurent dans cette voie, la priorité étant résolument accordée à la logique interne du système. Il paraît pourtant indispensable d'intégrer dans tout modèle relatif aux mécanismes d'évaluation de la durée les principales tendances qui s'affirment non seulement à travers l'approche physiologique du problème, mais aussi à travers ses autres facettes: aspects psychophysiques et ontogénétiques, apport des méthodes de conditionnement chez l'animal. Le tour d'horizon que nous avons entrepris dans cet ouvrage nous a permis de relever, au passage, plusieurs traits marquants, qui fournissent matière à hypothèses. La première de ces hypothèses concerne la nature endogène des mécanismes temporels. Les autres se réfèrent à la composition même de ces mécanismes, qui suit, selon nous, trois lignes de force majeures.

Quelques propositions

1 L'existence de mécanismes internes

Plusieurs faits concourent à indiquer que l'évaluation de la durée repose sur l'existence de mécanismes endogènes. La psychophysique du temps, tout d'abord, a récolté des données qui étayent cette hypothèse. Elle a mis au jour la stabilité des seuils absolus; chez l'homme comme chez l'animal, ils sont généralement inférieurs à 150 millisecondes. Elle a révélé la présence de diverses tendances manifestes dès l'enfance: surestimation des intervalles courts et sous-estimation des intervalles longs d'une distribution; surestimation fréquente — quoique non systématique — des durées pleines, particulièrement des stimulations sonores, par rapport aux durées vides; et, surtout, distinction entre durées perçues et estimées. Rappelons que l'enfant n'éprouve pas de difficultés à reproduire une durée de 1 seconde, mais que l'imprécision croît considérablement lorsque la durée s'allonge; les observations récoltées chez les adultes normaux, chez les malades mentaux, et après usage de certaines drogues, indiquent toutes l'existence d'un même hiatus aux alentours de 2 secondes. Il semble bien que les mécanismes relatifs à la perception et à l'estimation des durées soient, dans une certaine mesure, hétérogènes; la mémoire joue un rôle incontestable dans le second cas, mais beaucoup moins évident dans le premier, qui indique de façon particulièrement suggestive l'existence de processus endogènes spécifiquement dévolus à la mesure du temps.

Le succès des expériences de conditionnement à la durée et de perception du rythme chez le bébé s'inscrit également en faveur de cette hypothèse. Le conditionnement du réflexe pupillaire, que nous avons décrit à titre d'exemple, prouve que la durée est une source d'information pertinente pour le nouveau-né; les multiples petits faits de la vie courante sont d'ailleurs là pour corroborer cette observation. Que l'enfant au berceau parvienne à discriminer des structures rythmiques relativement élaborées constitue un autre fait significatif pour qui est convaincu de l'étroite filiation qui unit la perception du rythme et celle de la durée. Il est clair que le temps constitue, dès la naissance, et probablement bien avant, une dimension fondamentale du comportement. On peut en dire autant chez l'animal: la variété et la complexité des tâches de conditionnement temporel dont celui-ci est capable d'acquérir la maîtrise en témoignent. Pigeons, rats, chats ou singes réussissent à effectuer une réponse déterminée à un moment adéquat, pourvu que cette régulation temporelle comporte des conséquences positives. Ils peuvent discriminer des durées relativement proches, apprendre à émettre telle réponse après un intervalle de 2 secondes, telle autre après un intervalle de 4 secondes, etc. Bref, pour l'animal également, le temps est source d'information, et il paraît plausible que le rat et l'homme disposent, pour le traitement de cette information, de mécanismes endogènes de nature similaire. Sur ces mécanismes, il est clair cependant que se greffe toute la richesse des processus cognitifs dont l'homme a le plus pleinement fait usage; l'approche ontogénétique des relations temps-espace-vitesse est illustrative à cet égard, tout autant que l'étude des conceptions que l'homme se fait du temps qui passe, et de la trilogie passé-présent-avenir.

Peut-on penser que ces mécanismes endogènes sont identiques à ceux qui sous-tendent les rythmes biologiques? Est-il plausible que les pacemakers dont on a déterminé le rôle dans le contrôle des périodicités, chez certains organismes, constituent également des chronomètres utiles aux régulations temporelles acquises, que les mécanismes cellulaires souvent postulés en chronobiologie soient également à retenir en ce qui concerne l'évaluation de la durée?

Une théorie générale du temps biologique postulant une continuité entre les phénomènes rythmiques fondamentaux et les régulations temporelles acquises a été proposée par Richelle (1968). L'auteur souligne la nécessité, pour asseoir une telle hypothèse, de tester les limites d'adaptabilité des processus de mesure du temps dans l'optique d'une confrontation phylogénétique, et examine les implications des deux aboutissements possibles de cette démarche. Nous avons vu au chapitre 4 que celle-ci n'en était encore qu'à ses premiers balbutiements. Si, dans l'avenir, il s'avère que les régulations temporelles acquises ne s'affinent pas chez les espèces animales plus évoluées, on pourra admettre qu'elles sont comparables en cela aux périodicités biologiques, précises dès les organismes les plus primitifs, et en conclure que des mécanismes élémentaires, dont on postulera l'identité, régissent l'un et l'autre des phénomènes étudiés. Dans cette éventualité, les conduites élaborées dont l'homme fait preuve dans le domaine temporel ne s'expliqueront plus que par le recours aux structures cognitives; une scission apparaissant dès lors entre temps «biologique» et «psychologique», aucune théorie générale du temps ne devra être retenue. Fraisse (1967a), en particulier, est en accord avec ce point de vue dans sa *Psychologie du Temps*. Si, par contre, on découvre chez les espèces supérieures une plus grande plasticité, voire une précision accrue, des régulations temporelles acquises, on sera enclin à postuler la diversification et l'enrichissement progressifs des mécanismes temporels; on disposera alors d'arguments en faveur d'une théorie générale, dans laquelle la complexité des opérations relatives au temps chez l'homme apparaîtra comme le produit d'une évolution phylogénétique sans solution de continuité. L'analyse ontogénétique de Piaget (1966), pour qui la coordination progressive des conduites en schèmes opératoires trouve son achèvement dans la complexité des opérations réalisables chez l'adulte, cadre bien avec cette interprétation, qui indiquerait le développement, au cours de la phylogénèse, des possibilités d'adaptation de l'horloge biologique aux situations nouvelles, posant à l'organisme des problèmes originaux.

Pour apporter des arguments à ce débat, il serait particulièrement intéressant de vérifier si les régulations temporelles sont plus précises ou plus faciles à acquérir lorsqu'elles concernent des durées proches de certaines périodes naturelles, ou si elles fluctuent selon les phases des cycles biologiques auxquelles elles correspondent. A notre connaissance, ce type d'investigations n'a pas été entrepris, si l'on excepte l'étude de Bolles et Lorge (1962) sur des rats nourris à intervalles réguliers selon des cycles de 19, 24 ou 29 heures; seuls les animaux du deuxième groupe montrent un regain d'activité peu de temps avant la présentation de la nourriture, prouvant ainsi qu'ils s'adaptent assez précisément à la périodicité imposée. Des résultats comparables ont été obtenus ensuite avec des rats élevés dès la naissance selon des cycles lumière-obscurité de 19, 24 ou 29 heures, la nourriture étant chaque fois disponible un certain temps après l'inversion des conditions d'éclairement; ici encore, le rythme circadien affirme sa prépondérance (Bolles et Stockes, 1965).

Il serait, par ailleurs, capital de contrôler quel impact la lésion d'un pacemaker essentiel au maintien des périodicités endogènes peut avoir sur les performances temporelles en général. Mais, outre que peu de pacemakers ont été dénombrés jusqu'à présent, et que l'unicité du mécanisme responsable de tous les comportements à dimension temporelle est infiniment improbable, les expériences de lésion des centres nerveux se heurtent à un problème d'interprétation analogue dans la recherche de l'oscillateur rythmique et dans celle du mécanisme gouvernant les régulations temporelles: il est difficile de déterminer, d'un côté, si l'on atteint l'horloge biologique ou ses «aiguilles», de l'autre, si l'on perturbe les mécanismes nécessaires à l'estimation de la durée ou les capacités d'inhibition somato-motrice de l'animal.

A l'encontre d'une théorie unificatrice, certains faits plaident en faveur d'une dissociation entre mécanismes chronobiologiques et mécanismes d'évaluation de la durée : ce sont ceux qui relèvent des expériences d'isolement dans les gouffres souterrains. Rappelons qu'après 58 jours passés dans ces conditions, Michel Siffre estime à 33 jours la durée de sa retraite; mais son horloge biologique, elle, ne s'est pas fourvoyée, puisque son rythme circadien s'est maintenu en libre cours avec une période légèrement supérieure à 24 heures; autrement dit, il a totalisé, en 58 jours, 57 périodes de sommeil et 57 périodes de veille, mais s'est trompé dans l'évaluation de leurs durées. Dans une expérience postérieure (Fraisse et al., 1968), Jean-Pierre Maireret fait une erreur d'estimation similaire en prenant pour de courtes siestes des périodes de sommeil qui duraient en réalité toute une nuit. Des tâches d'estimation, de production et de reproduction des durées brèves, auxquelles il se pliait plusieurs fois par jour, en recevant les stimulus et les consignes par téléphone de la surface, ont, par ailleurs, amené des indications intéressantes. Les tests d'estimation ne révèlent aucune perturbation au cours du séjour, mais ce résultat n'est pas fiable : comme des durées de même ordre (distribuées au hasard entre 30 et 120 secondes) avaient été choisies pour toutes les épreuves, le sujet a pu se baser, pour ses mesures estimées, sur l'échelle des valeurs qui lui étaient communiquées lors des tests de reproduction. Les résultats des méthodes de production et de reproduction, par contre, se détériorent de jour en jour; assez exactes au début, elles accusent ensuite une sous-estimation de plus en plus marquée, si bien que les durées fournies par le sujet vers la fin de l'expérience atteignent le double des durées demandées. Cette sous-estimation, jointe à celle concernant la durée totale du séjour sous terre, suggère l'hétérogénéité des mécanismes sous-tendant l'horloge biologique et les régulations temporelles acquises. Mais elle n'implique pas pour autant que la source de cette hétérogénéité réside dans l'intervention, en ce qui concerne l'évaluation de la durée, de processus cognitifs spécifiques à l'homme. Encore faudrait-il, pour admettre une telle hypothèse, vérifier qu'un chat ou un chien confiné dans une grotte n'aurait pas présenté semblable sous-estimation des durées brèves. A notre connaissance, on n'a jamais tenté, à ce jour, de vérifier l'évolution des performances temporelles en milieu appauvri chez les animaux conditionnés au temps. Souhaitons que le prochain candidat à l'isolement emmène, au fond de son gouffre, son animal favori, après l'avoir envoyé faire un stage dans un laboratoire de conditionnement ... Le fait que le temps de réaction de Maireret, également testé tout au long de son séjour, s'allonge de 10 à 15 % entre le début et la fin de celui-ci, alors que les épreuves de mémoire immédiate et différée ne laissent, par ailleurs, paraître aucun déficit, confirme en tout cas qu'il serait hasardeux de conclure à l'atteinte sélective et généralisée des processus cognitifs. Le problème est assurément plus complexe.

Les données sont encore trop réduites à ce jour pour nous permettre de décider s'il existe vraiment une irrémédiable scission entre temps «biologique» et «psychologique». Bon nombre de questions restent ouvertes. L'expérience de Maireret suggère que l'absence de *Zeitgebers* serait moins critique pour les rythmes fondamentaux que pour les régulations temporelles acquises. Mais quels sont les *Zeitgebers* utiles dans ce dernier cas ? Le nombre relatif des changements perçus forme, selon Fraisse (1967a), la base de notre estimation de la durée ; serait-ce dans une hypothétique réduction de ces changements pour le sujet « retiré du monde » plutôt que dans l'absence de *Zeitgebers* proprement dits que résiderait l'explication de ces distorsions du temps psychologique ? On peut penser, à l'encontre de cette idée, qu'une retraite prolongée pousse l'individu à prendre note de changements subtils, vraisemblablement présents dans l'environnement le plus dépouillé qui soit...

2. *Des neurones spécialisés et des réseaux neuroniques à la base des processus de mesure du temps*

Des mécanismes cellulaires ont souvent été postulés dans le contexte chronobiologique ; ils l'ont été également en ce qui concerne l'évaluation de la durée. Avant de nous pencher sur cette dernière hypothèse, rappelons que l'on a tenté de dépister les mécanismes physiologiques présidant au sens du temps à différents niveaux, intéressant ou non le système nerveux central. On a examiné à cette fin, sans grand succès toutefois, les périodicités cardiaque et respiratoire. Ces recherches ont pu paraître décevantes à bien des égards, mais elles ont, à tout le moins, mis l'accent sur un fait important : alors que la variabilité est de règle dans les expériences d'évaluation de la durée, on a parfois recueilli ici des résultats suffisamment consistants pour qu'il semble licite de penser que certains sujets réussissent à se constituer une base de temps appropriée — qu'elle soit ou non d'origine viscérale — face à telle tâche particulière. Il s'agirait ainsi d'une base de temps construite pour répondre aux besoins du moment, et qui acquérerait ensuite assez de stabilité pour être susceptible d'une utilisation répétée. Infiniment souples, des mécanismes de ce type n'auraient aucune permanence dans l'organisme ; il n'existerait au départ que des potentialités, qui devraient être organisées de façon déterminée, puis se déstructureraient à nouveau lorsqu'elles cesseraient d'être fonctionnelles, c'est-à-dire lorsque disparaîtraient les conditions pour lesquelles elles ont été créées. Ou plutôt, un certain temps après : on est souvent frappé, par exemple, du haut niveau de performance que présentent certains animaux soumis à la pratique assidue d'un programme de conditionnement temporel, lors de la première séance de travail qui suit une longue pause; même après plusieurs mois d'interruption, il n'est pas rare d'obtenir des résultats comparables à ceux récoltés au terme de la période d'apprentissage. Il en va assurément de même chez l'homme. Ces faits suggèrent bien que les éventuelles bases de temps, une fois élaborées et répétitivement actualisées grâce à un entraînement adéquat, restent disponibles pendant un temps plus ou moins long. Des processus d'engrammation doivent donc nécessairement intervenir pour garantir cette possibilité.

Quoique le rôle d'un feedback proprioceptif dans les expériences de timing moteur ait été indiqué à plusieurs reprises, les controverses subsistent dans ce domaine également. Du reste, il n'est pas évident qu'une conclusion positive pourrait être généralisée à tous les phénomènes d'évaluation de la durée, si même elle se trouvait bien étayée dans le contexte du timing. De toutes façons, l'un des aspects essentiels du problème est que l'hypothétique existence d'indices proprioceptifs, comme celle de bases de temps viscérales, ne peut se concevoir sans imaginer corrélativement l'intervention de mécanismes de codage et de décodage, mettant vraisemblablement à contribution le système nerveux central. C'est donc vers celui-ci que, en définitive, tout converge.

Dès lors, peut-on suggérer l'implication privilégiée de l'une ou l'autre structure cérébrale dans les processus de mesure du temps ? Les données issues de la pathologie humaine ont mis l'accent, au niveau cortical, tantôt sur les sites occipitaux, tantôt sur les régions temporales; au niveau sous-cortical, le rôle des noyaux thalamiques a souvent été évoqué. Les expériences menées chez l'animal ont, d'autre part, poussé au devant de la scène les structures septales et hippocampiques. Les lésions de ces sites cérébraux provoquent un déficit composite, touchant à la fois les mécanismes d'inhibition somato-motrice et les mécanismes attentionnels. Elles révèlent du même coup l'importance de ces deux types de mécanismes dans le contexte des phénomènes temporels; nous reviendrons bientôt sur ce point crucial.

Si quelques structures centrales semblent ainsi dotées d'une fonction privilégiée, il n'en reste pas moins que les expériences de conditionnement temporel peuvent apparemment s'appliquer, sans limitation, à des activités cérébrales de nature variée; les décharges neuroniques elles-mêmes sont susceptibles de conditionnement. Certains patterns d'activité unitaire ont, par ailleurs, été retenus comme corrélats possibles des mécanismes d'évaluation de la durée. En définitive, il paraît vraisemblable que de tels mécanismes reposent au premier chef sur des phénomènes d'interactions neuroniques.

Plusieurs auteurs ont évoqué l'existence de chronomètres ou de compteurs d'impulsions, qui fonctionneraient « à la demande », pour une durée limitée, leur mise en action dépendant des contingences du moment. Il s'agirait bien là de mécanismes spécifiquement dévolus à la mesure du temps. Creelman, en particulier, a suggéré que le compteur interne dont il décrit le fonctionnement pouvait stocker des influx nerveux véhiculés par des circuits neuronaux réverbérants. Il nous paraît utile de pousser plus avant dans cette voie, même si, dans l'état actuel des connaissances, cette démarche conduit à s'aventurer sur les chemins hasardeux de la spéculation.

On peut trouver certains modèles de fonctionnement neuronique en-dehors du contexte temporel; ainsi, les découvertes relatives au codage des dimensions spatiales du stimulus suggèrent certaines analogies. Chez la grenouille (Lettvin et al., 1959) et le lapin (Barlow et al., 1964), on a décelé l'existence de neurones rétiniens qui ne répondent qu'à certaines conditions à la présentation des stimulus visuels; ceux-ci doivent avoir une forme et des dimensions particulières, et, en outre, se déplacer, parfois même dans une direction déterminée. A un niveau plus élevé de la hiérarchie phylogénétique, c'est l'exploration électrophysiologique du cortex qui a ouvert les voies les plus fécondes. On sait à présent qu'il existe dans le cortex visuel des cellules qu'activent préférentiellement des stimulus présentant une orientation spatiale bien définie; Hübel et Wiesel (1962) l'ont démontré chez le chat. Chez le singe, on a dépisté au niveau du cortex pariétal des neurones hautement spécialisés, activés seulement lorsque le stimulus s'approche des yeux selon un certain angle ou lorsque l'animal tend le bras pour atteindre un objet situé à telle distance et orienté de telle façon dans son champ visuel, etc. (Hyvärinen et Poranen, 1974; Mountcastle et al., 1975). Des cellules voisines ont souvent des propriétés communes, et semblent primordialement organisées en colonnes verticales constituant des unités fonctionnelles; à ces colonnes s'ajoutent vraisemblablement d'autres types de configurations, que l'on pressent plus souples, plus dynamiques encore.

Les codages raffinés qui président à la perception de l'espace sont donc en partie assurés dès l'étage neuronique, au niveau unitaire d'abord, au niveau des interactions cellulaires ensuite. On est de plus en plus amené à concevoir le système visuel comme composé, au moins en partie, de réseaux fonctionnels groupant divers types de neurones spécialisés agissant en étroite collaboration (MacKay, sous presse). Le pattern spatio-temporel du stimulus doit donc jouer un rôle de tout premier plan. On peut imaginer qu'il en est de même dans le domaine temporel. Certains neurones répondraient à des paramètres temporels bien définis; certains réseaux neuroniques s'organiseraient en présence de telles ou telles contingences. L'existence de cellules spécialisées a été suggérée par les travaux de Watanabe (1976), relatés au chapitre 6. Ce n'est là encore qu'une indication très fragmentaire et problématique, mais peut-être prometteuse. De telles unités nerveuses, dont on pourrait postuler la nature innée, ou la maturation peu après la naissance (conformément à ce qui se passe pour certains neurones visuels à propriétés complexes — cf. Hübel et Wiesel, 1963), assureraient les premières étapes du codage temporel. Précisons que ces neurones spécialisés ne répondraient pas à «la durée», abstraite en quelque sorte des contingences en cours, mais à tel ou tel paramètre bien défini, comportant une dimension temporelle: comme il existe des neurones visuels répondant sélectivement à un stimulus de telles dimensions, se déplaçant dans telle direction, il pourrait exister des neurones visuels répondant à un éclair lumineux de telle durée, des neurones auditifs activés par un son de n secondes, etc. Il est difficile d'imaginer que certains types de cellules puissent être activés par une durée de 1 seconde quelles que soient les bases sur lesquelles cette durée s'élabore, car, comme le remarque Zwart (1976) — d'accord en cela avec quantité de psychologues et philosophes — le temps n'est que le résultat de la succession des événements; il faut admettre, non pas que les événements surviennent *dans* le temps, mais qu'ils le constituent. Une durée n'est jamais abstraite — sauf dans les raisonnements humains — jamais vide à proprement parler, puisque des événements s'y succèdent toujours, quand ce ne serait que des processus internes tels que pensées ou sensations.

Il est douteux, cependant, que l'infinie variété des informations temporelles à traiter puisse se rapporter à la seule activation de neurones spécialisés, si diversifiés soient-ils. Des réseaux neuroniques complexes pourraient, en outre, intervenir, qui auraient sur ces unités isolées l'avantage d'une infinie souplesse; ils se construiraient pour répondre aux impératifs de chaque situation, s'ajusteraient progressivement, de plus en plus étroitement, aux circonstances présentes. Ce processus d'élaboration graduelle demanderait, bien entendu, un certain temps, correspondant, sur le plan du comportement, à la période d'apprentissage indispensable à l'émission d'un jugement temporel précis — on sait que des dizaines d'essais sont parfois nécessaires, dans une expérience de psychophysique ou de conditionnement, avant que la performance mesurée atteigne un niveau optimum. Une fois mis en place, les réseaux seraient susceptibles d'utilisation automatique; subjectivement, on peut traduire cette étape finale au niveau psychologique en disant que l'évaluation d'une durée constante requiert moins d'«effort» et moins d'attention après un certain entraînement. Réactivités à chaque présentation de l'intervalle choisi, les réseaux neuroniques acquéreraient, à titre temporaire du moins, une certaine assise fonctionnelle, reposant par exemple sur les mécanismes de facilitation synaptique que l'on a notamment supposés à la base des processus mnémoniques (Hebb, 1949; Eccles, 1953). L'influx nerveux se fraierait répétitivement le même chemin à travers les chaînes de neurones et leurs ramifications dendritiques. Le circuit ainsi constitué ne se disloquerait, dans les conditions normales, que s'il cesse d'être couramment utilisé, c'est-à-dire si la durée, ou la gamme restreinte de durées, en rapport avec laquelle il s'est constitué au fil d'un entraînement systématique ne fait plus l'objet d'une présentation fréquente. Plus l'entraînement est intensif, plus longtemps ce réseau privilégié risque de demeurer disponible.

Un peu de spéculation encore en ce qui concerne la composition de ces circuits neuroniques; ils pourraient être constitués de divers types de neurones, corticaux et sous-corticaux, pulsant à différents rythmes, répondant de façon hétérogène à la stimulation; certains types seraient activés par tel ou tel paramètre spécifique à dimension temporelle, d'autres par l'un ou l'autre paramètre non temporel du stimulus ou du contexte situationnel dans lequel il s'insère. La combinaison de toutes ces unités, associées selon des patterns spatio-temporels dont on sait l'infinie diversité au niveau du système nerveux central, offre des possibilités multiples, propres à s'ajuster aux exigences, elles aussi innombrables et complexes, du codage de l'information temporelle. Comment cette combinatoire subtile serait alors décodée pour aboutir, en dernière analyse, au jugement temporel, pose un autre problème, pour le moment indéchiffrable, et qui reste irrésolu d'ailleurs dans bien d'autres domaines que celui du temps. Tout au plus peut-on tenter de suivre, pour l'instant, la traduction des activités cellulaires postulées à des niveaux d'organisation plus globaux; la CNV, dont nous avons parlé au chapitre 6, pourrait être candidate à ce titre. Cette déviation lente du potentiel cortical, de polarité négative, se développe dans les situations d'attente qui supposent l'évaluation plus ou moins précise du moment d'occurrence d'un événement significatif, pourvu que le délai en cause soit compris entre 1/2 et quelques secondes, voire même quelques dizaines de secondes. Elle pourrait refléter la mise en coordination de plus en plus stricte de toute une série d'activités corticales unitaires se constituant en réseaux, lors de l'apprentissage d'une tâche d'évaluation d'une durée de cet ordre. Toutefois, l'indécision qui subsiste quant à la nature des relations entre activités nerveuses globales et unitaires ne permet pas de préciser à quels patterns d'activités neuronales correspondrait exactement la CNV. Les potentiels de polarité négative enregistrés à la surface du cortex ne peuvent, en tout cas, être mis en relation avec aucun modèle simple d'activité unitaire; ils correspondent tantôt à une augmentation, tantôt à une réduction des décharges cellulaires dans les couches profondes, et l'on est sans doute moins fondé à leur trouver un lien avec les potentiels d'action qu'avec les potentiels post-synaptiques dont ceux-ci sont partiellement le produit (Buchwald et al., 1966; Creutzfeldt et al., 1966).

3. Le rôle de l'attention

L'hypothèse neuronique est loin de suffire à faire le tour du problème temporel. A maintes reprises, les données dont nous avons tenté l'analyse ont révélé l'importance des mécanismes attentionnels, qui apparaissent indissociables des processus de traitement de l'information temporelle. Le rôle des mécanismes attentionnels s'est affirmé, avant tout, à travers les études psychophysiques. On a vu que porter son attention sur une durée déterminée conduit à la surestimer, que les résultats obtenus par les méthodes de production, d'estimation, de discrimination, de reproduction, dépendent en grande partie du fait que le sujet focalise son attention sur telle caractéristique physique du stimulus, sur telle gamme de durées, sur tel détail de la consigne, etc. La fréquence des fluctuations attentionnelles varie inter- et intra-individuellement; ces fluctuations sont une des premières sources de la variabilité que l'on a vu s'imposer comme une règle dans les expériences d'évaluation temporelle. On les retrouve, bien évidemment, sur le terrain ontogénétique, où la première difficulté est de capter l'attention de l'enfant, et où elle engendre les phénomènes de centration qu'à décrits Piaget — centration qui, aux stades préopératoires, donne naissance aux erreurs systématiques dont est entaché le maniement des notions de temps, d'espace et de vitesse.

On peut aussi déceler l'influence des processus attentionnels à travers la grande variété des épreuves de conditionnement classique ou instrumental qui permettent de mettre au jour les capacités des animaux en matière de régulation et de discrimination temporelles. Enfin, les expériences de lésion des structures cérébrales ont révélé que la perturbation des processus attentionnels jouait un rôle décisif dans les déficits résultant d'une atteinte septale ou hippocampique.

L'intervention de l'attention marque d'ailleurs les mécanismes de traitement de l'information, et les processus en cause dans le contexte temporel ne diffèrent pas de ceux que l'on trouve dans d'autres domaines. Ainsi, le fait que le sujet surestime la durée dès qu'il focalise son attention sur elle n'est surprenant qu'à première vue; en définitive, la focalisation attentionnelle a toujours des effets similaires: entre deux signaux visuels identiques, celui sur lequel porte l'attention risque d'être perçu comme plus brillant, par exemple.

On s'interroge toujours abondamment sur la nature des processus attentionnels. Par le biais du concept d'«attention sélective», ces processus ont retrouvé une place de choix au sein de la problématique psychologique. Il apparaît de plus en plus indispensable de les considérer comme intrinsèquement dynamiques, dotés de propriétés modulables en fonction des caractéristiques de la tâche, donc capable de s'adapter au mieux aux exigences de la situation; postuler un ensemble de propriétés fixes, c'est s'exposer à se voir sans cesse contredit par les faits. La richesse de ce réseau dynamique échappe encore largement au champ de l'expérimentation, car il nous manque un fil d'Ariane. En attendant, l'attention a le mérite d'exciter le lyrisme de certains chercheurs, qui la comparent allégremment au «Jardin des Délices» de Jérome Bosch, gorgé de créatures fantastiques que la découverte d'une simple clé pourrait nous rendre intelligibles ... (Moray et Fitter, 1973). Rappelons que l'attention sélective est définie par Piéron (1963) comme «une orientation mentale élective comportant un accroissement d'efficience dans un certain mode d'activité avec inhibition des activités concurrentes». On a mis à jour la traduction électrophysiologique de ces mécanismes inhibiteurs; ils s'exercent sur les voies sensorielles spécifiques, ainsi qu'à travers un vaste réseau de liaisons cortico-sous corticales.

Notons enfin que l'attention peut être considérée comme étroitement liée, sur le plan du déterminisme physiologique, aux mécanismes d'éveil; mais elle ajoute une dimension directionnelle à leur dimension proprement dynamogène. Il n'est pas inutile de rappeler, dans cette optique, que la modulation du jugement temporel par les processus d'éveil est indiquée par un certain nombre de faits, et postulée dans plusieurs modèles interprétatifs (celui de Treisman, notamment).

4. Le rôle de l'inhibition comportementale

Un autre concept difficile à définir, mais indubitablement utile à l'analyse, est celui d'inhibition comportementale. On le voit se dessiner à travers les conduites d'attente, qui constituent, semble-t-il, la forme d'approche la plus primitive de l'expérience du temps. Il s'affirme avec une particulière acuité dans les études de conditionnement animal, où son interaction avec l'évaluation de la durée pose des problèmes d'interprétation aigus. Les observations relatives aux conduites collatérales — où l'on voit un rat se mordiller la queue, un chat faire trois tours de cage pendant le délai pré-réponse — s'éclairent à la lumière de cette notion d'inhibition. Originellement proposée par Pavlov, elle permet d'expliquer également les phénomènes d'extinction spontanée qui se manifestent chez des animaux jusqu'alors bien adaptés aux exigences du programme de régulation temporelle choisi (le programme DRL en particulier), les difficultés rencontrées par l'animal en DRL, où la suspension de la réponse au cours du délai est obligatoire, bien plus qu'en FI, où l'espacement des réponses apparaît spontanément, et le statut différent des réponses conditionnées sélectionnées dans chaque espèce, eu égard au rapport plus ou moins arbitraire qu'elles entretiennent avec le répertoire comportemental familier à l'animal. Tous ces faits aboutissent à la même conclusion: l'inhibition somato-motrice est étroitement liée aux processus de régulation temporelle; il faut en tenir le plus grand compte dès lors que l'on veut conférer au temps la place qui lui revient en tant que dimension essentielle du comportement.

Nous avons vu (chapitre 4) que la régulation des processus d'inhibition comportementale mettait en cause un système fonctionnel de première importance, celui des formations réticulaires du tronc cérébral, qui véhicule à la fois des influx inhibiteurs et activateurs, et possède une infinité de connexions assurant sa liaison avec toutes les voies sensorielles spécifiques, les circuits thalamiques et hypothalamiques, les différents sites corticaux. Les processus attentionnels dépendent également, en partie, des grands systèmes réticulaires, et il est clair que les mécanismes inhibiteurs y jouent un rôle capital: la sélection attentive du message signifiant repose notamment sur l'élimination, ou du moins l'atténuation, des messages concurrents. Mais, si l'inhibition constitue l'un des modes de traduction de la sélection attentive, il semble pourtant utile, dans l'état actuel des connaissances, de reconnaître aux processus attentionnels et aux processus d'inhibition comportementale un statut distinct, car ces deux types de processus ont, nous l'avons vu, leur champ d'expression propre. Pour définir la nature exacte de leurs interactions, il faudra d'abord atteindre une meilleure connaissance des mécanismes neurophysiologiques sous-jacents, qui débouchera nécessairement sur une clarification et une plus stricte définition des concepts en cause.

Comment les mécanismes d'attention et d'inhibition comportementale s'articulent-ils avec les réseaux neuroniques dont nous avons postulé l'intervention dans les processus de mesure du temps? On peut penser que les influx réticulaires modulent l'activité des neurones corticaux et sous-corticaux. La forme et la dimension des champs réceptifs de ces neurones pourraient ainsi être affectés, ce qui aboutirait à des remaniements à l'intérieur d'un réseau: les processus de codage s'en ressentiraient immanquablement. A l'appui de cette hypothèse, on retiendra certaines découvertes relatives à l'organisation des champs réceptifs neuronaux à différents niveaux des voies sensorielles spécifiques: on a vu, par exemple, que les champs réceptifs des neurones visuels sont modifiés par la stimulation des aires associatives du cortex (Dewson et al., 1966; Spinelli et Pribram, 1967).

Conclusion:
une pluralité de mécanismes

Des neurones spécialisés et des réseaux neuroniques spécifiques dont l'activité est modulée par les mécanismes attentionnels et les mécanismes d'inhibition somato-motrice: cette interprétation pourra paraître par trop éclectique; mais, de toute évidence, les bases physiologiques de l'évaluation de la durée ne peuvent qu'être de natures diverses. L'hypothèse de l'horloge interne, trop simple et trop rigide sans doute pour répondre à la complexité des faits, ne compte plus beaucoup d'adeptes à l'heure actuelle; nombre d'auteurs s'accordent, par contre, à revendiquer la pluralité des mécanismes (voir Bechinger et al., 1972; Toda, 1975; Goldstone et Lhamon, 1976; Michon, 1979; ...). Le premier argument en faveur de l'hétérogénéité est, nous l'avons vu, la distinction qui s'impose entre perception et estimation du temps: la frontière, admise aux alentours de 1 ou 2 secondes, semble bien conforme à la réalité, même si elle varie indubitablement selon les conditions en cours. C'est dans le cadre des durées perçues, indépendantes des processus d'apprentissage, que s'insérerait au premier chef l'éventuelle existence de neurones spécialisés, répondant sélectivement à tel ou tel paramètre. Dès que l'on passe aux phénomènes d'estimation temporelle, l'horizon s'agrandit démesurément, et laisse place à des mécanismes variés agissant en constante interaction. Mais quelle que soit la gamme de durées, brèves ou longues, que l'on envisage, il est clair que les bases de temps — neurones spécialisés et réseaux neuroniques — doivent être d'une infinie diversité. Une analyse méticuleuse du rythme de frappe conduit par exemple Michon (1967) a suggérer l'existence d'une « unité temporelle de traitement » (« *processing time unit* ») propre à chaque situation, et éventuellement très différente d'une situation à l'autre; dans le cadre de chaque condition expérimentale, l'auteur mesure des « *quanta* » temporels stables, mais l'éventail de ceux-ci à travers la totalité des conditions s'étend de 25 à 125 millisecondes. Il est tentant d'admettre, au vu de ces résultats, que chaque situation engendre l'élaboration d'une base de temps particulière, adaptée aux contingences actuelles. C'était déjà en 1923 l'opinion de Piéron, pour lequel l'« unité de temps » varie probablement tant inter- qu'intra-individuellement.

Si l'on adopte l'hypothèse d'une pluralité de mécanismes à la base de l'évaluation de la durée, on comprend mieux que certains facteurs — les drogues, la privation sensorielle, l'atteinte du système nerveux central — aient un impact différent selon la gamme des durées envisagées. Ils auront un effet marqué sur la production d'un intervalle de 10 secondes, mais aucun sur la discrimination des durées très brèves, par exemple : dans l'un et l'autre cas, les processus en cause ne se recouvrent que partiellement. On comprend mieux aussi la variabilité des jugements temporels, manifeste à tous les niveaux d'analyse. Les fluctuations de l'attention jouent un rôle important à cet égard; l'ajustement mutuel des divers mécanismes impliqués y prend également part, autant que la nécessité d'une élaboration progressive, à travers des processus d'apprentissage, de circuits neuroniques non dotés d'innéité.

Reste, maintenant, à donner aux phénomènes que nous postulons une assise expérimentale. La tâche, déjà bien entamée en ce qui concerne les mécanismes d'attention et d'inhibition comportementale, est particulièrement ardue pour ce qui est des réseaux neuroniques, échappant nécessairement aux enregistrements ponctuels des activités nerveuses; mais la technique ne cesse de progresser, et l'on peut espérer que, insérée dans une problématique psychophysiologique attentive à envisager tous les aspects des conduites d'évaluation de la durée, elle permettra bientôt une évolution décisive.

Notes

[1] Elles rendraient compte, en outre, de « l'effet d'allongement », un phénomène qui a toujours paru assez mystérieux aux psychophysiciens : les sujets chargés de produire ou de reproduire plusieurs fois le même intervalle ont tendance à allonger progressivement celui-ci. Si l'on admet avec Treisman (1963) que la répétition de la tâche entraîne une diminution du niveau d'activation, due, par exemple, à l'impression de monotonie ainsi produite, il s'ensuit un ralentissement du rythme d'émission des signaux temporels internes; une quantité égale de ces signaux correspondra par conséquent à une durée objective plus longue.

[2] C'est l'auteur qui souligne.

[3] L'image de la « place en mémoire », conforme aux principes de fonctionnement des calculateurs électroniques, ne sous-entend aucune hypothèse concernant l'éventuelle existence de sous-bassements physico-chimiques de la « trace » mnésique; ceci reste du domaine de la spéculation dans l'état actuel des connaissances relatives à la neurophysiologie de la mémoire. Il ne faut donc pas prendre au pied de la lettre l'expression de Ornstein (1969, p. 105) lorsqu'il suggère que « cela prend plus de place » de stocker des événements nouveaux ou plus complexes. Il s'agit toujours d'analyser les choses du point de vue des processus de traitement de l'information.

Bibliographie

AARONSON B.S., 1968. Hypnotic alterations of space and time. *Intern. Journ. of Parapsychology*, 10:6-31.
AARONSON B.S., 1971. Behavior and the place names of time. *In* Yaker H, Osmond H. et Cheek F, eds, *The future of time, man's temporal environment*. New York, Anchor Books, pp. 405-436.
ADAM N., ROSNER B.S., HOSICK E.C. et CLARK D.L., 1971. Effects of anesthetic drugs on time production and alpha rythm. *Perception and Psychophysics*, 10:133-136.
ADAMS J.A., 1977. Feedback theory of how joint receptors regulate the timing and position of a limb. *Psychological Review*, 84:504-523.
ADAMS J.A. et CREAMER L.R., 1962a. Proprioception variables as determiners of anticipatory timing behaviour. *Human Factors*, 4:217-222.
ADAMS J.A. et CREAMER L.R., 1962b. Anticipatory timing of continuous and discrete responses. *J. Exp. Psychol.*, 63:84-90.
ADAMS J.A. et XHIGNESSE L.V., 1960. Some determinants of two-dimensional visual tracking behavior. *J. Exp. Psychol*, 60:391-403.
ADKINS S., 1964. Performance, heart rate and respiration rate on the day night continuum. *Percept. Mot. Skills.*, 18:409-412.
AITKEN W.C., BRAGGIO J.T. et ELLEN P., 1975. Effects of prefeeding on the DRL performance of rats with septal lesions. *J. Comp. Physiol. Psychol.*, 89, 6:546-555.
AJURIAGUERRA J., BOEHME M., RICHARD J., SINCLAIR M. et TISSOT R., 1967. Désintégration des notions de temps dans les démences dégénératives du grand âge. *Encéphale*, 5:385-438.
ALLAN L.G., KRISTOFFERSON A.B. et WIENS E.W., 1971. Duration discrimination of brief light flashes. *Perception and Psychophysics*, 9, 3B:327-334.
ALLPORT D.A., ANTONIS B. et REYNOLDS P., 1972. On the division of attention: a disproof of the single channel hypothesis. *Quart. J. Exp. Psychol.*, 24:225-235.

AMIDON A., 1976. Children's understanding of sentences with contingent relations: why are temporal and conditional connectives so difficult? *J. Exp. Child Psychol.*, 22:423-437.
ANLIKER J., 1963. Variations in alpha voltage of the EEG and time perception. *Science*, 140:1307-1309.
ASCHOFF J., 1954. Zeitgeber den tierischen Tagesperiodik. *Naturwissenschaften*, 3:49-56.
AVANT L.L., LYMAN P.J. et ANTES, J.R., 1975. Effects of stimulus familiarity upon judged visual duration. *Perception and Psychophysics*, 17, 3:253-262.
AXEL R., 1924. Estimation of time. *Arch. Psychol.*, 12:74.
BADDELEY A.D., 1966. Time estimation at reduced body temperature. *Amer. J. Psychol.*, 79:475-479.
BAKAN P., NANGLE L.G. et DENNY M.R., 1959. Learning, transfer, and retention in judgment of time intervals. *Papers of the Michigan Academy of Science, Arts, and Letters*, 44:219-226.
BAKER C.H., 1962. On temporal extrapolation. *Canad. J. Psychol.*, 16:37-41.
BANKS R. et CAPPON D., 1962. Effect of reduced sensory output on time perception. *Percept. Mot. Skills.*, 14:74.
BARBER T.X. et CALVERLEY D.S., 1964. Toward a theory of « hypnotic » behavior: an experimental study of « hypnotic time distorsion ». *Arch. Gen. Psychiat.*, 10:209-216.
BARLOW H.B., HILL R.M. et LEVICK W.R., 1964. Retinal ganglion cells responding selectively to direction and speed of image movement in the rabbit. *J. Physiol.*, 127:377-407.
BARNDT R.J. et JOHNSON D.M., 1955. Time orientation in delinquents. *J. Abnorm. Social Psychol.*, 51:343-345.
BAROFSKY I., 1969. The effect of high ambient temperature on timing behavior in rats. *J. Exp. Anal. Behav.*, 12, 1:59-72.
BEATTY W.W. et SCHWARTZBAUM J.S., 1968. Commonality and specificity of behavioral dysfunctions following septal and hippocampal lesions in rats. *J. Comp. Physiol. Psychol.*, 66:60-68.
BECHINGER D., KONGEHL G. et KORNHUBER H., 1972. Four mechanisms in human perception of time. *Pflügers Arch. Physiol.*, R71, Abstract.
BELL C.R., 1965. Time estimation and increases in body temperature. *J. Exp. Psychol.*, 70:232-234.
BELL C.R., 1975. Effects of lowered temperature on time estimation. *Quart. J. Exp. Psychol.*, 27:531-538.
BELL C.R., 1977. Time and temperature: a reply to Green and Simpson. *Quart. J. Exp. Psychol.*, 29:341-344.
BELL C.R. et PROVINS K.A., 1963. Relations between physiological responses to environmental heat and time judgments. *J. Exp. Psychol.*, 66:572-579.
BELL C.R. et WATTS A.N., 1966. Personnality and judgments of temporal intervals. *British J. Psychol.*, 57:155-159.
BELMONT I. et HANDLER A., 1971. Delayed information processing and judgment of temporal order following cerebral damage. *J. Nerv. Ment. Dis.*, 152, 5:353-361.
BENDA P. et ORSINI F., 1959. Etude expérimentale de l'estimation du temps sous LSD-25. *Annales Médico-Psychol.*, 117, 1:550-557.
BERGER R.J., 1969. The sleep and dream cycle. *In* Kales A., ed, *Sleep, Physiology and pathology*, Philadelphia-Toronto, Lippincott, pp. 17-32.
BERGLUND B., BERGLUND U., EKMAN G. et FRANKENHAEUSER M., 1969. The influence of auditory stimulus intensity on apparent duration. *Scandin. J. Psychol.*, 10:21-26.

BERNDT T. et WOOD D., 1974. The development of time concepts through conflict based on a primitive duration capacity. *Child Development*, 45:825-828.
BERNSTEIN I.H., ROSE R. et ASHE V.M., 1970. Energy integration in intersensory facilitation. *J. Exp. Psychol.*, 86:196-203.
BIRREN J.E., CARDON S.L. et PHILIPS S.L., 1963. Reaction time as a function of the cardiac cycle in young adults. *Science*, 140:195-196.
BLONDIN C., 1974. *Conditionnement operant de Lémuriens malgaches*. Thèse de licence en Psychologie, Université de Liège (inédit).
BOAKES R.A. et HALLIDAY M.S., 1972. *Inhibition and learning*. London, Academic Press.
BOBKO D.J., SCHIFFMAN H.R., CASTINO J. et CHIAPETTA W., 1977. Contextual effects in duration experience. *American J. Psychol.*, 90, 4:577-586.
BOLLES R.C. et de LORGE J., 1962. The rat's adjustement to a-diurnal feeding cycles. *J. Comp. Physiol. Psychol.*, 55:760-762.
BOLLES R.C. et STOCKES L.W., 1965. Rat's anticipation of diurnal and a-diurnal feeding. *J. Comp. Physiol. Psychol.*, 60:290-294.
BONNET C., 1965. Influence de la vitesse du mouvement et de l'espace parcouru sur l'estimation du temps. *Année Psychologique*, 65:357-363.
BOULTER L.R. et APPLEY M.H., 1967. Time and effort as determiners of time-production error. *J. Exp. Psychol.*, 75:447-452.
BOUMAN L. et GRÜNBAUM A.A., 1929. Eine Störung der Chronognosie und ihre Bedeutung im betreffenden Symptomenbild. *Monatsschrift für Psychiat. Neurol.*, 73:1-40.
BOVET P. et ROSSI M., 1979. Etude comparée de la sensibilité différentielle à la durée avec un son pur et avec une voyelle. *In* Fraisse P., Halberg F., Lejeune H., Michon J.A., Montangero J., Nuttin J. et Richelle M., eds, *Du temps biologique au temps psychologique*, Paris, P.U.F., pp. 288-306.
BOYD E.F., 1974. Visual fixation and voice discrimination in two-month-old infants. *In* Horowitz F.D., ed., *Visual attention, auditory stimulation and language discrimination in young infants*, Monographs of the Society for Research in Child development, 39:63-77.
BRACKBILL Y. et FITZGERALD H.E., 1972. Stereotype temporal conditioning in infants. *Psychophysiology*, 9, 6:569-577.
BRADY J.N., 1974. The physiology of insect circadian rhythms. *Adv. Insect. Physiol.*, 10:1-115.
BRADY J.V. et CONRAD D.G., 1960. Some effects of brain stimulation on timing behavior. *J. Exp. Anal. Behav.*, 3:93-106.
BRAZIER M.A.B., 1957. EEG studies of flicker in normal man. *In* Bach, ed., *ERDL-Tulane Symposium on flicker*, Tulane University.
BRINKMANN K., 1971. Metabolic control of temperature compensation in the circadian rhythm of *Euglena gracilis*. *In* Menaker M., ed., *Biochronometry*, National Academy of Sciences, Washington, 567-593.
BROADBENT D., 1958. *Perception and communication*. London, Pergamon Press.
BROWN R., 1973. *A first language, the early stages*. Cambridge, Mass. Harward University Press.
BROWN F.A. Jr, HASTINGS J.W. et PALMER J.D., 1970. *The biological clock; two views*. New York and London, Academic Press.
BRUCE V.G., 1972. Mutants of the biological clock in *Chlamydomonas reinhardi*. *Genetics*, 70:537-548.
BRUNER A. et REVUSKY S.H., 1961. Collateral behavior in humans. *J. Exp. Anal. Behav.*, 4:349-350.

BRUSH E., 1930. Observations on the temporal judgement during sleep. *Amer. J. Psychol.*, 42:408-411.
BUCHWALD J.S., HALAS E.S. et SCHRAMM S., 1966. Relationships of neuronal spike populations and EEG activity in chronic rats. *Electroenceph. Clin. Neurophysiol.*, 21:227-238.
BUCKOLZ E. et GUAY M., 1975. Effects of feedback and procedures on human time estimation. *J. of Human Movement Studies*, 1:132-142.
BÜNNING E., 1956. Die physiologische Uhr. *Naturwissenschaften*, 9:351-357.
BÜNNING E., 1958. Über den Temperatureinfluss auf die endogene Tagesrhythmik besonders bei *Periplaneta americana*. *Biol. Zbl.*, 77:141-152.
BÜNNING E., 1962. Mechanisms in circadian rhythms: functional and pathological changes resulting from beats and from rhythm abnormalities. *Annals N.Y. Acad. Sci.* 98, 4:901-915.
BÜNNING E., 1973. *The physiological clock*. Third english edition, Springer Verlag.
BUÑO W. Jr et VELLUTI J.C., 1977. Relationships of hippocampal theta cycles with bar pressing during self stimulation. *Physiology and Behavior* 19:615-621.
BURNS N.M. et GIFFORD E.C., 1961. Time estimation and anxiety. *J. Psychol. Studies*, 12:19-27.
CAHOON R.L., 1969. Physiological arousal and time estimation. *Percept. Mot. Skills*, 28:259-268.
CALLAWAY E. et BUCHSBAUM M., 1965. Effects of cardiac and respiratory cycles on averaged visual evoked responses. *EEG. Clin. Neurophysiol.*, 19:476-480.
CALLAWAY E. et YEAGER C.L., 1960. Relationship between reaction time and electroencephalographic alpha phase. *Science*, 132:1765-1766.
CAPELL H.D. et PLINER P.L., 1973. Volitional control of marijuana intoxication: a study of the ability to «come down» on command. *J. Abnorm. Psychol.*, 82, 3:428-434.
CAPLAN M., 1970. Effects of withheld reinforcement on timing behavior of rats with limbic lesions. *J. Comp. Physiol. Psychol.*, 71:119-135.
CAPLAN M. et STAMM J., 1967. DRL acquisition in rats with septal lesions. *Psychon. Sci.*, 8:5-6.
CAPPON D. et BANKS R., 1964. Experiments in time perception. *Canad. Psychiat. Associat. J.*, 9:396-410.
CAREY R.J., 1967. Contrasting effects of increased thirst and septal ablations on DRL responding in rats. *Physiol. and Behav.*, 2, 3:287-290.
CARLSON V.R. et FEINBERG I., 1970. Time judgment as a function of method, practice and sex. *J. Exp. Psychol.*, 85, 2:171-180.
CARLSON V.R., FEINBERG I. et GOODENOUGH D.R., 1978. Perception of the duration of sleep intervals as a function of EEG sleep stage. *Physiol. Psychol.*, 6:497-500.
CATANIA A.C., 1970. Reinforcement schedules and psychophysical judgement: a study of some temporal properties of behavior. *In* Schoenfeld, W.N., ed., *The theory of reinforcement schedules*, New York, Appleton, pp. 1-42.
CHEREK D.R., THOMPSON T. et HEISTAD G.T., 1973. Responding maintained by the opportunity to attack during an interval food reinforcement schedule. *J. Exp. Anal. Behav.* 19:113-123.
CHERNIKOFF R. et TAYLOR F.V., 1952. Reaction time to kinesthetic stimulation resulting from sudden arm displacement. *J. Exp. Psychol.* 43:1-8.
CHESSNICK R.D., 1957. The sense of reality, time, and creative inspiration. *American Imago*, 14:317-331.
CHRISTINA R.W., 1970. Movement-produced feedback as a mechanism for the temporal anticipation of motor responses. *J. Mot. Behav.* 3:97-104.

CHURCH R.M. et DELUTY M.Z., 1977. Bissection of temporal intervals. *J. Exp. Psychol.: Animal Behavior Processes*, 3:216-228.
CHURCH R.M., GETTY D.J. et LERNER N.D., 1976. Duration discrimination by rats. *J. Exp. Psychol.: Animal Behavior Processes*, 2:303-312.
CLARK E.V., 1971. On the acquisition of the meaning of before and after. *J. Verbal Learning and Verbal Behavior*, 10:266-275.
CLARK C.V. et ISAACSON R.L., 1965. Effect of bilateral hippocampal ablation on DRL performance. *J. Comp. Physiol. Psychol*, 59:137-140.
CLAUSER G., 1954. *Die Kopfuhr. Das automatische Erwachen*. Stuttgart, Enke F.
CLIFTON G.L., COGGESHALL R.E., VANCE W.H. et WILLIS W.D., 1976. Receptive fields of unmyelinated ventral root afferent fibres in the cat. *J. Physiol.*, 256:573-600.
CLOAR T. et MELVIN K.B., 1968. Performance of two species of quail on basic reinforcement schedules. *J. Exp. Anal. Behav.*, 11:187-190.
CLOUDSLEY-THOMPSON J.L., 1961. *Rhythmic activity in animal physiology and behavior*. New York and London, Academic Press.
COGGESHALL R.E., APPELBAUM M.L., FAZEN M., STUBBS T.B. et SYKES M.T., 1975. Unmyelinated axons in human ventral roots, a possible explanation for the failure of dorsal rhizotomy to relieve pain. *Brain*, 98:157-166.
COHEN J., 1967. *Psychological time in health and disease*. Thomas, Springfield.
COHEN J. et COOPER P., 1963. Durée, longueur et vitesse apparentes d'un voyage. *L'Année Psychol.*, 1:13-28.
COHEN J., HANSEL C.E.M. et SYLVESTER J.D., 1953. A new phenomenon in the judgment of time. *Nature*, 172:901.
COHEN J., HANSEL C.E.M. et SYLVESTER J.D., 1954. Interdependence of temporal auditory judgments. *Nature*, 174:642.
COHEN J., HANSEL C.E.M. et SYLVESTER J.D., 1955. Interdependence in judgments of space, time and movement. *Acta Psychol.*, 11:360-372.
COHEN J., HANSEL C.E.M. et SYLVESTER J.D., 1956. Mind wandering. *Brit. J. Psychol.* 47:61-62.
COHEN S.I. et MEZEY A.G., 1961. The effect of anxiety on time judgment and time experience in normal persons. *J. Neurol. Neurosurgery Psychiat.* 24:266-268.
COOK L. et KELLEHER R., 1961. The interaction of drugs and behavior. *In* Rothlin E., ed., *Neuropsychopharmacology*, vol. 2, Amsterdam, Elsevier, pp. 77-92.
COQUERY J.M. et REQUIN J., 1964. Influence du cycle cardiaque sur l'excitabilité réflexe médullaire chez l'homme. *Comptes rendus des séances de la Société de Biologie*, 158, 10:1887-1891.
CORWIN T.R. et BOYNTON R.M., 1968. Transitivity of visual judgments of simultaneity. *J. Exp. Psychol.*, 78:560-568.
COSTELLO C.G., 1961. The effects of meprobamate on time perception. *J. Ment. Science*, 107:67-73.
COTTLE J. et KLINEBERG S.L., 1974. *The present of things future: explorations of time experience*. New York, Free Press.
CRAWFORD M.L.J. et THOR D.H., 1967. Time perception in children in the absence of external temporal synchronizers. *Acta Psychologica*, 26:182-188.
CREELMAN C.D., 1962. Human discrimination of auditory duration. *J. Acoust. Soc. Amer.*, 34:582-593.
CREPAULT J., 1979. Organisation et genèse des relations temps, espace et vitesse. *In* Fraisse P., Halberg F., Lejeune H., Michon J.A., Montangero J., Nuttin J. et Richelle M., eds, *Du temps biologique au temps psychologique*, Paris, P.U.F., pp. 227-253.

CREUTZFELDT O.D., WATANABE S. et LUX H.D., 1966. Relations between EEG phenomena and potentials of single cortical cells. *Electroenceph. Clin. Neurophys.*, 20:1-37.
CURTON E.D. et LORDAHL D.S., 1974. Effects of attentional focus and arousal on time estimation. *J. Exp. Psychol.*, 103, 5: 861-867.
CUSHING D.H., 1951. The vertical migration of planktonic Crustacea. *Biol. Rev.*, 26:158-192.
CYMBOROWSKI B. et BRADY J.N., 1973. Insect circadian rhythms transmitted by parabiosis — a re-examination. *Nature, New Biol.*, 236:221-222.
DELACOUR J., 1971. Effects of medial thalamic lesions in the rat: a review and an interpretation. *Neuropsychologia*, 9:157-174.
DELIEGE M., 1975. *Le comportement de régulation temporelle en programme à intervalle fixe.* Thèse de licence en Psychologie, Université de Liège (inédit).
DEMANY L., 1979. L'appréhension perceptive des structures temporelles chez le nourrisson. *In* Fraisse P., Halberg F., Lejeune H., Michon J.A., Montangero J., Nuttin J. et Richelle M., eds, *Du temps biologique au temps psychologique* Paris, P.U.F., pp. 217-226.
DEMENT W. et KLEITMAN N., 1957. The relation of eye movements during sleep to dream activity: an objective method for the study of dreaming. *J. Exp. Psychol.*, 53:339-346.
DENIER VAN DER GON J.J. et VAN HINTE N., 1959. The relation between the frequency of the alpha-rhythm and the speed of writing. *Electroenceph. Clin. Neurophysiol.*, 11:669-674.
DENSEN M.E., 1977. Time perception and schizophrenia. *Percept. Mot. Skills*, 44, 2:436-438.
DENYS W. et RICHELLE M., 1965. Régulations temporelles simples chez des malades mentaux. *Schweizerische Zeitschrift für Psychologie und ihre Anwendungen*, 24:263-267.
DE SHON H.J., RINKEL M. et SOLOMON H.C., 1952. Mental changes experimentally produced by LSD. *Psychiat. Quart.*, 26:33-53.
DE WOLFE R.K.S. et DUNCAN C.P., 1959. Time estimation as a function of level of behavior of successive tasks. *J. Exp. Psychol.*, 58:153-158.
DEWS P.B., 1962. The effect of multiple S^Δ periods on responding on fixed-interval schedule. *J. Exp. Anal. Behav.*, 5:369-374.
DEWS P.B. et WENGER G.R., 1977. Rate-dependency of the behavioral effects of amphetamine. *In* Thompson T. et Dews P.B., eds, *Advances in Behavioral Pharmacology*, vol. 1, New York, Academic Press, pp. 167-277.
DEWSON J.H., NOBLE K.W. et PRIBRAM K.H., 1966. Corticofugal influence at cochlear nucleus of the cat: some effects of ablation of insular-temporal cortex. *Brain Res.*, 2:151-159.
DMITRIEV A.S. et KOCHIGINA A.M., 1959. The importance of time as stimulus of conditioned reflex activity. *Psychol. Bull.*, 56:106-132.
DOEHRING D.G., 1961. Accuracy and consistency of time-estimation by four methods of production. *Amer. J. Psychol.*, 74:27-35.
DOEHRING D.G., HELMER J. et FULLER E., 1964. Physiological responses associated with time estimation in a human operant situation. *Psychological Record*, 14:355-362.
DONOVICK P.J., 1968. Effects of localized septal lesions on hippocampal EEG activity and behavior in rats. *J. Comp. Physiol. Psychol.*, 66:569-578.
DONG E. Jr et REITZ B.A., 1970. Effect of timing of vagal stimulation on heart rate in the dog. *Circulation Research*, 27:635-646.
DOOB W., 1971. *Patterning of time.* New Haven and London, Yale Univ. Press.

DOOLING D.J., 1974. Rhythm and syntax in sentence perception. *J. of Verbal Learning and Verbal Behavior* 13:255-264.
DOTY R.W., 1961. Conditioned reflexes formed and evoked by brain stimulation. *In* Sheer D.E., ed., *Electrical Stimulation of the Brain*, Austin, Univ. Texas Press, pp. 397-412.
DU PREEZ P., 1967. Field dependence and accuracy of comparison of time intervals. *Percept. Mot. Skills*, 24:467-472.
DUREMAN I. et EDSTROM R., 1964. *EEG and time perception*. Department of psychology report n° 22, University of Upsala, Sweden.
DURUP G. et FESSARD A., 1930. Le seuil de perception de durée dans l'excitation visuelle. *Année Psychol.*, 31:52-62.
DURUP G. et FESSARD A., 1935. L'électro-encéphalogramme de l'homme. *Année Psychol.*, 36:1-32.
ECCLES J.C., 1953. *The neurophysiological basis of mind*. Oxford, Clarendon Press.
EDMONSTON W.E. Jr et ERBECK J.R., 1967. Hypnotic time distorsion: a note. *Amer. J. Clin. Hypnosis*, 10, 2:79-80.
EFRON R., 1963a. The effect of handedness on the perception of simultaneity and temporal order. *Brain*, 86:261-284.
EFRON R., 1963b. The effect of stimulus intensity on the perception of simultaneity in right and left-handed subjects. *Brain*, 86:285-294.
EFRON R., 1963c. Temporal perception, aphasia and «déjà vu». *Brain*, 86, 3:403.
EFRON R., 1967. The duration of the present. *In* Fisher R., ed., *Interdisciplinary perspectives of time*. Annals of the New York Academy of Sciences, 138, 2:713-729.
EFRON R., 1973. An invariant characteristic of perceptual systems in the time domain. *In* Kornblum S., ed., *Attention and Performance IV*, New York, Academic Press.
EKMAN G., FRANKENHAEUSER M., BERGLUND B. et WASZAK M., 1969. Apparent duration as a function of intensity of vibrotactile stimulation. *Percept. Mot. Skills*, 28:151-156.
EKMAN G., FRANKENHAEUSER M., LEVANDER S. et MELLIS I., 1966. The influence of intensity and duration of electrical stimulation on subjective variables. *Scandinav. J. Psychol.*, 7:58-64.
ELLEN P. et AITKEN W.C. Jr, 1971. Absence of temporal discrimination following septal lesions. *Psychon. Sci.*, 22, 3:129-131.
ELLEN P. et BRAGGIO J., 1973. Reaction to DRL schedule change in rats with septal damage. *Physiological Psychol.* 1:267-272.
ELLEN P. et BUTTER J., 1969. External cue control of DRL performance in rats with septal lesions. *Physiol. Behav.*, 4:1-6.
ELLEN P., DORSETT P.G. et RICHARDSON W.K., 1977. The effect of cue-fading on DRL performance of septal and normal rats. *Physiological Psychol.*, 5:469-476.
ELLEN P., WILSON A.S. et POWELL E.W., 1964. Septal inhibition and timing behavior in the rat. *Exp. Neurol.*, 10:120-132.
ELLINGSON R.J., 1956. Brain waves and problems of psychology. *Psychol. Bull.*, 53:1-34.
ELLIS M.J., 1969. Control dynamics and timing a discrete motor response. *J. Mot. Behav.*, 1:119-134.
ELLIS M.J., SCHMIDT R.A. et WADE M.G., 1968. Proprioception variables as determinants of lapsed time estimation. *Ergonomics*, 11, 6:577-586.
EMERY F.E., 1929. Effect of the heart beat on the tonus of skeletal muscle. *Amer. J. Physiol.*, 88:529-533.

ESKIN R.M. et BITTERMAN M.E., 1960. Fixed-interval and fixed-ratio performance in the fish as function of prefeeding. *Amer. J. Psychol.*, 73:417-423.
ESON M.E. et KAFKA J.S., 1952. Diagnostic implications of a study in time perception. *J. Gen. Psychol.*, 46:169-183.
EVARTS E.V., 1973. Motor cortex reflexes associated with learned movements. *Science*, 179:501-503.
FAIDHERBE J., DELIEGE M. et DEVAUX-PASQUE N., 1969. Nouvelles recherches sur la signification psychophysiologique de certaines composantes lentes de potentiels évoqués électroencéphalographiques: contribution à une psychophysiologie de la protensité. *In* Dargent J. et Dongier M., eds, *Variations Contingentes Négatives*, Congrès et Colloques de l'Université de Liège, 52:114-137.
FECHNER G.T., 1860. *Elemente der Psychophysik*, Leipzig, Breitkopf et Härtel.
FECHNER G.T., 1877. *In Sachen der Psychophysik.* Leipzig.
FELDMAN J., 1967. Lengthening the period of a biological clock in *Euglena* by cycloheximide, an inhibitor of protein synthesis. *Proc. Nat. Acad. Sci.*, U.S.A., 57:1080-1087.
FELIX M., 1965. Time estimates as affected by the incentive class and motivational level. *Genetic Psychol. Mono.* 72:353-399.
FERRARO D.P., SCHOENFELD W.N. et SNAPPER G.A., 1965. Sequential response effects in the white rat during conditioning and extinction on a DRL schedule. *J. Exp. Anal. Behav.* 8:255-260.
FERREIRO E., 1971. *Les relations temporelles dans le langage de l'enfant.* Genève, Droz.
FERSTER C. et SKINNER B.F., 1957. *Schedules of reinforcement.* New York, Appleton-Century Croofts.
FERSTER C.B. et ZIMMERMAN J., 1963. Fixed-interval performances with added stimuli in monkeys. *J. Exp. Anal. Behav.*, 6:317-322.
FISCHER R., 1967. The biological fabric of time. *In* Fischer R., ed., *Interdisciplinary perspectives of time*, Annals of the New York Academy of Sciences, 138, 2:440-488.
FISCHER R., GRIFFIN F., ARCHER R. et JASTRAM P.S., 1965. The Weber ratio in gustatory chemoreception: an indicator of systemic (drug) reactivity. *Nature (London)*, 207:1049-1053.
FLYNN J.P., MAC LEAN P.D. et KIM C., 1961. Effects of hippocampal afterdischarges on conditioned responses. *In* Sheer D.E., ed., *Electrical Stimulation of the Brain*, Austin, Univ. Texas Press, pp. 380-386.
FOLK G.E., 1957. Twenty-four hour rhythms of mammals in a cold environment. *Amer. Nat. XCI*, 153.
FONTAINE O., 1965. Hydroxyzine et conditionnement temporel chez le chat. *Arch. Intern. Pharmacodyn.*, 153:130-138.
FORSYTH R.P., 1966. Influence of blood pressure on patterns of voluntary behavior. *Psychophysiol.*, 2:98-102.
FOWLER S.C., MORGENSTEIN C. et NOTTERMAN J.M., 1972. Spectral analysis of variations in force during barpressing time discrimination. *Science*, 176:1126-1127.
FOX R.H., BRADBURY P.A. et HAMPTON I.F., 1967. Time judgment and body temperature. *J. Exp. Psychol.*, 75:88-96.
FRAISSE P., 1948a. Les erreurs constantes dans la reproduction de courts intervalles temporels. *Arch. Psychol.*, 32:161-176.
FRAISSE P., 1948b. Etude comparée de la perception et de l'estimation de la durée chez les enfants et chez les adultes. *Enfance*, 1:199-211.
FRAISSE P., 1956. *Les structures rythmiques.* Louvain, Studia Psychologica.

FRAISSE P., 1957 (2ᵉ édition 1967a). *Psychologie du temps*. Paris, P.U.F.
FRAISSE P., 1961. Influence de la durée et de la fréquence des changements sur l'estimation du temps. *Année Psychol.*, 61:325-339.
FRAISSE P., 1965. L'Oppel-Kundt temporel ou l'influence de la fréquence des stimulations sur la perception du temps. *Rev. Psychol. Franç.*, 4:352-358.
FRAISSE P., 1967b. Le seuil différentiel de durée dans une suite régulière d'intervalles. *Année Psychol.*, 1:43-49.
FRAISSE P., 1978. Time and rhythm perception. *In Handbook of Perception*, Vol. VIII, New York, Academic Press, pp. 203-254.
FRAISSE P., BONNET C., GELLY N. et MICHAUT G., 1962. Vergleich der Zeitschätzungsmethoden. *Z. Psychol.*, 167:268-277.
FRAISSE P. et ORSINI F., 1958. Etude expérimentale des conduites temporelles. III: Etude génétique de l'estimation de la durée. *Année Psychol.*, 58:1-6.
FRAISSE P., SIFFRE M., OLERON G. et ZUILI N., 1968. Le rythme veille-sommeil et l'estimation du temps. *In* de Ajuriaguerra J., ed., *Cycles biologiques et Psychiatrie*, Genève, Georg et Paris, Masson, pp. 257-265.
FRAISSE P. et VAUTREY P., 1952. La perception de l'espace, de la vitesse et du temps chez l'enfant de cinq ans. *Enfance*, 5: 1-20, 102-119.
FRAISSE P. et VOILLAUME C., 1969. Conditionnement temporel du rythme alpha et estimation du temps. *Année Psychol.*, 69, 7-15.
FRAISSE P. et ZUILI N., 1966. L'estimation de la durée. *In Psychologie et épistémologie génétique. Thèmes piagétiens*. Paris, Dunod, pp. 253-269.
FRANÇOIS M., 1927. Contribution à l'étude du sens du temps. La température interne comme facteur de variation de l'appréciation subjective des durées. *Année Psychol.*, 28:186-204.
FRANKENHAEUSER M., 1959. *Estimation of the time: an experimental study*. Stockholm, Almqvist and Wiksell.
FRISCH K. (von), 1967. *The dance language and orientation of bees*. London, Oxford University Press.
FRIEDMAN E.R., 1977. Judgments of time intervals by young children. *Percept. Mot. Skills*, 45:715-720.
FRIEDMAN W.J., 1977. The development of children's understanding of cyclic aspects of time. *Child Develop.*, 48:1593-1599.
FRIEDMAN W.J., 1978. Dvelopment of time concepts in children. *Adv. Child Develop. Behav.*, 12:267-298.
FRIEDMAN W. et SEELY P., 1976. The child's acquisition of spatial and temporal word meanings. *Child Develop.*, 47:1103-1108.
GAHERY Y. et VIGIER D., 1974. Inhibitory effects in the cuneate nucleus produced by vago-aortic afferent fibers. *Brain Res.*, 75:241-246.
GAMBLE F.W. et KEEBLE F., 1903. The bionomics of *Convoluta roscoffensis* with special reference to its green cells. *Proc. Roy. Soc., London*, B72:93-98.
GARDNER W.A., 1935. Influence of the thyroid gland on the consciousness of time. *Amer. J. Psychol.*, 47:698-701.
GARDNER D.B., 1966. Intersensory aspects of children's judgments of short time intervals. Communication présentée à l'Amer. Psychol. Assoc., New York.
GARTNER W.R., 1974. *The processing of information and structure*. Potomac, Erlbaum Associates.
GEIWITZ P.J., 1964. Hypnotically induced boredom and time estimation. *Psychon. Science*, 1:277-278.
GELDREICH E.W., 1934. A lecture room demonstration of the visual *tau* effect. *Amer. J. Psychol.*, 46:483.

GETTY D.J., 1975. Discrimination of short temporal intervals: a comparison of two models. *Percept. Psychophys.*, 18:1-8.
GETTY D.L., 1976. Counting processes in human timing. *Percept. Psychophys.*, 20:191-197.
GIBBON J., 1972. Timing and discrimination of shock density in avoidance. *Psychol. Rev.*, 79:68-92.
GIBBON J., 1977. Scalar expectancy theory and Weber's law in animal timing. *Psychol. Rev.*, 84:279-325.
GILLILAND A.R. et MARTIN R., 1940. Some factors in estimating short time intervals. *J. Exp. Psychol.*, 27:243-255.
GINSBURG N. et NILSON V., 1971. Measuring flicker threshold in the budgerigar. *J. Exp. Anal. Behav.*, 15:189-192.
GIURGEA C., 1955. Die Dynamik der Ausarbeitung einer zeitlichen Bezichung durch direkte Reizung der Hirnrinde. *Ber. ges. Physiol.*, 175:80.
GLICKSTEIN M., QUIGLEY W.A. et STEBBINS W.C., 1965. Effects of frontal lesions on timing behavior in monkeys. *Psychon. Sci.*, 1:265-266.
GOLDFARB S., NEURINGER C., SHELLY C., CHOTLOS J. et GOLDSTEIN G., 1974. Time perception in alcoholics and other psychiatric patients. *J. Genetic Psychol.*, 125:315-318.
GOLDSTONE S., 1964. *The time sense in normal and psychopathologic states*. Mimeographed report of progress, January 1, 1960 - October 31, 1964.
GOLDSTONE S., BOARDMAN W.K. et LHAMON W.T., 1958. Kinesthetic cues in the development of time concepts. *J. Genetic Psychol.*, 93:185-190.
GOLDSTONE S., BOARDMAN W.K. et LHAMON W.T., 1959. Intersensory comparisons of temporal judgments. *J. Exp. Psychol.*, 57:243-248.
GOLDSTONE S. et LHAMON W.T., 1976. Signal pulse-rate and judged duration. *Percept. Mot. Skills*, 42:655-661.
GOLDSTONE S., LHAMON W.T. et BOARDMAN W.K., 1957. The time sense: anchor effects and apparent duration. *J. Psychol.*, 44:145-153.
GOLDSTONE S., LHAMON W.T. et SECHZER J., 1978. Light intensity and judged duration. *Bull. Psychon. Soc.*, 12, 1:83-84.
GOLDSTONE S., LHAMON W.T. et NURNBERG H.G., 1977. Temporal information processing by alcoholics. *J. Studies on Alcohol*, 38, 11:2009-2024.
GOODDY W., 1958. Time and the nervous system. *The Lancet*, 7031:1139-1141.
GOODDY W., 1969. Outside time and inside time. *Proc. Aust. Ass. Neurol.*, 6:51-59.
GRANJON M. et REQUIN J., 1970. Un rôle de la périodicité cardiaque dans la régulation temporelle de l'activité sensori-motrice? *Psychol. Bel.*, X-2:141-167.
GRANT E., 1967. The effect of zygosity on intra-pair similarity in the estimation of short time intervals. *Atlantic Psychologist*, 16:41-54.
GRECO P., 1967. Comparaison «logique» de deux durées et jugements corrélatifs de distance et de vitesse chez l'enfant de 6 à 10 ans. *In Perception et notion du Temps*, Paris, P.U.F., 252 p.
GREEN T.R.G. et SIMPSON A.J., 1977. Time and temperature: a note on Bell. *Quart. J. Exp. Psychol.*, 29:337-340.
GREENBERG R.P. et KURZ R.B., 1968. Influence of type of stressor and sex of subject on time estimation. *Percept. Mot. Skills*, 26:899-903.
GREENWOOD P., 1977. *Contribution à l'étude des régulations temporelles acquises chez le chat*. Thèse de licence en Psychologie, Université de Liège (inédit).
GROSSMAN K.E., 1973. Continuous, fixed-ratio and fixed-interval reinforcement in honey bees. *J. Exp. Anal. Behav.*, 20:105-109.
GULLIKSEN H., 1927. The influence of occupation upon the perception of time. *J. Exp. Psychol.*, 10:52-59.

GUYAU M., 1890. *La Genèse de l'idée de Temps*. Paris, Alcan.
GWINNER E., 1971. A comparative study of circannual rhythms in warblers. *In* Menaker M., ed., *Biochronometry*, Washington, Academy of Sciences, pp. 405-427.
HALBERG F., 1959. Physiologic 24-hour periodicity; general and procedural considerations with reference to the adrenal cycle. *Z. Vitam. Horm.-U. Fermentforsch*, 10:225.
HALBERG F., 1960. Temporal coordination of physiologic function. *In Cold Spring Harbor Symp. Quant. Biol.*, New York, Long Island Biol. Ass. N.Y., 25:289-310.
HALBERG F., 1979. Les rythmes biologiques et leurs mécanismes : base du développement de la chronopsychologie et de la chronoéthologie. *In* Fraisse P., Halberg F., Lejeune H., Michon J.A., Montangero J., Nuttin J. et Richelle M., eds, *Du temps biologique au temps psychologique*, pp. 21-72.
HALBERG F., BITTNER J.J., GULLY R., ALBRECHT P.G. et BRACKNEY E.L., 1955. 24-hour periodicity and audiogenic convulsions in mice of various ages. *Proc. Soc. Exp. Biol. Med.*, N.Y., 88:169-173.
HALBERG F. et HOWARD R.B., 1958. 24-hour periodicity and experimental medicine. Examples and interpretations. *Postgrad. Med.*, 24:349-358.
HALBERG F. et REINBERG A., 1967. Rythmes circadiens et rythmes de basses fréquences en physiologie humaine. *J. Physiol. Paris*, 59:117-200.
HALBERG F. et STEPHENS A.N., 1959. Susceptibility to ouabaïn and physiologic circadian periodicity. *Proc. Minn. Acad. Sci.*, 27:139-143.
HALL W., 1927. The time sense. *J. Ment. Science*, 73:421-428.
HALLIDAY A.M. et MINGAY R., 1964. On the resolution of small time intervals and the effect of conduction on the judgment of simultaneity. *Quart. J. Exp. Psychol.*, 16:35-46.
HAMNER K.C., FLINN J.C., SIROHI G.S., HOSHIZAKI T. et CARPENTER B.H., 1962. Studies on the biological clock at the South Pole. *Nature*, (London), 195:476-480.
HARKER J., 1964. *The physiology of diurnal rhythms*. Cambridge University Press, London.
HARNER L., 1975. Yesterday and to-morrow: development of early understanding of the terms. *Developmental Psychol.*, 6:864-865.
HARVEY J.A. et HUNT H.F., 1965. Effect of septal lesions on thirst in the rat as indicated by water consumption and operant responding for water reward. *J. Comp. Physiol. Psychol*, 59:49-56.
HASTINGS J.W. et KEYNAN A., 1965. Molecular aspects of circadian systems. *In* Aschoff J., ed., *Circadian Clocks*, North-Holland, Amsterdam, pp. 167-182.
HASTINGS J.W. et SWEENEY B.M., 1957. On the mechanisms of temperature independence in a biological clock. *Proc. Nat. Acad. Sci. Wash.*, 43:804-811.
HAUGLUSTAINE A., 1972. *Etude de quelques programmes de renforcement positif chez le cobaye (Cavia cobaya)*. Thèse de licence en Psychologie, Université de Liège (inédit).
HAWKES G.R., BAILEY R.W. et WARM J.S., 1960. Method and modality in judgments of brief stimulus intervals. *J. Audit. Res.*, 1:133-144.
HAWKES S.R., JOY R.J. et EVANS W.O., 1962. Autonomic effects on estimates of time: evidence for a physiological correlate of temporal experience. *J. Psychol.*, 53:183-191.
HAWKINS F., 1962. Microfilaria infestation as an instance of periodic phenomena seen in host-parasite relationships. *Annals of the New York Acad. Sci.*, 98, 4:940-953.
HEARST E., BESLEY S. et FARTHING G.G., 1970. Inhibition and the stimulus control of operant behavior. *J. Exp. Anal. Behav.*, 14:373-409.

HEBB D.O., 1949. *Organization of Behavior.* New York, Wiley.
HEIMANN H., 1952. *Die Scopolaminwirkung.* Basel, Karger.
HELLBRÜGGE T., 1967. Ontogénèse des rythmes circadiaires chez l'enfant. *In* de Ajuriaguerra J., ed., *Cycles Biologiques et Psychiatrie*, pp. 159-183.
HELLSTRÖM A., 1978. Factors producing and factors not producing time errors: an experiment with loudness comparisons. *Percept. Psychophys.*, vol. 23, 5:433-444.
HELSON H., 1930. The *tau*-effect. An example of psychological relativity. *Science*, 71:536-537.
HEMMES N.S., 1975. Pigeon's performance under differential reinforcement of low rates schedule depends upon the operant. *Learning and Motivation*, 6:344-357.
HENDRICKS J., 1966. Flicker threshold as determined by a modified conditioned suppression procedure. *J. Exp. Anal. Behav.*, 9:501-506.
HENRY F.M., 1953. Dynamic kinesthetic perception and adjustment. *Res. Quart.*, 24:176-187.
HERMELIN B.M. et O'CONNOR N., 1971. Children's judgments of duration. *Br. J. Psychol.*, 62, 1:13-20.
HERNÁNDEZ-PEÓN R., 1960. Neurophysiological correlates of habituation and other manifestations of plastic inhibition. *Electroenceph. Clin. Neurophysiol.*, 13:101-114.
HEYMANS C. et NEIL E., 1958. *Reflexogenic areas of the cardiovascular system.* London J. and A. Churchill.
HIRSH I.J. et P. FRAISSE, 1964. Simultanéité et succession de stimuli hétérogènes. *Année Psychol.*, 64:1-19.
HIRSH I.J. et SHERRICK C.E. Jr, 1961. Perceived order in different sense modalities. *J. Exp. Psychol.*, 62:423-432.
HOAGLAND H., 1935. Pacemakers in relation to aspects of behavior. *Exp. Biol. Mono.*, Macmillan.
HODOS W., ROSS G.S. et BRADY J.V., 1962. Complex response patterns during temporally spaced responding. *J. Exp. Anal. Behav.*, 5:473-479.
HOFFER A., 1971. Problems connected with evaluation of the effects of psychedelic drugs on time perception. *In* Yaker H., Osmond H., Cheek F., eds, *The future of time*, New York, Anchor Books, pp. 389-404.
HOFFMANN K., 1953. Experimentelle Anderung des Richtungsfinden beim Star durch Beeinflussung der «inneren Uhr». *Naturwissenschaften*, 40:608-609.
HOFFMANN K., 1960. Experimental manipulation of the orientational clock in birds. *Cold Spring Harb. Symp. Quant. Biol.*, 25:379-387.
HOLUBAR J., 1960. The time sense and photic driving in man. *Physiologia Bohemslovenica*, 9:472-476.
HOGAN H.W., 1978. A theoretical reconciliation of competing views of time perception. *Amer. J. Psychol.*, 91, 3:417-428.
HÖRING A., 1864. *Versuche über das Unterscheidungsvermögen des Hörsinnes für Zeitsgrössen.* Tübingen.
HORNSTEIN A.D. et ROTTER G.S., 1969. Research methodology in temporal perception. *J. Exp. Psychol.*, 79:561-564.
HÜBEL D.H. et WIESEL T.N., 1962. Receptive fields, binocular interaction and functional architecture in the cat's visual cortex. *J. Physiol.*, 160:106-144.
HÜBEL D.H. et WIESEL T.N., 1963. Receptive fields of cells in striate cortex of very young, visually inexperienced kittens. *J. Neurophysiol.*, 26:994-1002.
HYVÄRINEN J. et PORANEN A., 1974. Function of the parietal associative area 7 as revealed from cellular discharges in alert monkeys. *Brain*, 97:673-692.
JACKLET J.W., 1969. Circadian rhythm of optic nerve impulses recorded in darkness from isolated eye of *Aplysia. Science*, (Wash.), 164:562-563.

JACKLET J.W. et GERONIMO J., 1971. Circadian rhythms: populations of interacting neurons. *Science*, (Wash.), 174:299-302.
JACKSON F.B. et GERGEN J.A., 1970. Acquisition of operant schedules by Squirrel monkeys lesioned in the Hippocampal Area. *Physiol. Behav.*, 5:543-547.
JAENSCH E.R. et KRETZ A., 1932. Experimentell - strukturpsychologische Untersuchungen über die Auffsassung der Zeit unter Berücksichtigung der Personaltypen. *Zeit. Psychol.*, 126:312-375.
JAMIESON D.G. et PETRUSIC W.M., 1978. Feedback versus an illusion in time. *Perception*, 7:91-96.
JANET P., 1877. Une illusion d'optique interne. *Rev. Phil.*, 1:497-502.
JANET P., 1928. *L'évolution de la mémoire et de la notion de temps*. Paris, Chahine A.
JASPER H.H. et SHAGASS C., 1941. Conscious time judgments related to conditioned time intervals and voluntary control of alpha rhythm. *J. Exp. Psychol.*, 28:503-508.
JIRKA Z. et VALOUSEK C., 1967. Time estimation during prolonged stay underground. *Studia Psychol.*, 9:176-193.
JONES B., 1972. Outflow and inflow in movement duplication. *Percept. Psychophys.*, 12:95-96.
JONES B., 1974. Is proprioception important for skilled performance? *J. Mot. Behav.*, 6:33-45.
JONES A. et MAC LEAN M., 1966. Perceived duration as a function of auditory stimulus frequency. *J. Exp. Psychol.*, 71:358-364.
JOHNSON C.T., OLTON D.S., GAGE F.D. et JENKO P.G., 1977. Damage to hippocampus and hippocampal connections: effects on DRL and spontaneous alteration. *J. Comp. Physiol. Psychol.*, 91, 3:508-522.
KAPLAN J., 1965. Temporal discrimination in rats during continuous brain stimulation. *Psychon. Sci.* 2:255-256.
KEELE S.W., 1968. Movement control in skilled motor performance. *Psychol. Bull.*, 70:387-403.
KELSO J.A.S., 1978. Joint receptors do not provide a satisfactory basis for motor timing and positioning. *Psychol. Rev.*, 85:474-481.
KENDALL M.B. et SIBLEY R.F., 1970. Social class differences in time orientation: artifact? *J. Soc. Psychol.*, 82, 2:187-191.
KENNA J.C. et SEDMAN G., 1964. The subjective experience of time during lysergic acid diethylamide (LSD-25) intoxication. Psychopharmacol., 5:280-288.
KIRKHAM J., GOLDSTONE S., LHAMON W.T., BOARDMAN W.K. et GOLDFARB J.L., 1962. Effects of alcohol on apparent duration. *Percept. Mot. Skills*, 14:318.
KLAPOW L.A., 1972. Natural and artificial rephasing of a tidal rhythm. *J. Comp. Physiol.*, 79:233-258.
KLEBER R.J., LHAMON W.T. et GOLDSTONE S., 1963. Hyperthermia, hyperthyroidism and time judgment. *J. Comp. Physiol. Psychol.*, 56:362-365.
KLUCKHOHN F.R. et STRODTBECK F.L., 1961. *Variations in value orientations*. Evanston, Row, Peterson.
KOCH E., 1932. Die Irradiation der pressoreceptorischen Kreislaufrereflexe. *Klin. Wschr.*, 11:225-227.
KOHLMANN T., 1950. Das psychologische Problem der Zeitschätzung und der experimentelle Nachweis seiner diagnostischen Anwendbarket. *Wiener Zeitschrift für Nervenheilkunde und deren Grenzgebiete*, 3:241-260.
KONOPKA R. et BENZER S., 1971. Clock mutants of *Drosophila melanogaster*. *Proc. Nat. Acad. Sci.*, U.S.A., 68:2112-2116.

KORNHÜBER H.H. et DEECKE L., 1965. Hirnpotentialandereungen bei Willkurbewegungen und passiven Bewegungen des Menschen: Bereitschaftspotential und reafferente Potentiale. *Pflügers Archiv für die Gesamte Physiologie des Menschen und der Tiere*, 284: 1-17.
KOSLOVSKAYA T.B., VERTES R.P. et MILLER N.E., 1973. Instrumental learning without proprioceptive feedback. *Physiol. Behav.*, 10: 101-107.
KOULACK D.I., 1968. Dream time and real time. *Psychonom. Sci.*, 11, 6: 202.
KRAMER T.J. et RILLING M., 1969. Effects of time-out on spaced responding in pigeons. *J. Exp. Anal. Behav.*, 12: 283-288.
KRAUSS H.H., KATZELL R. et KRAUSS B.J., 1974. Effect of hypnotic time distorsion upon free-recall learning. *J. Abnorm. Psychol.*, 83, 2: 140-144.
KRISTOFFERSON A.B., 1967. Attention and psychophysical time. *Acta Psychol.*, 27: 93-100.
KRISTOFFERSON A.B., 1976. Low-variance stimulus response latencies: Deterministic internal delays? *Percept. Psychophys.*, 20: 89-100.
LACEY B.C. et LACEY J.I., 1977. Change in heart period: a function of sensorimotor event timing within the cardiac cycle. *Physiol. Psychol.*, 5: 383-393.
LACEY B.C. et LACEY J.I., 1978. Two-way communication between the heart and the brain. *Amer. Psychol.*, : 99-113.
LADEFOGED P. et BROADBENT D.E., 1960. Perception of sequence in auditory events. *Quart. J. Exp. Psychol.*, 12: 162-170.
LANDAU S.F., 1976. Delinquency, institutionalization and time orientation. *J. Consul. Clin. Psychol.*, 44: 745-759.
LANSING R.W., 1957. Relation of brain and tremor rhythms to visual reaction time. *EEG. Clin. Neurophysiol.*, 9: 497-504.
LASHLEY K.S., 1917. The accuracy of movement in the absence of excitation from the moving limb. *Amer. J. Physiol.*, 43: 169-194.
LATIES V.G. et WEISS B., 1962. Effect of alcohol on timing behavior. *J. Comp. Physiol. Psychol.*, 55: 85-91.
LATIES V.G., WEISS B. et WEISS A.B., 1969. Further observation of overt « mediating » behavior and the discrimination of time. *J. Exp. Anal. Behav.*, 12: 43-57.
LECHELT E.C. et BORCHERT R., 1977. The interdependence of time and space in somesthesis: the *Tau* effect reexamined. *Bull. Psychon. Soc.*, 10, 3: 191-193.
LEGG C.F., 1968. Alpha rhythm and time judgments. *J. Exp. Psychol.*, 78, 1: 46-49.
LEHMANN H., 1967. Time and psychopathology. *Annals of the New York Acad. Sci.*, 138: 789-821.
LEJEUNE H., 1971. Note sur les régulations temporelles acquises en programme à intervalle fixe chez le chat. *Rev. Comport. Anim.*, 5: 123-129.
LEJEUNE H., 1976. Une expérience de conditionnement operant chez un prosimien: *Perodicticus Potto Edwarsi*. *Psychol. Belgica*, 16: 199-208.
LEJEUNE H., 1977. Type de réponse operante et lésions thalamiques médianes. *Physiol. Behav.*, 18: 357-359.
LEJEUNE H., 1978. Sur un paradoxe dans l'estimation du temps chez l'animal. *Année Psychol.*, 78: 163-181.
LEMLICH R., 1975. Subjective acceleration of time with aging. *Percept. Mot. Skills*, 41: 235-238.
LESHAN, L.L., 1952. Time orientation and social class. *J. Abnorm. Soc. Psychiat.*, 47: 589-592.
LETTVIN J.Y., MATURANA H.R., MAC CULLOCH W.S. et PITTS W.H., 1959. What the frog's eye tells the frog's brain. *Proces. Inst. Radio Engeniors*, 127: 1940-1951.

LEVICK W.R. et ZACKS J.L., 1970. Responses of cat retinal ganglion cells to brief flashes of light. *J. Physiol.*, 206:677-700.
LEVY M.N., MARTIN P.J., IANO T. et ZIESKE H., 1970. Effects of single vagal stimuli on heart rate and atrioventricular conduction. *Amer. J. Physiol.*, 218:1256-1262.
LEVY M.N. et ZIESKE H., 1972. Synchronization of the cardiac pacemaker with repetitive stimulation of the carotid sinus nerve in the dog. *Circul. Res.*, 30:634-664.
LEWIS S.A., 1969. Subjective estimates of sleep. An EEG evaluation. *Brit. J. Psychol.*, 60, 2:203-208.
LHAMON W.T. et S. GOLDSTONE, 1956. The time sense. *A.M.A. Arch. Neurol. Psychiat.*, 76:625-629.
LHAMON W.T. et GOLDSTONE S., 1974. Studies of auditory-visual differences in human time judgment: 2. More transmitted information with sounds than lights. *Percept. Mot. Skills*, 39:295-307.
LHAMON W.T. et GOLDSTONE S., 1975. Movement and the judged duration of visual targets. *Bull. Psychon. Soc.*, 5, 1:53-54.
LHAMON W.T., GOLDSTONE S. et GOLDFARB J.L., 1965. The psychopathology of time judgment. *In* Hoch P.H. et Zubin J., eds, *The psychopathology of perception*, New York, Grune et Stratton, pp. 164-188.
LIBBY M.E. et CHURCH R.M., 1974. Timing of avoidance responses by rats. *J. Exp. Anal. Behav.*, 22:513-517.
LINCE R., 1976. *Activité collatérale et régulation temporelle en DRL*. Thèse de licence en psychologie, Université de Liège (inédit).
LINDSLEY D.B., 1952. Psychological phenomena and the electroencephalogram. *EEG. Clin. Neurophysiol.*, 4:443-456.
LOCKHART J.M., 1967. Ambient temperature and time estimation. *J. Exp. Psychol.*, 73:286-291.
LOEHLIN J.C., 1959. The influence of different activities on the apparent length of time. *Psychol. Mono.*, 73:474.
LOOMIS E.A. Jr, 1951. Space and time perception and distorsion in hypnotic states. *Personality*, 1:283-293.
MACAR F., 1970. *Périodicité cardiaque et régulation temporelle: étude préliminaire dans un programme de conditionnement DRL chez le chat*. Rapport de D.E.A., Université d'Aix-Marseille (inédit).
MACAR F., 1971a. Névrose expérimentale dans un programme de renforcement des débits de réponses lents chez le chat. *J. Psychol. Norm. Pathol.*, 2:191-205.
MACAR F., 1971b. Addition d'une horloge externe dans un programme de conditionnement au temps chez le chat. *J. Psychol. Norm. Pathol.*, 1:89-100.
MACAR F., 1977. Signification des variations contingentes négatives dans la dimension temporelle du comportement. *Année Psychol.*, 2, 77:439-474.
MACAR F. et VITTON N., 1979. Contingent Negative Variation and accuracy of time estimation: a study on cats. *EEG. Clin. Neurophysiol.*, 47:213-228.
MACAR F. et VITTON N., 1980. Evolution of negative and positive SP shifts in cats learning RT tasks. *EEG. Clin. Neurophysiol.*, 50:229-239.
MACKAY D.M., Sensory processing in the brain and evoked potentials. *In*, Kornhuber H.H. et Deecke L., eds, *Motivation, motor and sensory processes of the brain: electrical potentials, behavior and clinical use. Progr. Brain Res.* (sous presse).
MANN H., SIEGLER M. et OSMOND H., 1971. The psychotypology of time. *In* Yaker H., Osmond H. et Cheek F., eds, *The future of time, man's temporal environment*, New York, Anchor Books, pp. 142-178.

MANTANUS H., FAYT C. et PERETTE B., 1977. Nature de l'operant et renforcement de débits de réponses lents chez le pigeon. *Psychol. Belg.*, 17:135-142.
MARUM K.D., 1968. Reproduction and ratio-production of brief duration under conditions of sensory isolation. *Amer. J. Psychol.*, 81:21-26.
MASSARO D.W. et KAHN B.J., 1973. Effects of central processing on auditory recognition. *J. Exp. Psychol.*, 97:51-58.
MASTERS T. et HOUSTON J., 1966. *The varieties of psychedelic experience*. New York, Dell.
MAURISSEN J., 1970. *Régulation temporelle acquise en programmes FI et DRL chez la souris*. Thèse de licence en Psychologie, Université de Liège (inédit).
MAXWELL R.J., 1971. Anthropological perspectives. *In* Yaker H., Osmond H., Cheek F., eds, *The future of time, man's temporal environment*, New York, Anchor Books, pp. 36-72.
Mc ADAM D.W., 1966. Slow potential changes recorded from human brain during learning of a temporal interval. *Psychon. Sci.*, 6:435-436.
McCALLUM W.C., PAPAKOSTOPOULOS D., GOMBI R., WINTER A.L., COOPER R. et GRIFFITH H.B., 1973. Event related slow potential changes in human brain stem. *Nature*, 242, 5398:465-467.
Mc CLEARY R.A., 1966. Response-modulating functions of the limbic system: initiation and suppression. *In* Stellar E. et Sprague J., eds, *Progress in Physiological Psychology*, New York, Academic Press, pp. 210-282.
McCONCHIE R.D. et RUTSCHMANN J., 1971. Human time estimation: on differences between methods. *Percept. Mot. Skills*, 32:319-336.
McKAY T.D., 1977. Time estimation: effects of attentional focus and a comparison of interval conditions. *Percept. Mot. Skills*, 45:584-586.
MEADE R.D., 1960. Time perceptions as affected by need tension. *J. Psychol.*, 49:249-253.
MEADE R.D., 1971. Future time perspectives of college students in America and India. *J. Soc. Psychol.*, 83:175-182.
MEDNIKOVA T.V.S., 1975. Conditioned reactions to time of hypothalamic neurons. The perifornical nucleus. *Zh. Vyssh. Nerv. Deiat.*, 25, 5:1022-1030.
MELGES F.T. et FOUGEROUSSE C.E., 1966. Time sense, emotions, and acute mental illness. *J. Psychiat. Res.*, 4:127-139.
MELGES F.T., TINKLENBERG J.R., HOLLISTER L.E. et GILLESPIE H.K., 1970. Temporal disintegration and depersonalization during marihuana intoxication. *Arch. Gen. Psychiat.* 23, 3:204-210.
MERGENHAGEN D., 1976. Gene expression in its role in rhythms. *In* Hasting J.W. et Schweiger H.G., eds, *The molecular basis of circadian rhythms*, Berlin, Dahlem Konferenzen, pp. 353-360.
MEZEY A.G. et COHEN S.I., 1961. The effect of depressive illness on time judgment and time experience. *J. Neurol. Neurosur. Psychiat.*, 24:269-270.
MICHAUD E., 1949. *Essai sur l'organisation de la connaissance entre 10 et 14 ans*. Paris, Vrin.
MICHON J.A., 1965. Magnitude scaling of short durations with closely spaced stimuli. *Psychon. Sci.*, 9:359-360.
MICHON J.A., 1967. *Timing in temporal tracking*. Institute for Perception RVO TNO Soesterberg, The Netherlands.
MICHON J.A., 1972. Processing of temporal information and the cognitive theory of time experience. *In* Fraser J.T., Haber F.C. et Mueller G.H., eds, *The Study of time*, Heidelberg, Springer.
MICHON J.A., 1975. Time experience and memory processes. *In* Fraser J.T. et Lawrence N., eds, *The Study of Time II*, New York, Springer, pp. 302-313.

MICHON J.A., 1978. The making of the present: a tutorial review. *In* Requin J., ed., *Attention and Performance VII*, Erlbaum, Hillsdale, NJ, pp. 89-111.
MICHON J.A., 1979. Le traitement de l'information temporelle. *In* Fraisse P., Halberg F., Lejeune H., Michon J.A., Montangero J., Nuttin J. et Richelle M., eds, *Du temps biologique au temps psychologique*, Paris, P.U.F., pp. 255-287.
MILLER A.R., FRAUCHIGER R.A. et KIKER V.L., 1967. Temporal experience as a function of sensory stimulation and motor activity. *Percept. Mot. Skills*, 25:997-1000.
MILLER G.A. et LICKLIDER J.C.R., 1950. The intelligibility of interrupted speech. *J. Acoust. Soc. Amer.*, 22:167-173.
MILLER G.A. et TAYLOR W.G., 1948. The perception of repeated bursts of noise. *J. Acoust. Soc. Amer.*, 20:171-182.
MITRANI L., SHEKERDJIISKI S., GOUREVITCH A. et YANEV S., 1977. Identification of short time intervals under LSD-25 and mescaline. *Act. Nerv. Super. (Prabra)*, 19, 2:103-104.
MO S.S. et GEORGE E.J., 1977. Foreperiod effect on time estimation and simple reaction time. *Acta Psychol.*, 41:47-59.
MOÏSEVA N.I., 1975. The characteristics of EEG activity and the subjective estimation of time during dreams of different structure. *Electroenceph. Clin. Neurophysiol.* 38:569-577.
MONTANGERO J., 1977. *La notion de durée chez l'enfant de 5 à 9 ans*. Paris, P.U.F., 252 p.
MONTANGERO J., 1979. La génèse des raisonnements et des concepts temporels. *In* Fraisse P., Halberg F., Lejeune H., Michon J.A., Montangero J., Nuttin J. et Richelle M., eds, *Du temps biologique au temps psychologique*, Paris, P.U.F., pp. 175-215.
MOORE R.Y. et EICHLER V.B., 1972. Loss of a circadian corticosterone rhythm following suprachiasmatic lesions in the rat. *Brain Res.*, 42:201-206.
MORAY N. et FITTER M., 1973. A theory and the measurement of attention: Tutorial review. *In* Kornblum S., ed., *Attention and Performance IV*, New York and London, Academic Press, pp. 3-19.
MORAY R.V., 1971. Guahibo time-reckoning. *Anthropol. Quart.*, 44, 1:22-36.
MOTT F.W. et SHERRINGTON C.S., 1895. Experiments upon the influence of sensory nerves upon movement and nutrition of the limbs. *Proc. Roy. Soc. London*, 57:481-488.
MOUNTCASTLE V.B., LYNCH J.C., GEORGOPOULOS A., SAKATA H. et ACUNA C., 1975. Posterior parietal association cortex of the monkey: command functions for operations within extrapersonal space. *J. Neurophysiol.*, 38:871-908.
MOWBRAY G.H. et GEBHARD G.W., 1954. The differential sensitivity of the eye to intermittence. *Amer. Psychol*, 9:436.
NAYLOR E. et ATKINSON R.J.A., 1972. Pressure and the rhythmic behaviour of inshore marine animals. *Symp. Soc. Exp. Biol.*, 26:395-415.
NEWMAN M.A., 1972. Time estimation in relation to gait tempo. *Percept. Mot. Skills*, 34:359-366.
NISHIITSUTSUJI-UWO J. et PITTENDRIGH C.S., 1968. Central nervous system control of circadian rhythmicity in cockroach. III. The optic lobes, locus of the driving oscillation? *Z. Vgl. Physiol.* 58:14-46.
NOBLE W.G. et LUNDIE R.E., 1974. Temporal discrimination of short intervals of dreamless sleep. *Percept. Mot. Skills*, 38, 2:445-446.
NUTTIN J., 1979. La perspective temporelle dans le comportement humain. *In* Fraisse P., Halberg F., Lejeune H., Michon J.A., Montangero J., Nuttin J. et

Richelle M., eds, *Du temps biologique au temps psychologique*, Paris, P.U.F., pp. 307-363.
OBRIST W.D., 1950. Skin resistance and electroencephalographic changes associated with learning. *Summaries of Doctoral Dissertations*, Northwestern Univ., 18:607-610.
OCHBERG F.M., POLLACK I.W. et MEYER E., 1964. Correlation of pulse and time judgment. *Percept. Mot. Skills*, 19:861-862.
OCHBERG F.M. et TREISTER B., 1970. Effect of pulse on time judgment using subjects with fixed rate cardiac pacemakers. *Percept. Mot. Skills*, 30:907-915.
O'HANLON J.F., McGRATH J.J. et McCAULEY M.E., 1974. Body temperature and temporal acuity. *J. Exp. Psychol.*, 102, 5:788-794.
O'HARE J., 1954. The variability of auditory and visual RT with changes in amplitude and phase of the alpha rhythm. *Amer. Psychol.*, 9:444 (abstract).
OLDS J. et P. MILNER, 1954. Positive reinforcement produced by electrical stimulation of the septal area and other regions of the rat brain. *J. Comp. Physiol. Psychol.*, 47:419-427.
OLERON G., 1952. Influence de l'intensité d'un son sur l'estimation de la durée apparente. *Année Psychol.*, 52:383-392.
ORME J.E., 1964. Personality, time estimation, and time experience. *Acta Psychol.*, 22:430-440.
ORME J.E., 1966. Time estimation and the nosology of schizophrenia. *Brit. J. Psychiat.*, 112:37-39.
ORNSTEIN R.E., 1969. *On the experience of time*. Harmondsworth, Penguin Books.
ORSINI F., 1958. Etude expérimentale des conduites temporelles: IV. Effet de l'apprentissage sur la reproduction d'une durée. *Année Psychol.*, 58:339-345.
PAILLARD J., 1976. Tonus, Posture et mouvement. In Kayser C., *Traité de Physiologie*. Tome III, Chap. 6, 3e édition, Paris, Flammarion, pp. 521-728.
PARKER N.K., 1973. Influence of induced muscle tension on a time estimation motor task. *J. Mot. Behav.*, 5, 2:111-120.
PAVLIDIS T., 1969. Populations of interacting oscillators and circadian rhythms. *J. Theoret. Biol.*, 22:418-436.
PAVLOV I.P., 1927. *Conditioned Reflexes*. Oxford, Oxford Univ. Press.
PEARL D. et BERG P.S.D., 1963. Time perception and conflict arousal in schizophrenia. *J. Abnorm. Soc. Psychol.*, 66:332-338.
PECK C.K. et LINDSLEY D.B., 1972. Average evoked potential correlates of two flash perceptual discrimination in cats. *Vision Res.*, 12:641-652.
PECK C.K. et LINDSLEY D.B., 1973. Single unit and evoked responses in cat optic tract to paired light flashes. *Exp. Brain Res.*, 16:371-382.
PENGELLEY E.T. et ASMUNDSON S.M., 1969. Free-runnings periods of endogenous circannian rhythms in the golden-mantled ground squirrel, *Citellus lateralis*. *Comp. Biochem. Physiol.*, 30:177-183.
PERIKEL J.J., RICHELLE M. et MAURISSEN J., 1974. Control of key pecking by stimulus duration. *J. Exp. Anal. Behav.*, 22:131-134.
PETRÉN T. et SOLLBERGER A., 1967. Developmental rhythms. In Von Mayersbach H., ed., *The Cellular aspects of Biorhythms*. Berlin, Heidelberg, New York, Springer-Verlag.
PFAFF D., 1968. Effects of temperature and time of day on time judgments. *J. Exp. Psychol.*, 76:419-422.
PHILLIPS J.R., 1977. Relationship of field dependence-independence to posture and judgment of time duration. *Percept. Mot. Skills*, 44, 3 pt 1:931-940.
PIAGET J., 1946. *Le développement de la notion de temps chez l'enfant*. Paris, P.U.F.

PIAGET J., 1966. Comparaison et opérations temporelles en relation avec la vitesse et la fréquence. *In* Grise J.B., Henry K., Meylan-Backs M., Orsini F., Piaget J., van den Bogaert-Rombouts N., eds, *L'épistémologie du temps*, Paris, P.U.F., pp. 67-106.
PIAGET J., 1971. *Les explications causales*. Paris, P.U.F.
PIERON H., 1923. Les problèmes psychophysiologiques de la perception du temps. *Année Psychol.*, 24:1-25.
PIERON H., 1963. La psychophysique. *In* Fraisse P. et Piaget J., eds, *Traité de Psychologie Expérimentale*, Vol. II, Paris, P.U.F., pp. 127-166.
PINOTTI O. et GRANATA L., 1954. Azione inhibitrice dei pressocettori carotidei sul riflesso linguomandibolare. *Bull. Soc. It. Biol. Sper.*, 30:486-488.
PITTENDRIGH C.S., 1954. On temperature independence in the clock system controlling emergence in *Drosophila*. *Proc. Nat. Acad. Sci. Wash.*, 40:1018-1029.
PITTENDRIGH C.S., 1958. Perspectives in the study of biological clocks. *In* Buzzati-Traverso A.A., ed., *Perspectives in Marine Biology*, Univ. of California Press, p. 239-268.
PLATT J.R., KUCH D.O. et BITGOOD S.C., 1973. Rat's lever press duration as psychophysical judgment. *J. Exp. Anal. Behav.* 19:239-250.
POOLE E.W., 1961. Neurons activity in relation to the respiratory cycle. *Nature*, 189, 4764:579-581.
POPOV N.A., 1944. Zur Frage der Bedeutung der Zeitfactors für die Auslegung der höchsten Nerventätigkeit. Princip der Zyclochronie. *Psysiologica slovaca*, t. 1, Bratislava. Academia Scientarum et Artium slovaca.
PÖPPEL E., 1976. Time perception. *In* Teuber H.L., Held R. et Leibowitz H., eds, *Handbook of sensory physiology*, Vol. 8, New York, Springer.
POUTHAS V., 1969. Analyse des conduites observées au cours de conditionnements au temps chez l'animal. *In* Fraisse P., Halberg F., Lejeune H., Michon J.A., Montangero J., Nuttin J. et Richelle M., eds, *Du temps biologique au temps psychologique*, Paris, P.U.F., pp. 149-160.
POWELL R.W., 1974. Comparison of differential reinforcement of low rates (DRL) performance in pigeons (*Columba Livia*) and crows (*Corvus Brachyrhynchos*). *J. Comp. Physiol. Psychol.*, 86:736-746.
PRIBRAM K.H., 1969a. The neurobehavioral analysis of limbic forebrain mechanisms, revision and progress report. *In* Lehrman D.S., Hinde R.A. et Shaw E., eds., *Advances in the study of Behavior*, Vol. II., New York and London, Academic Press, pp. 297-332.
PRIBRAM K.H., 1969b. The neurophysiology of remembering. *Sci. Amer.*, 220, 1:73-86.
PUBOLS L.M., 1966. Changes in food-motivated behavior of rats as a function of septal and amygdaloid lesions. *Exp. Neurol.*, 15:240-254.
QUESADA D.C. et SCHMIDT R.A., 1970. A test of the Adams-Creamer decay hypothesis for the timing of motor response. *J. Motor Behav.*, 2:273-283.
RABIN A.I., 1957. Time estimation of schizophrenics and non-psychotics. *J. Clin. Psychol.* 13:88-90.
RAI S.N., 1972. Effects of auditory distraction on the time estimation by verbal estimation method. *Psychologia*, 15, 1:53-56.
REESE E.P. et REESE T.W., 1962. The quail *Coturnix xoturnix* as a laboratory animal. *J. Exp. Anal. Behav.* 5:265-270.
REINBERG A., 1965. Hours of changing responsiveness in relation to allergy and the circadian adrenal cycle. *In* Aschoff J., ed., *Circadian Clocks*, Amsterdam, J. ed. North-Holland Publ. Co., pp. 214-218.

REINBERG A., 1974. *Des rythmes biologiques à la chronobiologie*. Paris, Gauthier-Villars.
REINBERG A., 1979. Le temps, une dimension biologique et médicale. *In* Reinberg A., Fraisse P., Leroy C., Montagner H., Péquinot H., Poulignac H. et Vermeil G., eds, *L'Homme malade du temps*, Paris, Stock, 23-62.
REINBERG A. et GHATA J., 1964. *Les rythmes biologiques*. Paris, P.U.F.
REINBERG A., VIEUX N., LAPORTE A., MIGRAINE C., GATHA J., ABULKER C., DUPONT J. et NICOLAI A., 1976. Ajustement de rythmes circadiens physiologiques d'opérateurs d'une raffinerie, lors de changements d'horaires travail-repos tous les 3-4 jours. *Arch. Mal. Prof. Méd. Trav.*, 37:479-494.
REINBERG A., ZAGULLA-MALLY Z., GHATA J. et HALBERG F., 1967. Circadian rhythm in duration of salicylate excretion referred to phase of excretory rhythms and routine. *Proc. Soc. Exp. Biol. Med. N.Y.*, 124:826-832.
RENNER M., 1955. Ein Transozeanversuch zum Zeitsinn der Honigbiene. *Naturwissenschaften*, 42:540-541.
RENNER M., 1959. Über ein weiteres Versetzungsexperiment zur Analyse des Zeitsinnes und der Sonnenorientierung der Honigbiene. *Z. Verg. Physiol.*, 42:449-483.
REQUIN J., 1965. Rôle de la périodicité cardiaque dans la latence d'une réponse motrice simple. *Psychol. Franc.*, 10:155-163.
REQUIN J. et BONNET M., 1968. Quelques données expérimentales contradictoires sur la distribution de l'activité motrice spontanée dans le cycle cardiaque. *Cah. Psychol.*, 11, 1:23-24.
REQUIN J. et GRANJON M., 1968. Données expérimentales préliminaires sur le rôle de la périodicité cardiaque dans l'appréciation de la durée d'un stimulus auditif. *Psychol. Franç.*, 13:71-86.
RICHARDS W., 1973. Time reproductions by H.M. *Acta Psychol.*, 37:279-282.
RICHARDSON W.K. et CLARK D.B., 1976. A comparison of the keypeck and treadlepress operants in the pigeon: differential reinforcement of low rate schedule of reinforcement. *J. Exp. Anal. Behav.*, 26:237-256.
RICHELLE M., 1962. Action du chlordiazepoxide sur les régulations temporelles dans un comportement conditionné chez le chat. *Arch. Int. Pharmacol.*, 140:434-449.
RICHELLE M., 1966. *Le conditionnement operant*. Neuchâtel, Delachaux et Niestlé.
RICHELLE M., 1968. Notions modernes de rythmes biologiques et régulations temporelles acquises. *In* de Ajuriaguerra J., ed., *Cycles biologiques et psychiatrie*, Genève, Georg, et Paris, Masson, pp. 233-255.
RICHELLE M., 1972. Temporal regulation of behaviour and inhibition. *In* Boakes R.A. et Halliday M.S., eds, *Inhibition and learning*, London, Academic Press, pp. 229-251.
RICHELLE M. et LEJEUNE H., 1979. L'animal et le temps. *In* Fraisse P., Halberg F., Lejeune H., Michon J.A., Montangero J., Nuttin J. et Richelle M., eds, *Du temps biologique au temps psychologique*, Paris, P.U.F., pp. 73-128.
RICHELLE M. et LEJEUNE H., eds, 1980. *Time in animal behavior*. Oxford, Pergamon Press.
RICHELLE M., XHENSEVAL B., FONTAINE O. et THONE L., 1962. Action of chlordiazepoxide on two types of temporal conditionning in cats. *Int. J. Pharmacol.*, 1:381-391.
RICHTER C.P., 1965. *Biological clocks in Medicine and Psychiatry*. Springfield, Charles C. Thomas.
RIKLAN M., LEVITA E., SAMRA K. et COOPER I.S., 1969. Psychological functions in relation to lesion size and site in cryothalamectomy for Parkinsonism. *Percept. Mot. Skills*, 28:723-734.

ROBERTS S.K. de F., 1965. Photoreception and entrainment of cockroach activity rhythms. *Science, Wash.*, 148:958-959.
ROBERTS S.K. de F., 1974. Circadian rhythms in cockroaches. Effects of optic lobe lesions. *J. Comp. Physiol.*, 88:21-30.
ROSENKILDE C.E. et DIVAC I., 1976. Time discrimination performance in cats with lesions in prefrontal cortex and caudate nucleus. *J. Comp. Physiol. Psychol.*, 90, 4:343-352.
ROSS D., 1968. *Time perception and brain rhythms.* Ann Arbor, Michigan, Univ. Microfilms Inc.
ROSS S.S., HODOS W. et BRADY J.V., 1962. Electroencephalographic correlates of temporally spaced responding and avoidance behavior. *J. Exp. Anal. Behav.*, 5:467-472.
ROUSSEAU R. et KRISTOFFERSON A.B., 1973. The discrimination of bimodal temporal gaps. *Bul. Psychon. Soc.*, 1:115-116.
ROZIN P., 1965. Temperature independence of an arbitrary temporal discrimination in the goldfish. *Science*, 149:561-564.
RUCHKIN D.S., MAC CALLEY M.G. et GLASER E.M., 1977. Event related potentials and time estimation. *Psychophysiology*, 14, 5:451-455.
RUTSCHMANN R., 1973. Visual perception of temporal order. *In* Kornblum S., ed., *Attention and Performance IV*, New York and London, Academic Press.
SARASON I.G. et STOOPS R., 1978. Test anxiety and the passage of time. *J. Consult. Clin. Psychol.*, 46, 1:102-109.
SASLOW C.A., 1968. Operant control of responses latency in monkeys: evidence for a central explanation. *Journ. Exp. Anal. Behav.*, 11:89-98.
STADDON J.E.R., 1977. Some properties of spaced responding in pigeons. *J. Exp. Anal. Behav.*, 8:19-27.
SAUNDERS D.S., 1977. *An introduction to biological rhythms.* Glasgow and London, Blackie.
SCHAEFER V.G. et GILLILAND A.R., 1938. The relation of time estimation to certain physiological changes. *J. Exp. Psychol.*, 23:545-552.
SCHIFFMAN H.R., BOBKO D.J. and THOMPSON J., 1977. The role of stimulus context on apparent duration. *Bull. Psychon. Soc.*, 10, 6, 484-486.
SCHJELDERUP H.K., 1960. Time relations in dreams. *Scand. J. Psychol.*, 1:62-64.
SCHMALTZ L.W. et ISAACSON R.L., 1966. Retention of a DRL schedule by hippocampectomized and partially neodecorticate rats. *J. Comp. Physiol. Psychol.*, 62:128-132.
SCHMALTZ L.W. et ISAACSON R.L., 1968. The effect of blindness on DRL 20 performances exhibited by animals with hippocampal destruction. *Psychon. Sci.*, 11, 7:241-242.
SCHMIDT R.A., 1971. Proprioception and the timing of motor responses. *Psychol. Bull.*, 76:383-393.
SCHMIDT R.A. et CHRISTINA R.W., 1969. Proprioception as a mediator in the timing of motor responses. *J. Exp. Psychol.*, 81:303-307.
SCHNEIDER L. et LYSGAARD S., 1953. The deferred gratification pattern: a preliminary study. *Amer. Sociol. Rev.*, 18:142-149.
SCHNEIDER W. et SCHIFFRIN R.M., 1977. Controlled and automatic human information processing: I. Detection, search, and attention. *Psychol. Rev.*, 84:1-66.
SCHULZE H.H., 1978. The detectability of local and global displacements in regular rhythmic patterns. *Psychol. Res.*, 40:173-181.
SCHWAB R.G., 1971. Circannian testicular periodicity in the european starling in the absence of photoperiodic change. *In* Menaker M., ed., *Biochronometry.* Washington, Academy of Sciences, pp. 428-447.

SCHWARTZ W.J. et GAINER H, 1977. Suprachiasmatic nucleus: use of ^{14}C-labeled Deoxyglucose uptake as a functional marker. *Science*, 197:1089-1091.
SCHWARTZBAUM J.S., KELLICUTT M.H., SPIETH T.M. et THOMPSON J.D., 1964. Effects of septal lesions in rats on response inhibition associated with food-reinforced behavior. *J. Comp. Physiol. Psychol.*, 58:217-224.
SCHWEIGER E., WALLRAFF H.G. et SCHWEIGER H.G., 1964. Endogenous circadian rhythm in cytoplasm of *Acetabularia*: influence of the nucleus. *Science*, 146:658-659.
SCOVILLE W.B. et MILNER B., 1957. Loos of recent memory after bilateral hippocampal lesions. *J. Neurol. Neurosur. Psychiat.* 20:1-21.
SERVIERE J., 1979. De l'instantané au durable: données perceptives, corrélats électrophysiologiques. In Fraisse P., Halberg F., Lejeune H., Michon J.A., Montangero J., Nuttin J. et Richelle M., eds, *Du temps biologique au temps psychologique*. Paris, P.U.F., pp. 129-148.
SERVIERE J., MICELI C. et GALIFRET Y., 1977. A psychophysical study of the visual perception of «instantaneous» and «durable». *Vision Res.*, 17:57-63.
SHANNON C.E. et WEAVER W., 1949. *The mathematical theory of Communication*. Urbana, Illinois, Univ. Illinois Press.
SHRIFFRIN R.M. et W. SCHNEIDER, 1977. Controlled and automatic human information processing. II. Perceptual learning, automatic attending and a general theory. *Psychol. Rev.*, 84:127-190.
SIDMAN M., 1953. Avoidance conditioning with brief shock and no exteroceptive warning signal. *Science*, 118:157-159.
SIDMAN M., 1955. Technique for assessing the effects of drugs on timing behavior. *Science*, 122:925.
SIEGMAN A.W., 1966. Effects of auditory stimulation and intelligence on time estimation in delinquents and non-delinquents. *J. Consult. Psychol.*, 30:320-328.
SKINNER B.F., 1938. *The behavior of organisms*. New York, D. Appleton-Century Co.
SLONAKER R. et HOTHERSALL D., 1972. Collateral behaviors and the DRL deficit of rats with septal lesions. *J. Comp. Physiol. Psychol.*, 80:91-96.
SMITH M.C., 1967. Theories of the psychological refractory period. *Psychol. Bull.*, 67:202-213.
SPIEGEL E.A. et WYCIS H.T., 1968. Multiplicity of subcortical localization of various functions. *J. Nerv. Ment. Dis.*, 147:45-48.
SPIEGEL E.A., WYCIS H., ORCHINIK C. et FREED H., 1956. Thalamic chronotaraxis. *Amer. J. Psychiat.*, 113, 2:97.
SPINELLI D.N. et PRIBRAM K.H., 1967. Changes in visual recovery functions and unit activity produced by frontal and temporal cortex stimulation. *EEG. Clin. Neurophysiol.*, 22:143-149.
SPREEN O., 1963. The position of time estimation in a factor analysis and its relation to some personality variables. *Psychol. Records*, 13:455-464.
STADDON J.E.R., 1977. Schedule-induced behavior. In Honig W.K. et Staddon J.E.R., eds., *Handbook of operant behavior*, New Jersey, Prentice Hall, Inc. Englewood Cliffs, pp. 125-153.
STAMM J.S., 1963. Function of prefrontal cortex in timing behavior of monkeys. *Expl. Neurol.*, 7:87-97.
STAMM J.S., 1964. Function of cingulate and prefrontal cortex in frustrative behavior. *Acta Biol. Exper. (Warszawa)*, 24:27-36.
STERN W., 1930. *Psychology of early childhood up to the sixth year of age*. New York, Holt.

STERNBERG S. et KNOLL R.L., 1973. The perception of temporal order: fundamental issues and a general model. *In* Kornblum S., ed., *Attention and Performance IV*, New York and London, Academic Press.
STETSON M.H. et WATSON-WHITMYRE M., 1976. The nucleus suprachiasmaticus: the biological clock in the hamster? *Science*, 191:197-199.
STEVENS S.S., 1957. On the psychophysical law. *Psychol. Rev.*, 64:153-181.
STROUD J.M., 1956. The fine structure of psychological time. *In* Quastler H., ed., *Information theory in psychology*, Glencoe, Illinois, Free Press, pp. 174-205.
STRUMWASSER F., 1965. The demonstration and manipulation of a circadian rhythm in a single neuron. *In* Aschoff J., ed., *Circadian Clocks*, Amsterdam, North Holland, pp. 442-462.
STUBBS, A., 1968. The discrimination of stimulus duration by pigeons. *J. Exp. Anal. Behav.*, 11:223-238.
STURT M., 1925. *The psychology of time*. Londres, Kegan Paul.
SURWILLO W.W., 1970. Timing of behavior in senescence and the role of the central nervous system.
SWEET A.L., 1953. Temporal discrimination by the human eye. *Amer. J. Psychol.*, 66:185-198.
TANNER T.J., PATTON R.M. et ATKINSON R.C., 1965. Intermodality judgments of signal duration. *Psychonomic Science*, 2:271-272.
TART C.T., 1970. Waking from sleep at a preselected time. *J. Amer. Soc. Psychosom. Dent. Med.*, 17, 1:3-16.
TAUB E., 1977. Movement in nonhuman primates deprived of somatosensory feedback. *In* Keogh, J. et Hutton R.S., eds, *Exercise and sport sciences reviews*, Vol. 4, Santa Barbara, California, Journal Publishing Associates.
TAUB E., BACON R.C. et BERMAN A.J., 1965. Acquisition of a trace-conditioned avoidance response after deafferentation of the response limb. *J. Comp. Physiol. Psychol*, 59:275-279.
TECCE J.J. et SCHEFF N.M., 1969. Attention reduction and suppressed direct-current potentials in the human brain. *Science*, 164:331-333.
THOMAS E.A.C. et CANTOR N.E., 1975. On the duality of simultaneous time and size perception. *Percept. Psychophys.*, 18:44-48.
THOMAS E.A.C. et CANTOR N.E., 1978. Interdependence between the processing of temporal and non-temporal information. *In* Requin J., ed., *Attention and Performance VII*, Hillsdale, New Jersey, Erlbaum, pp. 43-62.
THOMAS E.A.C. et WEAVER W.B., 1975. Cognitive processing and time perception. *Percept. Psychophys.*, 17:363-367.
THOMPSON L.W. et OBRIST W.D., 1964. EEG correlates of verbal learning and overlearning. *EEG Clin. Neurophysiol.*, 16:332-342.
THOMPSON R.F., SMITH H.E. et BLISS D., 1963. Auditory, somatic sensory, and visual response interactions and interrelations in association and primary cortical fields of the cat. *J. Neurophysiol.*, 26:365-378.
THOR D.H., 1962. Diurnal variability in time estimation. *Percept. Mot. Skills*, 15:451-454.
THOR D.H. et CRAWFORD M.L.J., 1964. Time perception during a two-week confinement: influence of age, sex, IQ, and time of day. *Acta Psychol.*, 22:78-84.
TITCHENER E.B., 1905. *Experimental Psychology*, Vol. II, part 2. London, Macmillan.
TODA M., 1975. Time and structure of human cognition. *In* Fraser J.T. et Lawrence N., eds, *The Study of Time II*, Berlin, Springer Verlag, New York, Heidelberg, pp. 314-324.

TOWNSEND J.T., 1974. Issues and models concerning the processing of a finite number of inputs. *In* Kantowitz B.H., ed., *Human information processing: tutorials in performance and cognition*, Hillsdale, Lawrence Erlbaum Ass., pp. 133-185.
TREISMAN M., 1963. Temporal discrimination and the indifference interval: implications for a model of the internal clock. *Psychol. Monogr.*, whole n° 576.
TRUMAN J.W. et RIDDIFORD L.M., 1970. Neuroendocrine control of ecdysis in silkmoths. *Science (Wash.)*, 167:1624-1626.
TYLDESLEY D.A., 1975. *Timing of discrete and phasic movements.* Ph. D. Thesis, University of Leeds (inédit).
TYLDESLEY D.A. et WHITING H.T., 1975. Operational timing. *J. Hum. Move. Studies*, 1:172-177.
UNGAR F. et HALBERG F., 1962. Circadian rhythm in the *in vitro* response of mouse adrenal to adrenocorticotropic hormone. *Science*, 137:1058-1060.
VAN WULFFTEN PALTHE P.M., 1968. Time sense in isolation. *Psychiat. Neurol. Neurochirur.*, 71:221-241.
VERNON J.A. et MAC GILL T.E., 1963. Time estimation during sensory deprivation. *J. Gen. Psychol.*, 69:11-18.
VORONIN L.L., 1971. Microelectrode study of cellular analog to a conditioned reflex to time. *ZH. Vyssh. Nerv. Deiat.*, 21, 6:1238-1246.
VROON P.A., 1972. The lengthening effect in sequential estimations of a short interval. *Psychol. Forsch.*, 35:263-276.
VROON P.A., 1974. Is there a time quantum in duration experience? *Amer. J. Psychol.*, 87:237-245.
VROON P.A., 1976. Sequential estimation of time. *Acta Psychol.*, 40:475-487.
WALSH E., 1952. Visual reaction time ans the alpha rhythm: an investigation of a scanning hypothesis. *J. Physiol.*, 118:500-508.
WALTER W.G., 1950. The functions of electrical rhythms in the brain. *J. Ment. Sci.*, 96:1-31.
WALTER W.G., COOPER R., ALDRIDGE V.J., MAC CALLUM W.C. et WINTER A.L., 1964. Contingent negative variation: an electric sign of sensorimotor association and expectancy in the human brain. *Nature*, 203:380-384.
WARM J.S., MORRIS J.R. et KEW J.K., 1963. Temporal judgment as a function of nosological classification and experimental method. *J. Psychol.*, 55:287-297.
WATANABE M., 1976. Neuronal correlates of timing behavior in the monkey. Communication au XXIe Congrès International de Psychologie, Paris, 18-25 juillet 1976.
WEAVER W. et SHANNON C.E., 1975. *Théorie mathématique de la communication.* Paris, Retz-C.E.P.L.
WEERTS T.C. et LANG P.J., 1973. The effects of eye fixation and stimulus and response location on the CNV. *Biol. Psychol.*, 1: 1-19.
WEINBERG H., 1968. Temporal discrimination of cortical stimulation. *Physiol. Behav.* 3, 2:297-300.
WEINBERG H., MICHALEWSKI H. et KOOPMAN R., 1976. The influence of discriminations on the form of the contingent negative variation. *Neuropsychologia*, 14:87-95.
WEINBERG H., WALTER W.G. et CROW H.J., 1970. Intracerebral events in humans related to real and imaginary stimuli. *Electroenceph. Clin. Neurophysiol.*, 29:1-9.
WEINSTEIN A.D., GOLDSTONE S. et BOARDMAN W.K., 1958. The effect of recent and remote frames of reference on temporal judgments of schizophrenic patients. *J. Abnorm. Soc. Psychol.*, 57:241-244.

WEISS B. et LATIES V., 1964. Drugs effects on the temporal patterning of behavior. *Federation proceedings*, 23:4.
WEISS B., LATIES V., SIEGEL L. et GOLDSTEIN D., 1966. A computer analysis of serial interactions in spaced responding. *J. Exp. Anal. Behav.*, 9:619-626.
WELFORD A.T., 1967. Single channel operation in the brain. *Acta Psychol.*, 27:5-22.
WERDOFF J., 1962. Time judgment as a function of electroencephalographic activity. *Experim. Neurol.*, 6:152-160.
WESTHEIMER G. et Mc KEE S., 1977. Perception of temporal order in adjacent visual stimuli. *Vision Res.*, 17:887-892.
WEYBREW B.B., 1963. Accuracy of time estimation and muscular tension. *Percept. Mot. Skills*, 17:118.
WHITE C.T., 1963. Temporal numerosity and the psychological unit of duration. *Psychol. Monogr.*, whole n° 575.
WICKELGREN W.A., 1974. Single-trace fragility theory of memory dynamics. *Memory and Cognition*, 2:775-780.
WICKELGREN W.A., 1976. Memory storage dynamics. *In* Estes W.K., ed., *Handbook of learning and cognitive processes*, IV, Potomac, Md, Erlbaum Ass.
WIENER N., 1958. Time and the science of organization. *Scientia (Milano)*, 93:199-205.
WILSON M.P. et KELLER F.S., 1953. On the selective reinforcement of spaced responding. *J. Comp. Physiol. Psychol.* 46:190-193.
WILSONCROFT W.E., STONE J.D. et BAGRASH F.M., 1978. Temporal estimates as a function of difficulty of mental arithmetic. *Percept. Mot. Skills*, 46:1311-1317.
WINFREE A.T., 1975. On the unclocklike behaviour of biological clocks. *Nature, London*, 253:315-319.
WINNUBST J., 1974. Time perspective: survey-criticism-bibliography. *Cultural Psychol.*, 74 CG 02, Université de Nijmegen, Hollande.
WOODROW H., 1930. The reproduction of temporal intervals. *J. Exp. Psychol.* 13:473-499.
WOODROW H., 1951. Time perception. *In* Stevens J. *Handbook of experimental psychology*, New York, Wiley and sons, pp. 1224-1236.
WUNDT W., 1886. *Eléments de psychologie physiologique*. 2 volumes, trad. Rouvier, Paris, Alcan.
ZUNG W.W. et WILSON W.P., 1971. Time estimation during sleep. *Biol. Psychiat.*, 3, 2:159-164.
ZWART P.J., 1976. *About time: a philosophical inquiry into the origin and nature of time*. Amsterdam, North-Holland Publishing Co/American Elsevier.

Table des matières

AVANT-PROPOS 7
INTRODUCTION 9

La variabilité du temps vécu 11
L'horizon temporel 12
Notes 16

CHAPITRE 1
CHRONOBIOLOGIE 17

La chronosensibilité 18
Présent et passé de la chronobiologie 20
Propriétés du rythme « en libre cours » 23
L'influence des synchroniseurs externes 24
Classification des biorythmes 27
Rythmes circadiens 28
Les horloges « continuellement consultées » liées au rythme circadien 29
Rythmes lunaires et de marée 31
Rythmes circannuels 33
Le déterminisme de la périodicité : les arguments en présence 36
Problèmes phylo- et ontogénétiques 38
Quelques hypothèses suscitées par les effets de la température 40
Les tentatives de localisation des « horloges biologiques » 41
Conclusion : pourquoi des « horloges biologiques » ? 48
Notes 49

CHAPITRE 2
PSYCHOPHYSIQUE DU TEMPS 51

Problèmes et méthodes 51
La psychophysique du temps et ses chevaux de bataille 54
1. Le seuil de durée perceptible 54
2. Le présent psychologique 57
3. La perception du rythme 59

4. L'évaluation des durées et l'intervalle d'indifférence	60
5. Le seuil différentiel	62
Le temps et son contenu	64
1. Durées pleines et vides	64
2. L'interaction espace-temps	65
3. L'interaction temps-espace-vitesse : $t = e / v$?	66
4. L'effet de la fréquence	68
5. L'effet du nombre	69
6. L'effet de l'activité	70
Les variables individuelles	72
1. Variabilité et attention	72
2. Les effets de l'entraînement	74
Conclusion	76
Notes	77

CHAPITRE 3
ONTOGENESE DU TEMPS ... 79

L'approche psycholinguistique des notions temporelles	82
La chronométrie	84
Les relations temps-espace-vitesse	85
Quelques illustrations des travaux de Piaget	89
Critiques et prolongements	96
Conclusion : complexité du problème temporel	99
Notes	101

CHAPITRE 4
LE CONDITIONNEMENT AU TEMPS CHEZ L'ANIMAL ... 103

Les méthodes de conditionnement	104
Les seuils de durée	109
Les conduites collatérales	111
L'inhibition comportementale	115
Jalons pour une étude comparative	118
Notes	123

CHAPITRE 5
LE TEMPS SOUS L'ECLAIRAGE PSYCHOPHYSIOLOGIQUE ... 125

Le réveil « programmé »	125
Le temps du rêve	128
Le temps sous hypnose	130
Temps et psychopathologie	132
Le temps dans les expériences de privation sensorielle	138
Les effets pharmacologiques	140
Les effets de la température	147
Notes	151

CHAPITRE 6
LES MECANISMES PHYSIOLOGIQUES ... 153

Les corrélats électrophysiologiques du seuil de durée perceptible	153
Modèles de mécanismes présidant au « seuil du temps »	156
Le moment perceptuel	158
Les bases de temps potentielles	160
1. Une base de temps viscérale ?	160
2. Les indices proprioceptifs	168
3. Le rôle du système nerveux central	177
A. Données obtenues après lésion des structures cérébrales	178
- L'apport de la pathologie humaine	178

	L'apport de l'expérimentation animale	180
	Les problèmes	180
	Les résultats	181
	L'hypothèse du déficit affectivo-motivationnel	183
	L'hypothèse du déficit inhibiteur	183
	L'hypothèse du déficit discriminatif ou attentionnel	185
	Conclusion: un déficit composite	187
	Le rôle éventuel d'autres sites cérébraux	189
B.	Données obtenues par stimulation des structures cérébrales	190
C.	Données obtenues par enregistrement de l'activité cérébrale	192
	Lindsley et quelques autres: le rythme alpha sur la sellette	192
	Les tentatives de vérification	193
	D'autres activités nerveuses à retenir	197
	La CNV: un indice prometteur?	199
	L'enregistrement unitaire	206
Notes		207

CHAPITRE 7
LES HYPOTHESES ... 209

Le rôle des changements perçus	211
La dimension du stockage	212
Temps = information	215
Chronomètres et compteurs internes	221
Quelques propositions:	
1. L'existence de mécanismes internes	223
2. Des neurones spécialisés et des réseaux neuroniques à la base des processus de mesure du temps	227
3. Le rôle de l'attention	232
4. Le rôle de l'inhibition comportementale	234
Conclusion: une pluralité de mécanismes	235
Notes	237

BIBLIOGRAPHIE ... 239

PSYCHOLOGIE ET SCIENCES HUMAINES
collection publiée sous la direction de MARC RICHELLE

1. Dr Paul Chauchard
   LA MAITRISE DE SOI, *9ᵉ éd.*
5. François Duyckaerts
   LA FORMATION DU LIEN SEXUEL, *9ᵉ éd.*
7. Paul-A. Osterrieth
   FAIRE DES ADULTES, *15ᵉ éd.*
9. Daniel Widlöcher
   L'INTERPRETATION DES DESSINS D'ENFANTS, *9ᵉ éd.*
11. Berthe Reymond-Rivier
    LE DEVELOPPEMENT SOCIAL DE L'ENFANT ET DE L'ADOLESCENT, *9ᵉ éd.*
12. Maurice Dongier
    NEVROSES ET TROUBLES PSYCHOSOMATIQUES, *7ᵉ éd.*
15. Roger Mucchielli
    INTRODUCTION A LA PSYCHOLOGIE STRUCTURALE, *3ᵉ éd.*
16. Claude Köhler
    JEUNES DEFICIENTS MENTAUX, *4ᵉ éd.*
21. Dr P. Geissmann et Dr R. Durand
    LES METHODES DE RELAXATION, *4ᵉ éd.*
22. H. T. Klinkhamer-Steketée
    PSYCHOTHERAPIE PAR LE JEU, *3ᵉ éd.*
23. Louis Corman
    L'EXAMEN PSYCHOLOGIQUE D'UN ENFANT, *3ᵉ éd.*
24. Marc Richelle
    POURQUOI LES PSYCHOLOGUES?, *6ᵉ éd.*
25. Lucien Israel
    LE MEDECIN FACE AU MALADE, *5ᵉ éd.*
26. Francine Robaye-Geelen
    L'ENFANT AU CERVEAU BLESSE, *2ᵉ éd.*
27. B.F. Skinner
    LA REVOLUTION SCIENTIFIQUE DE L'ENSEIGNEMENT, *3ᵉ éd.*
28. Colette Durieu
    LA REEDUCATION DES APHASIQUES
29. J.C. Ruwet
    ETHOLOGIE: BIOLOGIE DU COMPORTEMENT, *3ᵉ éd.*
30. Eugénie De Keyser
    ART ET MESURE DE L'ESPACE
32. Ernest Natalis
    CARREFOURS PSYCHOPEDAGOGIQUES
33. E. Hartmann
    BIOLOGIE DU REVE
34. Georges Bastin
    DICTIONNAIRE DE LA PSYCHOLOGIE SEXUELLE
35. Louis Corman
    PSYCHO-PATHOLOGIE DE LA RIVALITE FRATERNELLE
36. Dr G. Varenne
    L'ABUS DES DROGUES
37. Christian Debuyst, Julienne Joos
    L'ENFANT ET L'ADOLESCENT VOLEURS
38. B.-F. Skinner
    L'ANALYSE EXPERIMENTALE DU COMPORTEMENT, *2ᵉ éd.*
39. D.J. West
    HOMOSEXUALITE
40. R. Droz et M. Rahmy
    LIRE PIAGET, *3ᵉ éd.*
41. José M.R. Delgado
    LE CONDITIONNEMENT DU CERVEAU ET LA LIBERTE DE L'ESPRIT
42. Denis Szabo, Denis Gagné, Alice Parizeau
    L'ADOLESCENT ET LA SOCIETE, *2ᵉ éd.*
43. Pierre Oléron
    LANGAGE ET DEVELOPPEMENT MENTAL, *2ᵉ éd.*
44. Roger Mucchielli
    ANALYSE EXISTENTIELLE ET PSYCHOTHERAPIE PHENOMENO-STRUCTURALE
45. Gertrud L. Wyatt
    LA RELATION MERE-ENFANT ET L'ACQUISITION DU LANGAGE, *2ᵉ éd.*
46. Dr. Etienne De Greeff
    AMOUR ET CRIMES D'AMOUR
47. Louis Corman
    L'EDUCATION ECLAIREE PAR LA PSYCHANALYSE
48. Jean-Claude Benoit et Mario Berta
    L'ACTIVATION PSYCHOTHERAPIQUE
49. T. Ayllon et N. Azrin
    TRAITEMENT COMPORTEMENTAL EN INSTITUTION PSYCHIATRIQUE
50. G. Rucquoy
    LA CONSULTATION CONJUGALE
51. R. Titone
    LE BILINGUISME PRECOCE
52. G. Kellens
    BANQUEROUTE ET BANQUEROUTIERS

53 François Duyckaerts
CONSCIENCE ET PRISE DE CONSCIENCE
54 Jacques Launay, Jacques Levine et Gilbert Maurey
LE REVE EVEILLE-DIRIGE ET L'INCONSCIENT
55 Alain Lieury
LA MEMOIRE
56 Louis Corman
NARCISSISME ET FRUSTRATION D'AMOUR
57 E. Hartmann
LES FONCTIONS DU SOMMEIL
58 Jean-Marie Paisse
L'UNIVERS SYMBOLIQUE DE L'ENFANT ARRIERE MENTAL
59 Jacques Van Rillaer
L'AGRESSIVITE HUMAINE
60 Georges Mounin
LINGUISTIQUE ET TRADUCTION
61 Jérôme Kagan
COMPRENDRE L'ENFANT
62 Michael S. Gazzaniga
LE CERVEAU DEDOUBLE
63 Paul Cazayus
L'APHASIE
64 X. Seron, J.L. Lambert, M. Van der Linden
LA MODIFICATION DU COMPORTEMENT
65 W. Huber
INTRODUCTION A LA PSYCHOLOGIE DE LA PERSONNALITE
66 Emile Meurice
PSYCHIATRIE ET VIE SOCIALE
67 J. Château, H. Gratiot-Alphandéry, R. Doron et P. Cazayus
LES GRANDES PSYCHOLOGIES MODERNES
68 P. Sifnéos
PSYCHOTHERAPIE BREVE ET CRISE EMOTIONNELLE
69 Marc Richelle
B.F. SKINNER OU LE PERIL BEHAVIORISTE
70 J.P. Bronckart
THEORIES DU LANGAGE
71 Anika Lemaire
JACQUES LACAN, 2e éd. revue et augmentée
72 J.L. Lambert
INTRODUCTION A L'ARRIERATION MENTALE
73 T.G.R. Bower
DEVELOPPEMENT PSYCHOLOGIQUE DE LA PREMIERE ENFANCE
74 J. Rondal
LANGAGE ET EDUCATION
75 Sheila Kitzinger
PREPARER A L'ACCOUCHEMENT
76 Ovide Fontaine
INTRODUCTION AUX THERAPIES COMPORTEMENTALES
77 Jacques-Philippe Leyens
PSYCHOLOGIE SOCIALE, 2e éd.
78 Jean Rondal
VOTRE ENFANT APPREND A PARLER
79 Michel Legrand
LE TEST DE SZONDI
80 H.J. Eysenck
LA NEVROSE ET VOUS
81 Albert Demaret
ETHOLOGIE ET PSYCHIATRIE
82 Jean-Luc Lambert et Jean A. Rondal
LE MONGOLISME
83 Albert Bandura
L'APPRENTISSAGE SOCIAL
84 Xavier Seron
APHASIE ET NEUROPSYCHOLOGIE
85 Roger Rondeau
LES GROUPES EN CRISE?
86 J. Danset-Léger
L'ENFANT ET LES IMAGES DE LA LITTERATURE ENFANTINE
87 Herbert S. Terrace
NIM, UN CHIMPANZE QUI A APPRIS LE LANGAGE GESTUEL
88 Roger Gilbert
BON POUR ENSEIGNER?
89 Wing, Cooper et Santorius
GUIDE POUR UN EXAMEN PSYCHIATRIQUE
90 Jean Costermans
PSYCHOLOGIE DU LANGAGE
91 Françoise Macar
LE TEMPS EN PSYCHOLOGIE
92 Jacques Van Rillaer
ILLUSIONS EN PSYCHANALYSE